北方工业大学
法学优势建设学科精品文库

XINSHIDAI
ZHISHICHANQUAN
LILUN YU SHIJIAN
WENTI DE FALÜ FENXI

新时代知识产权理论与实践问题的法律分析

王素娟 ◎ 主编

中国政法大学出版社

2021·北京

声　　明　　1. 版权所有，侵权必究。

　　　　　　2. 如有缺页、倒装问题，由出版社负责退换。

图书在版编目（ＣＩＰ）数据

新时代知识产权理论与实践问题的法律分析/王素娟主编. —北京：中国政法大学出版社，2021.2
ISBN 978-7-5620-9916-1

Ⅰ.①新… Ⅱ.①王… Ⅲ.①知识产权法－研究－中国 Ⅳ.①D923.404

中国版本图书馆 CIP 数据核字(2021)第 069455·号

出 版 者	中国政法大学出版社
地　　址	北京市海淀区西土城路 25 号
邮寄地址	北京 100088 信箱 8034 分箱　邮编 100088
网　　址	http://www.cuplpress.com（网络实名：中国政法大学出版社）
电　　话	010-58908586(编辑部) 58908334(邮购部)
编辑邮箱	zhengfadch@126.com
承　　印	保定市中画美凯印刷有限公司
开　　本	720mm×960mm　1/16
印　　张	13.5
字　　数	220 千字
版　　次	2021 年 2 月第 1 版
印　　次	2021 年 2 月第 1 次印刷
定　　价	59.00 元

前 言 PREFACE

"时代是思想之母,实践是理论之源。"党的十九大作出了中国特色社会主义进入新时代的重大政治判断,这是我国发展新的历史方位,是我们认清形势任务、谋划推进知识产权工作的新坐标。为响应习近平总书记关于"加强知识产权保护,服务对外开放大局"的号召,进一步提高北京西部地区知识产权理论研究与实践工作水平,扩大京西区域知识产权法治影响力,搭建京津冀高校知识产权人才之间学习交流的平台,2019年3月,北方工业大学联合北京市石景山区人民法院、北京赛智知识产权调解中心联合举办了"首届京西知识产权学术论坛"。本次论坛以"新时代知识产权的理论与实践"为主题,主要面向全国高校在校本科生、研究生征文。经过多方努力配合,征文活动圆满结束。回顾此次活动的过程,其集中体现了三个方面的特点:

(1) 覆盖范围广。参与本次论坛的学生有中国政法大学、西南政法大学、西北政法大学、华东政法大学、中南财经政法大学、西安交通大学、华中科技大学、北京外国语大学、烟台大学、青岛科技大学、大连海事大学、南京师范大学、内蒙古工业大学、四川师范大学、江苏师范大学、北方工业大学等18所高校的研究生、本科生。

(2) 学生层次全。论坛稿件来源既包括本科生,也包括硕士研究生(法学硕士、法律硕士)以及博士生。

(3) 研究问题新。本次论坛以"新时代知识产权的理论与实践"为主题,大部分稿件选题新颖,内容涉及人工智能、互联网、知识产权与贸易等知识产权理论与实务研究,专利法、商标法、著作权法修订问题,司法实践中近年典型案例的法律分析等。

本书以"首届京西知识产权学术论坛"优秀稿件为编辑基础,以近年知识产权领域的热点事件、典型案例为切入点,结合国内外立法与司法实践,以知识产权基本理论为基础进行阐述研究。其中,既有体例、内容比较"成熟"的博士生、硕士生的论述,也有略显"青涩"的本科生的建言,但"成熟"成长于"青涩",期望本书在展示不同层次学生研究成果的同时,能够对促进不同学校间学生的学术交流、提高学生们的研究能力产生积极的意义。

"事成于和睦,力生于团结","首届京西知识产权学术论坛"历经一年多的时间,其中的经过有苦有乐,有意外也有惊喜……论坛的成功举办离不开主办方北方工业大学、北京市石景山区人民法院、北京赛智知识产权调解中心的大力支持;离不开文法学院、法律系领导对论坛工作的指导及对本书出版的支持;还有法律系参与活动环节的老师们的辛勤付出、北方工业大学知识产权协会学生们的默默工作……在此借书一隅,一并表示深深的谢意!

王素娟
2020 年 7 月于北京

目录 CONTENTS

前 言 / 001

第一编　新时代知识产权相关理论问题的法律分析

知识产权法与民法典分编链接之新路径——以多点链接式为基础 / 003
论将戏仿纳入著作权法合理使用制度的宪法性意义 / 014
人工智能生成内容的著作权法定位 / 030
机器阅读的版权例外研究——以 TDM 运用为视角 / 045
《电子商务法》中红旗原则适用的探讨 / 057
论著作权的转换性使用 / 069
人工智能智力成果的知识产权保护 / 080
颜色商标的注册问题研究 / 086
从海外代购角度浅论商标平行进口的法律问题 / 095
论我国 Bolar 例外条款的立法完善 / 106

第二编　新时代知识产权实践问题的法律分析

技术分摊规则的适用问题研究 / 121
浅析标准必要专利滥用及法律规制 / 137

论"洗稿"行为的法律性质和责任认定——兼评互联网平台
合理注意义务的转变 / 148
虚拟角色著作权保护研究 / 159
短视频著作权的探析——以"'抖音'诉'伙拍'侵权案"为例 / 171
人工智能著作权归属问题研究——由"微软小冰"引发的思考 / 177
"中蒙俄经济走廊"视阈下内蒙古非物质文化遗产商标权保护研究 / 183
浅析药品专利权与公民健康权的冲突与解决措施 / 195
中美"贸易战"中的宏观知识产权浅析 / 203

▶ 第一编

新时代知识产权相关理论问题的法律分析

知识产权法与民法典分编链接之新路径
——以多点链接式为基础

孔文豪[*]

一、问题的提出

2020年5月28日,十三届全国人大三次会议表决通过了《中华人民共和国民法典》(以下简称《民法典》)[1]。《民法典》共包括总则编、物权编、合同编、人格权编、婚姻家庭编、继承编、侵权责任编、附则几个部分。[2]这是我国在构建法治国家,制定民法典的道路上迈出的坚实而重要的一步。然而,知识产权作为一种对当今社会经济发展具有重要作用,被《与贸易有关的知识产权协定》序言确认为私权的权利,却未能在《民法典》中独立成编以回应其应有地位和社会关切,这是十分遗憾的。[3]

这一结果在知识产权学界和相关领域引起了激烈的讨论。虽然有极少数专家学者对这一结果表示支持,但更多的专家学者所表达的均是对知识产权法律制度未来发展的担忧。支持者认为,知识产权法律制度一直都是以单行法为立法传统且知识产权各单行法之间很难抽象出适用各方的一般原则。知识产权单行立法中还包括很多行政管理的内容,这是民法典所不能容纳的。

---

[*] 中南财经政法大学2018级知识产权法专业硕士研究生。本文受高等学校学科创新引智计划(111计划)资助,项目编号:B18058。

[1] 基于行文方便,本书所涉及之中华人民共和国的法律名,均省略中华人民共和国。

[2] "中华人民共和国民法典",载http://cpc.people.com.cn/n1/2020/0602/c41942-31731828.html,最后访问时间:2020年7月11日。

[3] 《与贸易有关的知识产权协定》(TRIPs)序言明确规定:"Recognizing that intellectual property rights are private rights."

除此之外，知识产权立法尚在剧烈变革之中，将知识产权法纳入民法典将很难保证民法典的连续性和稳定性。全国人大常委会法工委主任沈春耀在作草案说明时也采用了上述理由。[1]而多数学者均对上述观点持反对态度，认为其理由存在着明显缺陷。不足之处主要在于只有采用纳入式的方法来处理知识产权法与民法典的关系才会出现上述矛盾，若采用链接式的方法则可以基本解决上述问题和矛盾，很好地协调知识产权法与民法典的关系。

然而，由于知识产权未独立成编这一事实，既有的知识产权入典方式都已被立法者所否定。因此，怎样在现有理论和制度构建的基础上总结创造出一种新的知识产权"入典"方式来实现知识产权作为私权的理性回归成了我们研究的重要方向。

二、知识产权纳入民法典分编的可行性分析

针对知识产权法与民法典的关系问题，以吴汉东、曹新明教授为首的一批专家学者一直致力于对这一问题的研究并逐渐形成了先将知识产权法纳入民法典（即"入典"）再制定知识产权法典（即"成典"）的总体思路。[2]在当下制定知识产权法典条件尚未成熟，民法典制定再次提上日程的背景下，将知识产权法纳入民法典成了目前我国建设法治国家，严格知识产权保护的不二选择。

（一）知识产权入典的学理依据

将知识产权法纳入民法典是基于知识产权法的私权属性，这是知识产权法可以被纳入民法典的最根本的学理依据。关于知识产权法的私权性，我们可以从两个方面来加以论证：一是知识产权的私权性与物权、债权的没有什么差别。具体表现在知识产权是"私人"的权利，即知识产权主体地位平等；知识产权是"私有"的权利，即采取私人占有的产权形式。知识产权的产生、形式和保护都使用民法的基本原则和制度。[3]二是知识产权作为私权已经得到了广泛共识。《与贸易有关的知识产权协定》（TRIPs）的序言明确要求各缔约国承认知识产权的私权性。这是以国际公约的形式确认了知识产权的私

---

[1] "释疑：民法典各编为何未设知识产权编？"，载https://baijiahao.baidu.com/s?id=1609955824142993797&wfr=spider&for=pc，最后访问时间：2020年2月15日。

[2] 吴汉东："民法法典化运动中的知识产权法"，载《中国法学》2016年第4期。

[3] 吴汉东主编：《知识产权法学》（第6版），北京大学出版社2014年版，第6~7页。

权性。我国立法机关对这一点的态度也是明确的，无论是原来的《民法通则》还是现在的《民法典》，都将知识产权与物权、债权等权利共同认定为民事权利。需要特别指出的是，有很多学者（特别是民法学者）认为知识产权制度包含很多公法性质的内容，并据此来质疑知识产权的私权性。笔者私以为这是一种有失偏颇的看法。知识产权包含公法条款是事实，但是公法性质的条款只占知识产权制度的很小一部分且其设立的目的是保证私权的实现。况且，我们不能仅根据少数内容来认定一个部门法的性质，而是应该以主要内容作为判断其性质的依据，这是法学分析方法的要义之一。

(二) 知识产权入典的现实依据

1. "成典"法系的立法趋势

将知识产权法纳入民法典是世界上许多大陆法系国家的通行做法，这是当代民法典运动的潮流。其中的典型代表就是《俄罗斯民法典》。《俄罗斯民法典》采用纳入式的方法将知识产权完全纳入民法典。除此之外，《蒙古国民法典》《越南民法典》虽然采取了不同的方式，但都将知识产权法纳入民法典之中。[1]

作为大陆法系民法典的代表，《法国民法典》和《德国民法典》都没有将知识产权法纳入其中。很多学者以这两部民法典作为典型代表来反对将知识产权法纳入民法典。笔者认为这种看法是不准确的，原因有两个方面：一个方面是《法国民法典》和《德国民法典》编撰时，知识产权制度尚处于起步阶段，因此不具备将知识产权法纳入民法典的立法条件；另一方面是在19世纪展开的第一次民法典编纂运动中，无论是"法学阶梯体系"的《法国民法典》（1804年），还是"学说汇编体系"的《德国民法典》（1896年），都是在罗马法编纂体系的基础上进行的法律构造，即以物为客体范畴，并在此基础上设计出以所有权形式为核心的物权制度，建立了以物权、债权为主要内容的财产权体系。[2]而早期的罗马社会是不存在作为私权的知识产权制度的。早期的知识产权制度经历了一个从封建特许权到资本主义财产权嬗变的历史过程，当时的市民阶级主张赋予知识产品一种新的权利，即"特许所有

---

[1] 曹新明："知识产权与民法典连接模式之选择——以《知识产权法典》的编纂为视角"，载《法商研究》2005年第1期。

[2] 吴汉东："民法法典化运动中的知识产权法"，载《中国法学》2016年第4期。

权",是财产所有权的一种。[1]因此作为针对特定主体的知识"特权"也不可能被纳入用来调整市民社会的民事典籍。综上所述,在当时的社会背景下,因循此种立法逻辑所形成的立法惯性而产生的《法国民法典》和《德国民法典》自然不会接纳知识产权制度。然而,随着知识经济的发展,知识产权制度的重要作用也愈发凸显,法国和德国也认识到了知识产权制度的重要性,但是为了平衡《民法典》的稳定性和加强对知识产权的保护之间的矛盾,法国选择了制定单独的知识产权法典。德国虽然尚未制定单独的知识产权法典,但德国民法学者也正致力于此,近几年在德国提出的《示范知识产权法》就是最佳证明。[2]

2. "不成典"法系的立法反思

在制定民法典方面,英美法系作为"不成典"法系本没有讨论的必要,但是其近年来所形成的知识产权制度的体系化趋势值得引起我们的关注。在英美法系中,各项知识产权均单行立法且各自的司法独立性较强,由此产生的现实问题是适用某一知识产权单行立法产生的司法结果会与另一知识产权单行立法的法律规定相冲突,由此产生司法不公现象,从而扰乱法律秩序,损害司法权威。知识产权制度的体系化正是致力于解决这一问题。而对于具有体系化优势传统的大陆法系来讲,制定法典就是实现体系化的最佳方式。具体到我国,在目前制定知识产权法典的时机尚未成熟的条件下,将知识产权制度进行体系化从而纳入民法典可以避免我们重蹈英美法系的覆辙,进而彰显中国特色社会主义法律体系的优越性。

(三) 对民法典分编立法体例的思维突破

从以上的分析我们可以清楚地认识到,将知识产权纳入《民法典》分编是理由充分的。其不仅有着坚实的学理基础,也是现代成典法系国家的立法潮流和不成文法系国家立法反思的结果。具体到国情来讲,民法典分编立法体例的选择是统领民法典分编立法的重要内容。是保持传统,秉持民法典的稳定与连续,还是紧跟现代民法典编纂之潮流而对立法体例有所突破和创新是新时代背景下的立法者所要思考的问题。保持传统固然是最为稳妥的办法,

---

[1] See L. Ray Patterson, Stanley W. Lindberg, *The Nature of Copyright: A Law of Users Right*, The University of Georgia Press, p. 1991.

[2] "知识产权适合'入典'吗:来自欧洲的视角",载 http://wemedia.ifeng.com/48621442/wemedia.shtml,最后访问时间:2020年2月15日。

因为在已有理论的基础上加以总结和归纳总不会出现什么大的问题。但是如果仅仅是为了稳妥而一味保守，则可能会忽视在中国新时代背景下产生的新情况、新问题。法典编纂的目的在于体系化，但是其本质还是在于规范社会行为，因此与时俱进，紧跟时代也十分重要。这一点已经在现有的民法典分编草案中有所体现。比如，人格权独立成编以回应人权保护，在合同法中设立新的合同类型来规范新兴行业和贸易等，这些都是立法突破，而且这些立法突破已然获得了广大人民群众的一致好评。然而，立法思维的突破这一点显然还未在知识产权立法领域得到充分的体现。无论是从现有的立法草案还是从立法者的态度上来看，民法典编纂整体上都缺乏对于知识产权制度的包容性。作为一项知识经济时代重要的民事权利，突破传统思维，运用科学的方法将知识产权包容在民法体系之下是符合时代潮流的最佳选择。

三、知识产权纳入民法典分编的传统方式

现代民法典编纂是实现法律现代化的重要途径，经历了体系化、现代化改造的知识产权法"入典"，成了"范式"民法典的历史坐标。[1]自20世纪以来，知识产权法又有了明显的发展：基本规范不断完善，保护范围逐渐扩大，一体化、现代化趋势日益明显。与此同时，一些大陆法系国家尝试将知识产权法编入民法典，并在90年代兴起的第二次民法典编纂运动中达到高潮。我国知识产权学者将知识产权"入典"的方式大体归纳为三种，即纳入式、糅合式和链接式。[2]

（一）纳入式

纳入式是指将知识产权的各项内容经过简单整理后纳入民法典，使知识产权制度成为民法典的重要组成部分，一般表现是将知识产权设置为民法典中独立的一编，即知识产权编。《俄罗斯民法典》是纳入式的典型代表，它基本将知识产权制度的内容完全纳入了民法典。其"知识产权编"包括"一般规定""著作权""邻接权""专利权""育种成就权""集成电路权""技术秘密权""法人、商品、工作、服务和企业个性化标识权""统一技术构成中

---

[1] 吴汉东："民法法典化运动中的知识产权法"，载《中国法学》2016年第4期。
[2] 曹新明："知识产权与民法典连接模式之选择——以《知识产权法典》的编纂为视角"，载《法商研究》2005年第1期。

的智力活动成果权"等，共9章。此种"入典"方式打破了传统民法典的编纂体例，具有首创意义。但是，这种完全纳入的方式会造成很多问题，最为突出的就是知识产权作为一种"更新换代"较为迅速的法律制度，将其各项内容事无巨细地全部纳入民法典，势必会损害民法典的连续性和稳定性，使得民法典难以发挥其本身应有的作用。事实上，俄罗斯立法机关也正深受其扰：基于知识产权实践的不断变化，俄罗斯立法机关不得不频繁颁布修正案。1993年制定的《越南民法典》也使用了纳入式，而在2005年的修改中又放弃了纳入式，转而改用链接式，其原因也大抵如此。

（二）糅合式

糅合式，即将知识产权视为一种无形物权，与一般物权进行整合，规定在"所有权编"中。知识产权法并非独立成编，而是被传统财产权利制度所吸收。其立法例为《蒙古国民法典》。[1]这是《蒙古国民法典》对知识产权"入典"方式的"奇思妙想"，虽在立法例上另具一格，但因不成"范式"而难以效法。原因在于，这种糅合式的"入典"方式将知识产权（无形财产的所有权）与所有权（有形财产的所有权）作同化处理，既瓦解了知识产权制度的自有体系，又改变了传统物权制度的基本框架，[2]将本就破碎的知识产权制度体系肢解得更加零碎，使得知识产权制度在民法典中"只见其神而未见其影"，与知识产权制度体系化的目的相违背。[3]

（三）链接式

链接式是指对知识产权制度进行全面的归纳和总结，最大限度地抽象出知识产权制度的基本原则和规范并将这些内容以单独设立知识产权编的形式规定在民法典之中以起到统领全局的作用，而在民法典之外，仍然保留单行立法，待到时机成熟时再制定知识产权法典。按照这种观点设立的知识产权编是一种总论性质的概括内容，其内容主要是知识产权的一般原理和一般原则。而知识产权各单行法仍然保留，以对具体的问题作出规定。这种点面结合的"入典"方式将易于变化的知识产权具体规范以单行法的方式保留在民

---

[1] 吴汉东："民法法典化运动中的知识产权法"，载《中国法学》2016年第4期。

[2] 吴汉东："知识产权'入典'与民法典'财产权总则'"，载《法制与社会发展》2015年第4期。

[3] 曹新明："知识产权与民法典连接模式之选择——以《知识产权法典》的编纂为视角"，载《法商研究》2005年第1期。

法典之外，既保证了民法典的连续性和稳定性，又对知识产权制度进行了体系化梳理，使之更加具有体系性和逻辑性，是知识产权"入典"较为理想的选择。不仅如此，这种点面结合的运作方式也可以很好地促进知识产权制度的完善和发展，待到时机成熟以后，可以制定单独的知识产权法典以严格知识产权的保护，促进科技创新和文学艺术的繁荣。

总之，关于知识产权与民法典的链接模式，分离式是不可能的，纳入式是不成功的，糅合式是不可取的。唯有链接式，即采取民法典作原则规定与单行法作专门规定的二元立法体系，有可行之处。[1]

四、知识产权入典方式的新选择——多点链接式

（一）多点链接式的构建背景

然而，现实却是充满戏剧色彩的，虽然知识产权人为知识产权"入典"做出了不懈努力，但是从已颁布的《民法典》来看，立法机关基本否定了单独设立知识产权编的可能，这是让人深感遗憾的。[2]不过，知识产权是私权、是民事权利的正确思维还是被确定在了《民法典》中。《民法典》第123条规定："民事主体依法享有知识产权。知识产权是权利人依法就下列客体享有的专有的权利：（一）作品；（二）发明、实用新型、外观设计；（三）商标；（四）地理标志；（五）商业秘密；（六）集成电路布图设计；（七）植物新品种；（八）法律规定的其他客体。"虽然《民法典》第123条的宣示功能弱化，统领作用有限，但是知识产权的私权属性得以在民法典籍中被固定下来。[3]既然知识产权是私权、是民事权利已然达成共识，那么知识产权进入民法典就应是自然的结果。但我们面临的现实困境也是存在的，既有合理或不合理的"入典"方式都已宣告破产，在知识产权不能独立成编的背景下，找到一种传统模式以外的"入典"方式成了我们思考和努力的方向。

（二）多点链接式的基本内涵

笔者通过对原有入典方式的研究并结合目前现实的立法条件，构想了一

---

[1] 吴汉东："知识产权'入典'与民法典'财产权总则'"，载《法制与社会发展》2015年第4期。

[2] "释疑：民法典各编为何未设知识产权编？"，载 https://baijiahao.baidu.com/s?id=1609955824142993797&wfr=spider&for=pc，最后访问时间：2020年2月15日。

[3] 何华："《民法总则》第123条的功能考察——兼论知识产权法典化的未来发展"，载《社会科学》2017年第10期。

种全新的知识产权"入典"方式并将其命名为多点链接式。所谓多点链接式,是指在知识产权不能独立成编的现实背景下,在民法典各个与知识产权有关的分编中,通过设立知识产权的有关内容来形成知识产权与民法典的链接,同时保留知识产权各单行立法,从而实现知识产权在民法典分编中的多个点与知识产权单行法所形成的面之间的联系,进而彰显知识产权的重要地位,严格知识产权的保护,促进知识产权的体系化。这里需要进行两点说明:第一点是这种多点链接并不是糅合式的翻版,它不会将知识产权肢解以迎合民法体系,而是将知识产权的一般规范和一般原则总结出来与各分编的理念和制度设计相互契合。而第二点要说明的是,多点链接式也仅仅是知识产权"入典"的方式之一,笔者仍然坚持在时机成熟时编纂独立的知识产权法典。当然,这种知识产权法典与民法典并不是并行的关系,前者是后者的子法典,目的是形成知识产权制度体系,严格知识产权的保护。

(三) 多点链接式的制度构建

具体来说,关于多点链接式的入典方式,笔者有以下几个方面的设想:

首先是在物权方面,有三点制度设计可资参考。第一是将知识产权与所有权区分开来。虽然知识产权是一项依靠创作这一事实行为来取得所有权的权利,但是知识产权作为无形财产权的所有权与传统的所有权(即有形财产权的所有权)在物质性与非物质性、独占性效能、地域性和时间性等方面都多有不同。[1]第二是在物权法中对知识产权准用物权请求权制度。[2]这是一种在《民法典》规定的请求权没有接纳知识产权的前提下退而求其次的做法。在知识产权中准用物权请求权,是知识产权作为一种绝对权所应享有的"待遇"。知识产权请求权可以弥补之前由知识产权主要依靠侵权责任法救济所带来的不足,更好地加强对知识产权的保护。第三是将知识产权纳入担保物权,设立知识产权的质权、抵押权等,其具体的制度设计可以参考权利质权的立法模式。将知识产权纳入担保物权可以更好地发挥知识产权的经济效用,从而实现文学艺术和科学技术的进步。

其次是在债权方面,主要是合同法对知识产权的适用问题。虽然知识产

---

[1] 吴汉东主编:《知识产权法学》(第6版),北京大学出版社2014年版,第6~10页;吴汉东:《无形财产权基本问题研究》(第3版),中国人民大学出版社2013年版,第45~65页。

[2] 崔建远:"知识产权法之于民法典",载《交大法学》2016年第1期。

权在本质上作为一种无形财产所有权是物权的一种，但是知识产权的所有、行使和流转主要依靠契约进行。其具体表现为知识产权的所有要依靠知识产权主体与国家和社会公众之间签订契约，知识产权的行使和流转主要依靠许可合同、转让合同来实现。因此，在合同法中作出针对知识产权合同的一般规定是很有必要的。在制度设计上可以有两种立法思路。一种是将知识产权的一般合同参照其他类似合同予以适用，特别合同（如知识产权许可合同、知识产权转让合同和技术合同等）单独设立一个章节加以规定。另一种思路是设立一个完全独立的知识产权合同章节，将与知识产权合同有关的规则和合同类型都接纳进去。相比较而言，笔者比较赞同前一种立法思路，因为这种立法模式可以提高立法效率，节省立法成本。后一种立法模式虽然能够将与知识产权有关的合同规范整合起来，但是略显繁杂。

再次是在侵权责任法方面，主要是严格知识产权的侵权责任问题。知识产权侵权作为当下经济社会中常见的侵权类型应该在侵权责任法中拥有与之相对应的法律地位。关于这一点，笔者有两点立法建议。第一是将惩罚性赔偿确定为侵权责任至少是知识产权侵权责任中的一般规则，并明确知识产权惩罚性赔偿的具体适用条件以严格对知识产权的保护。关于惩罚性赔偿的适用条件，要把握好侵权性质（主要是主观恶性和损害结果）、侵权次数和惩罚性赔偿倍数的合理确定。第二是将知识产权侵权纳入侵权责任的类型。其依然可以比照合同法中较优的立法思路，即将知识产权的一般侵权纳入侵权责任法的一般侵权责任之中，调整侵权责任的一般条款以适用知识产权。而关于特殊类型的知识产权侵权，可以在特殊侵权责任类型中设立知识产权特殊侵权的章节来对此类侵权行为加以规范和调整。

最后是在婚姻继承法方面，知识产权作为无形财产权，其财产属性是不可否认的。婚姻法以及继承法主要是将知识产权作为婚姻法上的夫妻共同财产和继承法中的遗产。这一点在继承法中已有体现。《中华人民共和国继承法》（已失效）第3条规定："遗产是公民死亡时遗留的个人合法财产，包括：（一）公民的收入；（二）公民的房屋、储蓄和生活用品；（三）公民的林木、牲畜和家禽；（四）公民的文物、图书资料；（五）法律允许公民所有的生产资料；（六）公民的著作权、专利权中的财产权利；（七）公民的其他合法财产。"其中的第6项明确将著作权、专利权中的财产权利作为公民的合法遗产之一。虽然该法条在立法上具有前瞻性，但是基于立法所处时代的局限性，其并未能全面地将知识产权作为财产加以对待。笔者建议将第 6 项修改为"知识产权中的财产权利"并在夫妻共同财产的规定中加入"知识产权中的财产权利"这一财产类型。

（四）多点链接式的制度优势

多点链接式作为一种在总结前人探索经验的基础上创造出来的新路径，它的主要优势体现在两个方面：一方面是在处理知识产权与民法典之间的关系上，多点链接式既无需肢解知识产权自身的制度体系，又不会对传统的民法典编纂体系造成冲击，而是真正做到知识产权制度与民法典各分编之间的有机结合和统一，从而使得民法典与知识产权之间的联系更加自然和紧密。另一方面是就现实的可操作性层面来讲，多点链接式的优势在于既可以克服目前知识产权无法独立成编的现实立法障碍，又能在民法典各分编中保留与知识产权有关的一般规定，指导后续知识产权单行法的相关立法。总之，多点链接式这一将知识产权纳入民法典分编的新路径，是民法典分编制定和严格知识产权保护的良好选择。

结　语

知识产权作为私权，是一项重要的民事权利，其理性入典有着充分的学理依据和现实意义。而关于知识产权与民法典的链接方式，分离式是不可能的，纳入式是不成功的，糅合式是不可取的，链接式虽然具有合理性但是也被目前的立法者所否定。在此种立法背景下，在总结传统入典模式的基础上，多点链接式成了我们的新选择。这一入典路径不仅可以克服当前民法典立法模式的障碍，实现知识产权对于民法典的理性回归，还可以更好地提高我国的知识产权保护水平，提升民法典编纂的科学性、合理性，从而为构建更加完善的中国特色社会主义法制体系、实现我国法治的长足发展打下坚实的基础。

参考文献

（1）"民法典分编草案首次提请审议"，载 http://www.npc.gov.cn/npc/xinwen/lfgz/2018-08/28/content_ 2059462.htm，最后访问时间：2020 年 2 月 15 日。

（2）"释疑：民法典各编为何未设知识产权编?"，载 https://baijiahao.baidu.com/s?id=1609955824142993797&wfr=spider&for=pc，最后访问时间：2020 年 2 月 15 日。

（3）吴汉东："民法法典化运动中的知识产权法"，载《中国法学》2016年第4期。

（4）吴汉东主编：《知识产权法学》（第6版），北京大学出版社2014年版。

（5）曹新明："知识产权与民法典连接模式之选择——以《知识产权法典》的编纂为视角"，载《法商研究》2005年第1期。

（6）See L. Ray Patterson, Stanley W. Lindberg, *The Nature of Copyright: A Law of Users Right*, The University of Georgia Press, p. 1991.

（7）"知识产权适合'入典'吗：来自欧洲的视角"，载 http://wemedia.ifeng.com/48621442/wemedia.shtml，最后访问时间：2020年2月15日。

（8）吴汉东："知识产权'入典'与民法典'财产权总则'"，载《法制与社会发展》2015年第4期。

（9）何华："《民法总则》第123条的功能考察——兼论知识产权法典化的未来发展"，载《社会科学》2017年第10期。

（10）崔建远："知识产权法之于民法典"，载《交大法学》2016年第1期。

（11）曹新明："知识产权侵权惩罚性赔偿责任探析——兼论我国知识产权领域三部法律的修订"，载《知识产权》2013年第4期。

（12）曹新明："我国知识产权侵权损害赔偿计算标准新设计"，载《现代法学》2019年第1期。

论将戏仿纳入著作权法合理使用制度的宪法性意义

左梓钰[*]

合理使用制度起源于英国,是在"合理节略"(Fair Abridgment)的概念上发展起来的。在1740年的"Gyles v. Wilcox案"中,法官提出了两点判断合理节略的标准:其一是节略内容的真实合理性;其二是用法上的要求,即创新、学习和评论。[1]合理节略后来在1803年的"Cory v. Kearsley案"中发展成为合理使用(Fair Dealing)。这时的合理使用要求利用被使用作品的人必须创作出与前作完全不同的新作品。[2]但是,英国的合理使用制度后来走向了封闭。以其1911年的成文版权法为标志,合理使用范围只限于"个人学习、学术研究、批评、评论或报纸摘要"。[3]在美国,1841年的"Folsom v. Marsh案"第一次明确表述出了合理使用(Fair Use)原则,这一原则被视为《美国1976年版权法》[4]合理使用原则的理论渊源。此时的合理使用原则只包括"使用作品的性质和目的、引用作品的数量和价值以及引用对原作的市场销

---

[*] 中国人民大学2019级知识产权法学博士研究生。

[1] See William F. Patry, *The Fair Use Privilege in Copyright Law*, The Bureau of National Affairs, 1985, pp. 6~10.

[2] See William F. Patry, *The Fair Use Privilege in Copyright Law*, The Bureau of National Affairs, 1985, pp. 13~17.

[3] The Copyright Act 1911, section 2 (1) (i). See Cary J. Craig, *Copyright, Communication and Culture: Towards a Relational Theory of Copyright Law*, Edward Elgar, 2011, p. 160.

[4] 我国《著作权法》业已规定著作权(即版权),虽然英美法系与大陆法系国家关于该法的称谓不同,但本文依据我国法律的规定,暂不作严格区分。

售和存在价值的影响"三要素。[1]后来的美国版权法发展出了合理使用一般原则的四要素,即"使用作品的目的与性质(包括商业非商业性)、原作品的性质、引用部分的量和质与原作品间的关系以及该使用对原作品的潜在市场或其价值所产生的影响"。[2]美国的合理使用规范被称为"理性的衡平法则"(An Equitable Rule of Reason)。[3]克莱格(Craig)认为,在英国和加拿大的版权法中,合理使用不过是权利人对使用人的一种"仁慈"(mercy),因为它们都是封闭式的规则;而美国的一般式规定则更有利于公众权利的保留,其公共利益在个案分析中得以被捍卫,其宪法精神得以通过版权法实现。[4]本文在此将通过探讨戏仿、转换性使用与宪法之间的联系,指出戏仿之于文化多元和表达自由的重要意义,论证将戏仿纳入我国著作权法合理使用制度的宪法性意义。

一、戏仿与转换性使用理论

虽然转换性使用并未被规定在成文法之中,但却在判例法国家"遵循先例"的原则下被充分发展,被作为美国版权法合理使用的一项重要判断标准。转换性使用是在戏仿被列为合理使用之前诞生的,却因为戏仿一炮而红。转换性使用理论是对《美国宪法第一修正案》中表达自由条款的继承与发扬,后者与版权法的服务目标共同推动了该理论的演变和发展。[5]

(一)勒瓦尔法官的创建

转换性使用概念是由皮埃尔·勒瓦尔(Pierre Leval)法官在其文章 *Toward a Fair Use Standard*(1990年)中首先提出的。后来,许多关于该主题的文章

---

[1] 参见吴汉东等:《知识产权基本问题研究》,中国人民大学出版社2005年版,第301~302页。

[2] 17 U. S. C. A. § 107.

[3] See Cary J. Craig, *Copyright, Communication and Culture: Towards a Relational Theory of Copyright Law*, Edward Elgar, 2011, p. 162.

[4] See Cary J. Craig, Copyright, *Communication and Culture: Towards a Relational Theory of Copyright Law*, Edward Elgar, 2011, p. 162.

[5] See David Tan, "The Lost Language of the First Amendment in Copyright Fair Use: A Semiotic Perspective of the 'Transformative Use' Doctrine Twenty-Five Years on", *Fordham Intellectual Property, Media and Entertainment Law Journal*, 2016, p. 346.

都是从他的这一文章发展出来的。[1]他指出,当时的美国司法界对合理使用标准的判断不一,而多数法官们似乎也并不在意这种现象,这不利于判例法国家司法秩序的稳定和发展,也不利于公共利益的实现。因此,他尝试为美国合理使用原则作一个具有导向性的解释,从美国的宪法精神和版权法的服务宗旨来解释其合理使用原则。[2]

勒瓦尔关于转换性使用的定义是"这样的使用必须是生产性的(productive),并要以不同的方式或不同的目的来使用被引用的内容"。[3]这里的"生产性",按照勒瓦尔在其文章中的论述,就是指与前作完全不同的新作品。他还指出:"如果二次使用给原作品增加了价值,即引用的材料被用作原材料,在创造新信息、新美学、新见解和新理解时被转化,那么判定这种行为是合理使用就是在保护社会的创造活动。"[4]他举例说明了这种活动类型,包括"批评被引用的作品、揭发原作者的本质、揭露事实或为了捍卫或反驳一个观点而对该观点进行的总结,还包括戏仿、隐喻、美学声明等情形"。[5]可见,在勒瓦尔眼中,戏仿就应当被视为合理使用。

勒瓦尔在论述合理使用原则并解释何为转换性使用时一直在强调公共利益的重要性。他不止一次指出要注意作者权利对公共权利的干涉,认为如果前者不再符合版权法的服务宗旨就要加以限缩。他认为,合理使用的核心要素是第一要素,指出之所以认为使用作品的目的和性质很重要,是因为构成合理使用的引用行为必须对社会有所启发,并有益于激发公众的创造活力。[6]

---

[1] See Jeremy Kudon, "Form Over Function: Expanding the Transformative Use Test for Fair Use", *Boston University Law Review*, 2000, pp. 580~611; R. Anthony Reese, "Transformativeness and the Derivative Work Right", *Columbia Journal of Law & the Arts*, 2008, pp. 467~494; H. Brian Holland, "Social Semiotics in the Fair Use Analysis", *Harvard Journal of Law & Technology*, 2011, pp. 335~391; David Tan, "The Lost Language of the First Amendment in Copyright Fair Use: A Semiotic Perspective of the 'Transformative Use' Doctrine Twenty-Five Years on", *Fordham Intellectual Property, Media and Entertainment Law Journal*, 2016, pp. 311~379; David E. Shipley, "A Transformative Use Taxonomy: Making Sense of the Transformative Use Standard", *Wayne Law Review*, 2018, pp. 269~336.

[2] See Pierre N. Leval, "Toward a Fair Use Standard", *Harvard Law Review*, 1990, pp. 1105~1136.

[3] See Pierre N. Leval, "Toward a Fair Use Standard", *Harvard Law Review*, 1990, p. 1111. "The use must be productive and must employ the quoted matter in a different manner or for a different purpose from the original."

[4] See Pierre N. Leval, "Toward a Fair Use Standard", *Harvard Law Review*, 1990, p. 1111.

[5] See Pierre N. Leval, "Toward a Fair Use Standard", *Harvard Law Review*, 1990, p. 1111.

[6] See Pierre N. Leval, "Toward a Fair Use Standard", *Harvard Law Review*, 1990, pp. 1111~1116.

戏仿，是具有创新意义的模仿，是具有批评、讽刺意义的模仿。戏仿能促进社会的自我反思，能激发人们的创造力，有利于新思想的生产和传播。根据勒瓦尔的转换性使用理论，承认戏仿属于合理使用，既符合版权法的宗旨，也符合其国家宪法的基本要求。

(二)"坎贝尔案"的突破和后续发展

转换性使用理论诞生前，商业性使用和非商业性使用是判断合理使用行为的关键因素。美国著名的"索尼（Sony）案"[1]是前述判断模式的代表。索尼公司在美国销售一款名为 Betamax 的家用盒带式录像机，为用户提供各种电视节目录播功能，该功能甚至能屏蔽掉电视广告，深受用户们的喜爱。但原告认为录像机使得人们未经版权人许可便能复制节目的内容，影响了其版权作品的潜在市场，因而向法院提起了侵权诉讼。因为原告不能一一向用户提起控诉，所以指控索尼公司的行为是"协同侵权"（contributory infringement）。加利福尼亚州中区地方法院将用户录像行为视为合理使用第一要素中的非商业性使用，因而不认为索尼构成侵权。而联邦第九巡回上诉法院则认为用户先录后看的"时间转换"（time-shift）行为不具有在原作品上增加有利于公众的新价值，是单纯的复制行为，并因此推翻了地方法院的判决。后来，联邦最高法院又推翻了上诉法院的判决，认为在版权人都不反对先录后播的情况下，录播行为不可能损害其版权作品的潜在市场；再者，用户行为是非商业性行为，因而录播行为构成合理使用。

然而，转换性使用理论认为，合理使用以第一要素为核心的原因在于使用作品的目的及其达成的结果是社会公益性的。而这个社会公益性不一定局限于商业和非商业使用的区别，"坎贝尔案"即是该理论应用的典范。在"坎贝尔案"中，联邦最高法院指出被告（2 Live Crew）对原告（Roy Orbison）《漂亮女人》歌曲的戏仿在原作品上增加了新的表达、新的意义，传递了新的信息，构成对原作的转换性使用。符合转换性使用的作品有利于社会创新，鼓励这类型的作品是版权法的应有之义；而且一部作品的转换性使用越强，

---

[1] Sony Corp. of America v. Universal City Studios, Inc., 464 U.S. 417 (1984). See David E. Shipley, "A Transformative Use Taxonomy: Making Sense of the Transformative Use Standard", *Wayne Law Review*, 2018, pp. 275~279. 参见李雨峰、张体锐："滑稽模仿引发的著作权问题"，载《人民司法》2011 年第 17 期；李钢："'转换性使用'研究——以著作权合理使用判断的司法实践为基础"，中南财经政法大学 2017 年博士学位论文。

合理使用标准的要素的影响也就越弱，因此被告的行为构成合理使用。联邦最高法院还承认，戏仿只有通过模仿才能达到滑稽讽刺的效果，这是由戏仿自身特色所决定的。[1]

博尔吉（Borghi）和卡拉帕帕（Karapapa）指出，"坎贝尔案"使得合理使用的判断不再局限于商业性或非商业性使用，而是更主要地看使用者的使用是否具有转换性。[2]转换性使用自此脱离了合理使用一般原则的牵制，且该理论的适用范围还在不断扩大，如将该理论引入版权法规制下的数字技术开发情形，如文本处理和数据挖掘技术等。[3]联邦最高法院还指出，美国版权法并没有指出合理使用四要素的适用顺序，它们也只不过是被参考的对象，因此合理使用的判断标准要在个案中予以确定。[4]内尔·内塔拉尔（Neil Netanel）通过对美国联邦法院合理使用案件的实证研究，指出2005年前美国的合理使用判例借鉴了戈登的市场失灵理论，会考虑被告获得授权或者版权人的同意是否合理；而从2005年开始，美国法院主要考虑被告的行为是否具有"转换性"。[5]

无论是从"市场失灵"还是从"转换性使用"理论的角度来看，都可以得出戏仿是合理使用的结论。戏仿的批评戏谑性很难使权利人给予许可，但戏仿作品不仅能给社会带来创新，还能挖掘潜在的市场价值，因而应当认定戏仿是合理使用。转换性使用理论在很大程度上扭转了版权法带来的私人权利的膨胀问题。虽然有不少文章指出转换性使用理论的应用和发展令美国版权法学界越来越困惑，[6]但这种困惑主要存在于具体问题的分析。他们的判

---

[1] See David E. Shipley, "A Transformative Use Taxonomy: Making Sense of the Transformative Use Standard", *Wayne Law Review*, 2018, pp. 273~275.

[2] See Maurizio Borghi, Stavroula Karapapa, *Copyright and Mass Digitization*, Oxford University Press, 2013, pp. 23~24.

[3] See Maurizio Borghi, Stavroula Karapapa, *Copyright and Mass Digitization*, Oxford University Press, 2013.

[4] Campbell v. Acuff-Rose Music, 510 U.S. 569, at 597 (1994).

[5] 参见李钢："'转换性使用'研究——以著作权合理使用判断的司法实践为基础"，中南财经政法大学2017年博士学位论文。

[6] 参见李钢："'转换性使用'研究——以著作权合理使用判断的司法实践为基础"，中南财经政法大学2017年博士学位论文。本文对转换性使用发展史进行了全面考察。See David E. Shipley, "A Transformative Use Taxonomy: Making Sense of the Transformative Use Standard", *Wayne Law Review*, 2018, pp. 269~336. 大卫·希普利这篇文章也对转换性使用进行了历史考察并试图建立对该概念的专门解释。See Cary J. Craig, *Copyright, Communication and Culture: Towards a Relational Theory of Copyright Law*, Edward Elgar, 2011, pp. 155~202. 克莱格论述了英、美、加三国合理使用制度发展史及其区别。

决秉承着该国的宪法精神，秉承着著作权法的宗旨，努力推动着全国的知识创新。戏仿本身就是对原作品的转换性使用，通过讽刺、批评、戏闹等戏仿形式来传递信息，有利于新思想的传播，有利于包容文化的构建和表达自由。

二、戏仿与多元文化

美国宪法设置了"版权和专利权条款"，要求其知识产权法的目的必须与其宪法的基本精神相统一。我国《宪法》第35条[1]也明确规定了表达自由这项基本权利，将戏仿认定为合理使用行为也是我国宪法精神的必然要求。美国法学者大卫·坦（David Tan）指出，美国版权法承接其宪法精神并不断进行自我修正，不仅《美国宪法第一修正案》可以通过版权法得到实践，版权法宗旨也可以实现。[2]著作权法鼓励思想交流和传播，以促进新思想的诞生，增加社会的知识储备，并对民众进行启发和教导。著作权法使作者可通过其智力成果获得法律承认的权利，使他们实现自我价值。同时，著作权法鼓励知识多元、文化多元，鼓励批判地继承，有利于学术批评、文化批评的构建，从而推动民主文化的发展。

（一）戏仿与模仿

在"Groucho Marx Prods. v. Day & Night Co案"中，美国第二巡回上诉法院指出"戏仿是《美国宪法第一修正案》允许的广义的模仿形式，在当今严肃而紧张的社会环境下，版权法应当包容戏仿的滑稽性"。[3]戏仿是既戏且仿，自然包含模仿的特征。但任何一种创作都是在前人成果基础之上的创作，因此像戏仿这样推陈出新的文艺表现形式何尝不是一种创新呢？作者的贡献就在于他们的作品之于社会的价值。作者也是因其作品而被社会认识的，一个远见卓识可能影响千秋万代，影响全国乃至全世界，这不是经济利益所能比肩的。因此，对于一个真正热爱写作的人来说，即使没有经济利益的刺激他们也不会停止写作。作者不讨厌模仿者，但厌恶抄袭。抄袭，是恶意，是

---

[1]《中华人民共和国宪法》（2018年）第35条："中华人民共和国公民有言论、出版、集会、结社、游行、示威的自由。"

[2] See David Tan, "The Lost Language of the First Amendment in Copyright Fair Use: A Semiotic Perspective of the 'Transformative Use' Doctrine Twenty-Five Years On", *Fordham Intellectual Property, Media and Entertainment Law Journal*, 2016, pp. 311~379.

[3] Groucho Marx Prods. v. Day & Night Co., 689 F. 2d 317, 319 n. 2 (2d Cir. 1982).

不指明出处地侵夺原作者表达的行为。而那些被侵夺的表达的背后，代表的是原作者们呕心沥血、苦心钻研出来的思想。

  唯有指明出处，模仿者的模仿才能被人们所承认。这种指明不一定要像论文脚注那样明细。一部已经为人们广泛了解的作品，一旦有模仿者出现，无需指出被模仿的作者和作品，人们也能识辨出来。因为带有模仿人的自我特征和表达，所以模仿与原作者的表达本来就不一致，模仿人在模仿的过程中会对原作品进行改变从而形成新作品。正如有的学者所言："模仿是对在先作品的致敬与礼遇。"[1] 当前著作权法中的一些演绎作品（比如社会热门的"同人作品"），实质上便是模仿作品。这些作品的生产无论商不商业化其实都不应该受到著作权法的限制。R. 安东尼·里斯教授（R. Anthony Reese）通过对美国上诉法院有关转换性使用在演绎作品中的应用的案件的调研指出，有关法院一般不认为演绎作品具有转换性，法院在类似案件中更多地考虑的是被告使用原作品的目的而不是被告作品对原作有多少改编和转换。[2] 诸如同人类型的演绎作品本不应当受到著作权法上的许可的限制，这类演绎作品对原作品的发展创新甚至超出了原作品的范围，应当被纳入合理使用。现在著作权法的规定其实是把真正的作者逼上"商人模式"，后来人在想要借前人元素进行创作时必须要经过前人的许可，而后来成为作者的人又会逼着再后来的作者向他们寻求许可。原因是什么？作者们会说："这是著作权法赋予他们的权利。"法官们依法审判，得出的结果也会助长这种思想的传播和繁衍，导致目前我国社会普遍都这么认为。因而，笔者在此再次呼吁同人作品和借助原作品有关元素进行别样创作的行为都应当被视为合理使用，以推动我国文学市场的健康发展和繁荣。

  这种不断增加创作成本的规范模式不是在鼓励创作，而是在打击创作，打击真正的作者。这种规定还助长了抄袭之风。有些抄袭打着模仿的幌子，就比如说，一个人把别人作品里的每一句话都用同义词转化，并且把原作品

---

〔1〕 参见陈虎："从《扶摇》撞脸《哈利波特》到'射墨'、盲写书法——漫谈抄袭、模仿与创新"，载 https://mp. weixin. qq. com/s？_ _ biz = MzA3NTI0NzYxNw = = &mid = 2651482534&idx = 1&sn = 4b23fad19e13a789d76d596825bbb42d&chksm = 848db0c8b3fa39defb3e13bff191c67518ffd80a6d2347d3956214a26d3a8256da7da96270a6&mpshare = 1&scene = 1&srcid = 0725G6W1QrJYJBpDMPI6ZuOF#rd，最后访问时间 2018 年 7 月 28 日。

〔2〕 See R. Anthony Reese, "Transformativeness and the Derivative Work Right", *Columbia Journal of Law & the Arts*, 2008, pp. 467~494.

的秩序打乱，然后贴上自己的姓名，说这是自己的作品。这种行为不是模仿，是对原作品的高级剽窃。社会中的有关现象不少，其中有些事件备受瞩目。如 2017 年席卷全国讨论热潮的《三生三世十里桃花》抄袭同是仙侠体裁作品的《桃花债》的事件。又如 2018 年展开的对《人民的名义》的控诉。抄袭生成的作品将原作的文章拆得四分五裂，且语言粗糙、思维混乱不堪。这种抄袭而来的作品对读者和社会都有巨大的危害，并打击了真正的创作人的积极性。所以，当读者在抱怨现在的作品越来越肤浅，当作者在抱怨他们必须要顺着商家的意去写作时，真正获益的只有商家。正如劳伦斯·莱斯格（Lawrence Lessig）所指出的，著作权法所创造出的许可文化实际上维护的是商家的商业模式。[1]因为通常是商家们受让了作者们的财产权利，商家才是著作权的最大获益者。著作权法从社会公益型转向商业服务型，将不利于社会文化的健康发展。

因此，社会需要戏仿。戏仿能增加文化的创新形式，减少由著作权利集中带来的诸如高级剽窃这样的负面效应。模仿尚且是创作的基本形态，何况是戏仿。戏仿就是一种对话式的表达手法，它在文本与文本之间建立了沟通的桥梁，其实也就是在人与人之间建立起了一种交流方式。不同的思想通过戏仿相互欣赏或针锋相对，用幽默替代严肃，用滑稽反映讽刺，进而构建出绝妙的文化批评氛围。戏仿是人类智慧的结晶，人们通过戏仿免去台面上面红耳赤的尴尬，或表达出直白语言尚不能够传递出的深层信息。戏仿是平等的、自由的、民主的、对话的、深刻的、辛辣的、反省的、自省的。

(二) 戏仿与后现代

将挪用艺术（Appropriation Art）[2]认定为合理使用的过程比较曲折。挪用即"拼凑"（Pastiche），是后现代艺术的表达手法，均通过利用原作来讽刺或批评新作。挪用对原作本身没有进行内容上的改动，主要是对各种不同的原作品进行裁剪、重组以表达新的意义。挪用作品的实质亦是戏仿作品。

---

[1] See Lawrence Lessig, *Free Culture*, The Penguin Press, 2004, pp. 7~9.
[2] 关于挪用作品的法律讨论参见 David Tan, "The Lost Language of the First Amendment in Copyright Fair Use: A Semiotic Perspective of the 'Transformative Use' Doctrine Twenty-Five Years on", *Fordham Intellectual Property, Media and Entertainment Law Journal*, 2016, pp. 348~353. 还可参见袁方："挪用作品的合理使用标准研究"，华东政法大学 2013 年硕士学位论文。

推动挪用为合理使用的案件是"Koons 系列案"和"Cariou v. Prince 案"。[1]在"Rogers v. Koons 案"("Koons Ⅰ案")中,美国第二巡回法庭认为昆斯的雕塑"小狗串"是根据罗杰斯(Rogers)在一家美术馆展出的照片"小狗"制作的,没有充分的转换性,没有将批判性融入自己的作品,因而侵犯了原始照片"小狗"的版权。[2]

但是在"坎贝尔案"之后的"Blanch v. Koons 案"中("Koons Ⅱ案")中,法院的天平倒向了昆斯。昆斯涉案拼贴画中有一双女人的腿出自布兰奇拍摄并发表了的照片《古琦的丝织凉鞋》(Silk Sandals by Gucci)。他辩称自己并未打算批评或评论布兰奇的作品,他的创作是为了说明人们的基本品味是如何受流行形象影响的。[3]法院认为,昆斯的创作构成转换性使用,而且新作品作为对大众媒体的讽刺是一种文化批评形式。[4]"Cariou v. Prince 案"[5]和"Koons Ⅱ案"的涉案作品使用方式雷同,美国第二巡回法庭和联邦最高法院一致认为被告的创作构成转换性使用,是将宪法的表达自由延伸到了非特定表达的艺术形式上。[6]

(三)戏仿与批评文化

在"L. L. Bean, Inc. v. Drake Publishers 案"中,美国第一巡回上诉法院指出"戏仿是幽默形式的社会评论和文学批评"。[7]在"Hustler Magazine v. Falwell 案"中,美国联邦最高法院认为那种令人反感的关于政治人物和公众人物的戏仿漫画也属于表达自由。法院指出:"《美国宪法第一修正案》的核心在于

---

[1] See David Tan, "The Lost Language of the First Amendment in Copyright Fair Use: A Semiotic Perspective of the 'Transformative Use' Doctrine Twenty-Five Years on", *Fordham Intellectual Property, Media and Entertainment Law Journal*, 2016, pp. 348~353;袁方:"挪用作品的合理使用标准研究",华东政法大学 2013 年硕士学位论文。

[2] See Rogers v. Koons, 960 F. 2d 301 (2d Cir. 1992).

[3] See David Tan, "The Lost Language of the First Amendment in Copyright Fair Use: A Semiotic Perspective of the 'Transformative Use' Doctrine Twenty-Five Years on", *Fordham Intellectual Property, Media and Entertainment Law Journal*, 2016, p. 350.

[4] See Blanch v. Koons, 467 F. 3d 244, 247 (2d Cir. 2006).

[5] See Cariou v. Prince, 714 F. 3d 694 (2d Cir, 2013); Also see Cariou v. Prince 571 U. S. 1018 (2013).

[6] See David Tan, "The Lost Language of the First Amendment in Copyright Fair Use: A Semiotic Perspective of the 'Transformative Use' Doctrine Twenty-Five Years on", *Fordham Intellectual Property, Media and Entertainment Law Journal*, 2016, p. 352.

[7] L. L. Bean, Inc. v. Drake Publishers, Inc., 811 F. 2d 26, 28 (1st Cir. 1987).

能对与公共利益有关的事项进行思想的自由交流和意见的交换,这不仅有利于表达的个人,也有利于整个社会对真理的追求。"[1]

在当今的微博、微信等网络平台上,我们随处可见人们对公众人物的戏仿,比如把演员、歌星、体育明星等的头像做成表情包,或把他们的视频进行裁剪和重组从而形成一个新的主题。"鬼畜"就是戏仿的一个表现形式。即使有些戏仿把这些公众人物丑化得不堪入目,也很少见有关公众人物向戏仿人主张权利的。在"New York Times v. Sullivan 案"[2]中,美国联邦最高法院在《美国宪法第一修正案》的指引下第一次提出了"公共官员"概念,将前者引入诽谤法,成功地克减了公共官员的名誉权。[3]在我国,也有相关判例采纳了"沙利文案"(Sullivan)的观点,并指出公众人物较社会普通人而言应当对社会舆论有较高的容忍义务,其人格利益在法律保护上应当适当克减。[4]再者,像明星这样的公众人物不仅可以通过人们的娱乐方式再次出现在人们的眼中以增加自己的关注度,还可以延长自己的艺人生涯。对于类似国家机关工作人员这样的公众人物来说,人们的戏仿体现了对国家机关工作人员的监督权和批评权,是我国《宪法》第 41 条[5]赋予公民的权利。

除了学术上的戏仿外,还有市民文化的戏仿。前者有我国《宪法》第 47 条[6]的支持,后者有我国《宪法》第 2 条[7]、第 33 条[8]、第 35 条和第 47 条的支持。市民文化的戏仿是每个人生活中不可或缺的一部分,人们需要

---

[1] Hustler Magazine, Inc. v. Falwell, 485 U.S. 46, 50~51 (1987).

[2] N.Y. Times Co. v. Sullivan, 376 U.S. 254 (1964).

[3] 参见郑文明:"西方国家诽谤法中的若干重要问题",载徐迅主编:《新闻(媒体)侵权研究新论》,法律出版社 2009 年版,第 302~304 页。

[4] 参见杨立新:"论中国新闻侵权抗辩及体系与具体规则",载徐迅主编:《新闻(媒体)侵权研究新论》,法律出版社 2009 年版,第 204~205 页。参见 [2014] 海民初字第 26881 号和 [2015] 一中民终字第 02203 号。

[5] 《宪法》(2018 年)第 41 条第 1 款:"中华人民共和国公民对于任何国家机关和国家工作人员,有提出批评和建议的权利;对于任何国家机关和国家工作人员的违法失职行为,有向有关国家机关提出申诉、控告或者检举的权利,但是不得捏造或者歪曲事实进行诬告陷害。"

[6] 《宪法》(2018 年)第 47 条:"中华人民共和国公民有进行科学研究、文学艺术创作和其他文化活动的自由。国家对于从事教育、科学、技术、文学、艺术和其他文化事业的公民的有益于人民的创造性工作,给以鼓励和帮助。"

[7] 《宪法》(2018 年)第 2 条第 3 款:"人民依照法律规定,通过各种途径和形式,管理国家事务,管理经济和文化事业,管理社会事务。"

[8] 《宪法》(2018 年)第 33 条第 3 款:"国家尊重和保障人权。"

通过这些滑稽来调节他们一天的辛劳、调节他们的苦闷和严肃，这是人们追求生活幸福的基本权利。戏仿不仅可以表现为对他人的讽刺或批评，还可以表现为自嘲。戏仿能促进公众反思和自我反思，有利于实现社会整体的开悟，体现了宪法和著作权法的共同理念。

三、戏仿与表达自由

克莱格指出，表达自由与版权法确实存在一定的矛盾，但根本目标是一致的，那就是最大限度地促进文化交流和思想交流，这也应该是我们的着眼点。[1]表达自由不仅是个人说和写的自由，还是公众倾听、阅读和获取信息的自由。[2]交流意味着互动和分享。著作权法在实现个人自我价值的同时不能剥夺别人实现自我价值的机会，只有相互价值的提高才能促进社会整体的增值，这才是著作权法的要义，也是表达自由的追求。在"Mattel v. Walking Mountain Productions 案"中，美国第九巡回上诉法院也指出"戏仿具有表达自由的社会价值"。[3]

（一）戏仿与市场自由

古典的表达自由理论源于政治、经济学上的自由主义。[4]美国的霍姆斯大法官在"Abrams v. United States 案"[5]中提出了著名的"思想市场"理论。该理论将言论视为商品，根据商品需要为市场检验才能知晓好坏的事实，霍姆斯指出也只有在思想市场的检验中才能明辨思想的价值。在霍姆斯之前，弥尔顿和密尔有关表达自由的论述已有了相关理论的痕迹。弥尔顿指出，出版许可制和文字检查制阻碍了思想交流和学术进步，阻挠了"最有价值的商

---

[1] See Cary J. Craig, *Copyright, Communication and Culture: Towards a Relational Theory of Copyright Law*, Edward Elgar, 2011, pp. 203~204.

[2] See Cary J. Craig, *Copyright, Communication and Culture: Towards a Relational Theory of Copyright Law*, Edward Elgar, 2011, p. 226.

[3] Mattel Inc. v. Walking Mountain Prods., 353 F. 3d 792, 801 (9th Cir. 2003).

[4] 参见侯健：《表达自由的法理》，上海三联书店2008年版，第241~249页；David Tan, "The Lost Language of the First Amendment in Copyright Fair Use: A Semiotic Perspective of the 'Transformative Use' Doctrine Twenty-Five Years on", *Fordham Intellectual Property, Media and Entertainment Law Journal*, 2016, pp. 338~341.

[5] Abrams v. United States, 250 U. S. 616 (1919).

品——真理——的输入"。[1]密尔指出:"在每一个可能有不同意见的题目上,真理却像是被摆在一架天平上,要靠两组互相冲突的理由来较量。"[2]密尔所说的"天平"被霍姆斯发展成了"思想市场"。

戏仿是批判和继承的统一体,它能联系过去未来、高层底层以及东方西方。市民文化的戏仿经常被一些人批评为低俗,但这些戏仿是否低俗并不是靠那些人裁断的。一个思想的生命力,只有在思想市场的考验中才能得到证实。四大名著被当代人称为是古人智慧的集大成著作,但其在诞生之初不仅没有受到重视,有的还一度成为禁书。一个能有持久生命力的思想,并不一定在于它可能具有多么宏伟的意愿,而是在于它能够深入人心。所以,一个作者不能武断地认为对自己作品的戏仿作品的深度就不能超越原作,著作权法也不能武断地认为类似同人或戏仿的作品就是简单的原作的衍生品。

戏仿通过对先在的智力成果的继承与批判,发展出新的成果。它能使越来越多的人成为思想主体,并源源不断地生产新的知识,推动思想市场的繁荣。越来越多的思想接受检验,新旧的思想交替斗争,优胜的思想得以长存并鼓励人们继续对它们进行批判和发扬。在追求真理的道路上,思想的争辩是永不停歇的,因为真理也不都是永恒的;一个真理还存在是因为它还没有被驳倒。因此,知识产权法不应该对这种追求真理的文化行为进行限制。戏仿是人们心灵的一种修行,而这种修行,正如洛克所言:"地方长官同其他人一样并不负有照顾心灵的责任。"[3]同样,著作权法是利益分配法,而不是思想和心灵修行的限制法。

(二)戏仿与思想自由

在世界上第一部版权法《为鼓励知识创作而授予作者及购买者就其已印刷成册的图书在一定时期之权利法》(《安娜法案》)诞生前,英国女王将印刷控制权授予伦敦书籍出版业公会,但这种特许权制度却导致了行业内部利益的分配不均,最后在出版商们的努力下,形成了该法案。[4]英国皇室之所

---

[1] [英]弥尔顿:《论出版自由》,吴之椿译,商务印书馆2016年版,第38~50页;参见侯健:《表达自由的法理》,上海三联书店2008年版,第242页。

[2] [英]约翰·密尔:《论自由》,许宝骙译,商务印书馆1959年版,第20页,转引自侯健:《表达自由的法理》,上海三联书店2008年版,第242页。

[3] [英]J.B.伯里:《思想自由史》,周颖如译,商务印书馆2012年版,第61页。

[4] 参见吴汉东等:《知识产权基本问题研究》,中国人民大学出版社2005年版,第9页。

以设立特许权，一个重要原因就是控制所谓的"异端"信息。限制信息的传播就限制了思想自由，这便能维系其专制权力的稳定。可见，版权法的出台突破了旧制度对思想的束缚，有利于思想自由。

苏格拉底说："检验一个意见是否正确，不能仅凭大多数人抱有的事实，还应寻求其他检验方式。"[1]当权贵让苏格拉底停止讲学时他宁愿一死，而当他的学生恳求他逃狱时他却拒绝。他指出他不逃跑是因为他是雅典的公民，要遵守本国的法律；但他拒绝停止讲学，是因为讲学是思想交流，而思想不应受任何外界力量的规制。印度孔雀王朝的阿育王也指出："知识通过新见解的发表才能提高……如果真理的长河不能在不断前进中川流不息，那就会腐臭。"[2]

先辈们对思想自由的态度进一步强调了著作权法存在的伦理和哲学基础。著作权法若不能服务于思想的自由交换，那它就是在背离人们的基本权利和社会的发展规律。文明的进步，既需要知识的创造和生产，也需要否定和批判，这是培养理性和真实的基本要求。一个沉浸在赞美话语里的人，不仅缺乏对自己的认知，还缺乏对他人的认知；不仅缺乏对自己的真实，还缺乏对别人的忠诚。因此，著作权法应适当减少一些许可机制，让人们能更忠诚、更真实地进行思想创造。如弥尔顿所言："一个学术不高，然而从不触犯法律的人，他的观点和忠诚如果得不到信任，以致被人认为没有人检查和指导就不能发表自己的思想……他作为一个明白事理的人就将认为这是一种最大的不快和污辱。"[3]对于后来的作者们而言，著作权法所设的一些权利反倒是阻碍，这些阻碍不一定会影响他们的创作热情，但可能会影响他们的发表热情。而不发表出来，公众就接触不到他们的初衷，他们也难以将自己的声音传达出去。这样的权利着实背离了设置它们的理想，也阻碍了社会的长远发展。

戏仿是一种话语权，因而戏仿是表达自由最典型的一种体现。戏仿能传递弱者的声音，能传递最边远地区的声音，因此有利于民主文化的构建。表达自由不能只是强者的表达自由，不能只是多数人的表达自由，还应是力量弱小的、少数人的表达自由。而在戏仿环境里，强弱、多少这样的对立却可以实现大一统。可以说，戏仿能塑造出一个理想的"乌托邦"，虽然现实的矛

---

[1] 参见吴汉东等：《知识产权基本问题研究》，中国人民大学出版社2005年版，第16页。
[2] 参见吴汉东等：《知识产权基本问题研究》，中国人民大学出版社2005年版，第60页。
[3] [英]弥尔顿：《论出版自由》，吴之椿译，商务印书馆2016年版，第31页。

盾重重,但是思想上的自由平等是不可侵犯的。这也正是法律意义上的人人平等。

结 论

本文通过论述戏仿、转换性使用与宪法之间的关系,指出挪用作品是对原作品的转换性使用,能为社会创新注入活力,具有公益性。戏仿有利于表达多元、思想解放和公共教育,是实现表达自由的宪法精神的重要方式,是促进社会高质量、高水平创作及其传播的重要引擎,是促进人们心理健康和生活幸福的重要助力。表达自由既包括公民个人创作的自由,也包括获得表达的自由;既包括个体的表达自由,也包括全体的表达自由。为了让著作权法成为真正表达自由的助推器,就要克制新权利的设置,或多加入一些合理使用的情形。这一方面能促进知识流通,另一方面还能遏制个人私欲的膨胀,从而对社会起到一个积极的导向作用。因此,将戏仿认定为合理使用,既是实现著作权法宗旨的绝对所需,也是实现公民基本权利的根本要求。

参考文献

(1)[苏] M. 巴赫金:《陀思妥耶夫斯基诗学问题》,白春仁、顾亚铃译,生活·读书·新知三联书店 1988 年版。

(2)[美] 亚历山大·米克尔约翰:《表达自由的法律限度》,侯健译,贵州人民出版社 2003 年版。

(3)吴汉东等:《知识产权基本问题研究》,中国人民大学出版社 2005 年版。

(4)侯健:《表达自由的法理》,上海三联书店 2008 年版。

(5)徐迅主编:《新闻(媒体)侵权研究新论》,法律出版社 2009 年版。

(6)[英] J. B. 伯里:《思想自由史》,周颖如译,商务印书馆 2012 年版。

(7)[英] 玛格丽特·A. 罗斯:《戏仿:古代、现代与后现代》,王海萌译,南京大学出版社 2013 年版。

(8)[美] 安东尼·刘易斯:《言论的边界——美国宪法第一修正案简史》,徐爽译,法律出版社 2016 年版。

(9)[英] 弥尔顿:《论出版自由》,吴之椿译,商务印书馆 2016 年版。

(10) William F. Patry, *The Fair Use Privilege in Copyright Law*, The Bureau of National Affairs, 1985.

(11) Lawrence Lessig, *Free Culture*, New York: The Penguin Press, 2004.

(12) Cary J. Craig, *Copyright, Communication and Culture: Towards a Relational Theory of Copyright Law*, Edward Elgar, 2011.

(13) 李雨峰、张体锐:"滑稽模仿引发的著作权问题",载《人民司法》2011 年第 17 期。

(14) 李钢:"'转换性使用'研究——以著作权合理使用判断的司法实践为基础",中南财经政法大学 2017 年博士学位论文。

(15) 袁方:"挪用作品的合理使用标准研究",华东政法大学 2013 年硕士学位论文。

(16) Wendy Gordon, "Fair Use as Market Failure: A Structural and Economic Analysis of the Betamax Case and Its Predecessors", *Columbia Law Review*, Vol. 82, No. 8, 1982.

(17) Pierre N. Leval, "Toward a Fair Use Standard", *Harvard Law Review*, 1990.

(18) Jeremy Kudon, "Form Over Function: Expanding the Transformative Use Test for Fair Use", *Boston University Law Review*, 2000.

(19) R. Anthony Reese, "Transformativeness and the Derivative Work Right", *Columbia Journal of Law & the Arts*, 2008.

(20) H. Brian Holland, "Social Semiotics in the Fair Use Analysis", *Harvard Journal of Law & Technology*, 2011.

(21) Maurizio Borghi, Stavroula Karapapa, *Copyright and Mass Digitization*, Oxford University Press, 2013.

(22) David Tan, "The Lost Language of the First Amendment in Copyright Fair Use: A Semiotic Perspective of the 'Transformative Use' Doctrine Twenty-Five Years On", *Fordham Intellectual Property, Media and Entertainment Law Journal*, 2016.

(23) David E. Shipley, "A Transformative Use Taxonomy: Making Sense of the Transformative Use Standard", *Wayne Law Review*, 2018.

(24) [2014] 普三(知)初字 258 号。

(25) [2014] 海民初字第 26881 号。

(26) [2015] 沪知民终字第 730 号。

(27) [2015] 一中民终字第 02203 号。

(28) Abrams v. United States, 250 U. S. 616 (1919).

(29) N. Y. Times Co. v. Sullivan, 376 U. S. 254 (1964).

(30) Groucho Marx Prods. v. Day & Night Co., 689 F. 2d 317, 319 n. 2 (2d Cir. 1982).

(31) Sony Corp. of America v. Universal City Studios, Inc., 464 U. S. 417 (1984).

(32) L. L. Bean, Inc. v. Drake Publishers, Inc., 811 F. 2d 26, 28 (1st Cir. 1987).

(33) Hustler Magazine, Inc. v. Falwell, 485 U. S. 46, 50~51 (1987).

(34) Rogers v. Koons, 960 F. 2d 301 (2d Cir. 1992).

(35) Campbell v. Acuff-Rose Music, 510 U. S. 569, at 597 (1994).

(36) Mattel Inc. v. Walking MountainProds., 353 F. 3d 792, 801 (9th Cir. 2003).

(37) Blanch v. Koons, 467 F. 3d 244, 247 (2d Cir. 2006).

(38) Cariou v. Prince, 714 F. 3d 694 (2d Cir, 2013).

(39) Cariou v. Prince 571 U. S. 1018 (2013).

(40) 陈虎:"从《扶摇》撞脸《哈利波特》到'射墨'、盲写书法——漫谈抄袭、模仿与创新",载 https://mp.weixin.qq.com/s?_biz=MzA3NTI0NzYxNw==&mid=2651482534&idx=1&sn=4b23fad19e13a789d76d596825bbb42d&chksm=848db0c8b3fa39defb3e13bff191c67518ffd80a6d2347d3956214a26d3a8256da7da96270a6&mpshare=1&scene=1&srcid=0725G6W1QrJYJBpDMPI6ZuOF#rd,最后访问时间:2018年7月28日。

人工智能生成内容的著作权法定位

宋天骐[1]

引言：人工智能生成内容的研究范围

要解决人工智能生成内容的可版权性问题，首先应当明确可版权性的范围，也即明确不属于作品的生成内容不需进行可版权性的探讨。[2]明确不属于作品的人工智能生成内容，是在假设该人工智能已经具备民事主体资格的前提下，其生成内容在形式上仍不能满足作品独创性的内容；换言之，既然自然人作为适格民事主体所创作的相同或相似内容尚且不符合作品独创性的要求，不会受到作品程度的保护，那么人工智能生成内容在形式上与其相同或相似时，理应不具有作品的独创性，不会受到作品程度的保护，当然也不需再进行可版权的探讨。[3]

人工智能生成内容的可版权性问题集中在该生成内容已经在客观上满足独创性的要求，而且在不披露生成内容来源的情况下，读者或该生成内容的受众并不会怀疑其作品性质。在此前提下，是否还需要讨论人工智能不具备民事主体资格，或者人工智能不属于自然人时，独创性标准会有所不同？也

---

[1] 吉林大学法学院 2019 级博士研究生。
[2] 本文使用"可版权性""著作权法"等表述，并非是混淆大陆法系与普通法系的著作权与版权制度，而是基于行文的方便。
[3] 参见王迁："论人工智能生成的内容在著作权法中的定性"，载《法律科学（西北政法大学学报）》2017 年第 5 期。

即独创性标准的评价是应当遵循"主体—客体"的路径,[1]还是应当遵循"客观—主观"的路径？这也是目前学界观点呈现二元分化的主要依据。[2]同时，基于不同评价路径所作出的保护方式探究也呈现二元分化的趋势，前者更多地强调邻接权制度的包容与革新，后者则更关注生成内容的作品性保护。其实，二者有着共同点，也即都认可对人工智能生成内容的保护，至于其定性和保护方式的不同，也可以被看成是对人工智能生成内容的理性关注。

一、前提：人工智能的定位之辩

解决人工智能生成内容的著作权定位问题，一定要明晰人工智能的定位。[3]而明晰人工智能的定位需要确定以下三个主要问题：第一，界定探讨人工智能生成内容的前提。目前针对人工智能生成内容的讨论都无法避开对人工智能的定位问题，具备民事主体资格的人工智能和不具备民事主体资格的人工智能有着截然不同的讨论结果。第二，明确著作权法独创性的标准。独创性标准是否必然要求创作主体具有自然人属性，这对独创性的解释和著作权法作品体系都极为关键。[4]第三，解释著作权法的利益平衡原则。著作权法对文学艺术创作的激励功能是否会因人工智能的民事主体资格的确定而受到影响，这对著作权法的基石原则——利益平衡原则——提出了挑战。[5]

（一）主体资格不影响人工智能生成内容的性质

目前学界（包括民法学界和著作权法学界）对人工智能的定位普遍采取

---

[1] 关于人工智能主体资格定位与其生成内容的关系，该文从康德式的哲学观出发，认为人工智能本身只能作为被人类利用的工具，其生成内容也只能是人类利用人工智能的产物，若其形式上构成作品，探讨其权利归属应主要考虑人工智能的利用者。这种观点就是较为典型的"主体—客体"的论证，其以否定主体的方式来否定客体，再以客体的构成性来分析权利归属的主体。参见李扬、李晓宇："康德哲学视点下人工智能生成物的著作权问题探讨"，载《法学杂志》2018年第9期。

[2] 所谓"二元分化"，是指基于"主体—客体"和"客观—主观"的两种分析路径而形成的论证差异。

[3] 此处所论及的人工智能是指人工智能自身是作为一种工具或辅助机器，还是作为民事主体，抑或是具备有限的民事主体资格。

[4] 参见金渝林："论作品的独创性"，载《法学研究》1995年第4期；李伟文："论著作权客体之独创性"，载《法学评论》2000年第1期；梁志文："版权法上实质性相似的判断"，载《法学家》2015年第6期。

[5] 参见冯晓青："论利益平衡原理及其在知识产权法中的适用"，载《江海学刊》2007年第1期。

较为保守的态度,认为人工智能不是民事主体,不能独立从事民事活动,无法创作体现思维独特性的文学艺术作品。[1]民法学界的讨论是基于民事主体制度的宏观设计和思考,更加注重现行民事主体制度的稳定,对人工智能的民事责任持否定态度,认为人工智能本身并无财产,无法独立承担民事责任,而如果以其自身作为财产,其就已经成了民事客体,更遑论民事主体资格的定位。[2]

相对地,著作权法学界对人工智能的定位也基本一致,但仍有部分学者认为对人工智能民事主体资格的确认无伤大雅。[3]其实,对于人工智能如何定位,并不需要过多地考虑技术发展对法律制度的冲击,就可预见的技术未来来说,人工智能尚无法独立形成意识和思维,即便神经网络和深度学习机制的发展让人工智能可以在某个领域具备"自我学习"能力,但这种"自我学习"能力本身来源于人对人工智能的基础设计,这种设计无论是针对人工智能运算程序、算法,还是针对人工智能材料和外形,都无法否认一点,即人类创造了人工智能及其可以进化的神经网络和深度学习。换言之,没有人类,也就没有人工智能。因此,对于人工智能的定位标准,应当回避技术发展的无限遐思,重点考察现行技术的客观性和民事主体制度的相对稳定性,从而否定人工智能的民事主体资格。但同时,也应当明确人工智能主体资格的否认并不影响对其进行主体性保护的法律设计,如为维持人工智能自身的良好运行或发展人工智能的程序都可以由法律确定一定比例的收益预留份额,以保护和发展人工智能产业。

人工智能生成内容,究竟是人工智能的算法、模板、程序的应然结果,还是人工智能进行深度学习的自我创造,这本身就已经偏离了探讨其可版权性的轨道。生成过程并不会影响生成内容的定性,以生成过程为判断可版权

---

[1] 熊琦教授认为:"著作权法无法脱离从移植自有体物财产权的制度体系和主客体不得互换的基本私法原理。"人工智能想要获得民事主体地位必须突破现行主流观点的主客体不得转换的基本原则,而现行主流观点又暂时难以动摇,因而人工智能暂时不能作为民事主体。但熊琦教授认为,人工智能生成内容能够获得著作权法保护,只是在权利归属上其应由人工智能所有者享有。参见熊琦:"人工智能生成内容的著作权认定",载《知识产权》2017年第3期。

[2] 李晓宇博士坚决否定人工智能的主体地位,认为其只是人类的创作工具,不具备法律主体的构成要件,且缺乏拟制为法律主体的可行性。参见李晓宇:"人工智能生成物的可版权性与权利分配刍议",载《电子知识产权》2018年第6期。与之相对,袁曾博士从人工智能的行为能力角度论证了人工智能的法律人格,又认为人工智能本身承担法律后果的责任能力的欠缺导致其法律人格具有有限性。参见袁曾:"人工智能有限法律人格审视",载《东方法学》2017年第5期。

[3] 参见袁曾:"人工智能有限法律人格审视",载《东方法学》2017年第5期。

性的主要依据，就已经将视角转换到了技术层面，而法律并不需要过多地考虑技术。从工具论的视角而言，技术只是人类通向结果的辅助手段之一。就著作权法的基本精神而言，技术中立的原则也表明了法律对技术的立场，即规范性法律不需要对技术本身的诸多细节进行考量。

（二）独创性标准不否定人工智能生成内容的定性

人工智能会对现行著作权法的独创性标准造成体系性冲击是反对人工智能生成内容可版权性的立论依据之一。目前，我国著作权法对独创性标准并没有作出明确的规定。《著作权法》和《著作权法实施条例》虽对独创性标准的界定有所涉及，但都浅尝辄止，没有具体而明确的评价标准。但是，学者认为，独创性体现的应当是创作者个人思维的独特性和个人选择的差异性，而无论是个人思维还是个人选择，其实质上都离不开自然人这一民事主体的介入。因此，人工智能生成内容即便在形式上以及未公开生成内容来源时会被认为符合作品的独创性标准，[1]但是，人工智能本身体现的也是人类的创造和选择，其生成内容所依据的神经网络和深度学习是人类模拟自身生物特性而创造的技术性产物，因此生成内容的所谓独特与差异不过是人类间接选择的结果，这种生成内容与人类选择之间的因果关系并非像传统作品与创作者之间的因果关系那样明确，但不可否认，人类选择仍是人工智能生成内容的必要条件。

我国沿袭大陆法系著作权与邻接权二分保护的模式，在内容上直接区分作品与非作品，也即有独创性与无独创性或独创性程度较低之分。基于此，有学者明确表示，著作权对应的保护客体是作品，而作品是与独创性密不可分的，非作品可以通过邻接权制度进行保护，这足以实现著作权法的激励功能和利益平衡价值。[2]笔者认为，二分保护模式并没有当然否定非自然人创作的可能性，也没有拒绝承认非自然人之成果的作品性或独创性。作品与非作品的二分，其所依据的是内容独创性有无，而非强调自然人创作对作品的唯一性。因此，人工智能是否可以成为创作的主体，其生成内容的过程是否可被称为"创作"，其生成内容是否可以成为"作品"，关键并不是人工智能是否为自然人，而是人工智能的生成内容是否是独立形成、达到最低程度的

---

[1] 参见王迁："论人工智能生成的内容在著作权法中的定性"，载《法律科学（西北政法大学学报）》2017年第5期。

[2] 参见崔国斌：《著作权法——原理与案例》，北京大学出版社2014年版，第37~122页。

创造性。因此，客观上独立形成且达到最低程度创造性的生成内容有成为"作品"的可能性，而是否受到"作品"的最高程度保护则是著作权法利益衡量的另一层次所要考量的问题。

（三）利益平衡原则影响人工智能生成内容的定位

人工智能生成内容是否受到作品程度的保护，应当考量人工智能的特殊性和其生成内容的庞杂性。人工智能的特殊性在于其非自然人、非生物，而且人工智能是否有着独立思维或独立思想尚且存疑，甚至从目前来看人工智能并没有独立思维或独立思想。人工智能生成内容的庞杂性会直接影响到文化市场的繁荣度和著作权法所维护的创作激励功能。

当我们思考利益平衡时，人工智能生成内容与人工智能可以被分开来看，人工智能生成内容可以受到法律保护，构成作品的生成内容可受到著作权法的保护；而人工智能作为客体当然受到法律保护，其作为著作权法中有限性主体的可能性和人工智能的特殊性可影响人工智能的受保护性和受保护的方式。在平衡相关利益之后，保留人工智能本身的部分权益，以促进其本身的发展，这并非无理。

二、认定：妥当表述与客观标准

（一）人工智能生成内容的妥当表述

人工智能生成内容[1]这个表述本身就没有获得一致认同，而目前讨论人工智能可版权性问题的论文对此表述各异，有"人工智能生成内容"[2]、"人工智能生成的内容"[3]、"人工智能生成成果"[4]这类较为中性的表述，也有"人工智能创作物"[5]、"人工智能创作的作品"[6]、"人工智能作品"[7]、

---

[1] 为了行文的统一，本文采用"人工智能生成内容"或简化为"生成内容"。

[2] 参见熊琦："人工智能生成内容的著作权认定"，载《知识产权》2017年第3期。

[3] 参见王迁："论人工智能生成的内容在著作权法中的定性"，载《法律科学（西北政法大学学报）》2017年第5期。

[4] 参见陶乾："论著作权法对人工智能生成成果的保护——作为邻接权的数据处理者权之证立"，载《法学》2018年第4期。

[5] 参见曹源："人工智能创作物获得版权保护的合理性"，载《科技与法律》2016年第3期；易继明："人工智能创作物是作品吗？"，载《法律科学（西北政法大学学报）》2017年第5期。

[6] 袁曾："人工智能有限法律人格审视"，载《东方法学》2017年第5期。

[7] 参见刘强、彭南勇："人工智能作品著作权问题研究"，载《南京理工大学学报（社会科学版）》2018年第2期。

"人工智能智力成果"[1]这类直接明确人工智能"创作"属性或人工智能内容的作品性质的表述。其实，从这些表述中我们就可以窥见论者的观点倾向，使用中性表述的论者普遍认为人工智能生成内容不能被认定为作品，或不宜为其提供作者权利保护。相对地，使用第二类表述的论者普遍认为人工智能生成内容是作品，应受著作权法保护。比较而言，不带观点倾向的表述在论述过程中更有说服力，其表述不会给人过强的代入感；而带有倾向性的表述在论述中就已经内含其观点，可以说是在自证其表述的合理性，而且其观点有较强的代入感，反而不易从客观角度评述。

因此，笔者认为，论述人工智能生成内容的可版权性问题，使用中性的表述更为妥当，尤其是目前对人工智能生成内容的认定尚未达成一致，中性表述更有利于双方达成概念共识，这可以让可版权性的讨论更为有效。

(二) 人工智能生成内容的客观认定

我国著作权法并未对作品概念进行规定，而是在《著作权法实施条例》中对其作了定义，[2]这也为我们认定作品提供了较为明确的法律指引，即独创性和可复制性。然而，国务院法制办公布的《著作权法（修订草案送审稿）》却将独创性保留，将可复制性改为可固定性。[3]由此可见，独创性是认定作品的基础要件，而可复制性或可固定性则是相对而言的，在某种程度上可复制性也等同于可固定性。换言之，可固定性可涵摄可复制性。[4]如被固定在U盘里的小说文档同样可以复制，而在互联网上的电子文档同样可以被再次固定。因此，笔者认为，考察人工智能生成内容的可版权性问题重点要解决的就是其是否具有独创性的问题。

对于独创性的标准，其实著作权法及其实施条例也并没有给出明确的答案，但有一点是肯定的，即独立创作或独立表达，不能抄袭或剽窃，而且需要

---

[1] 李伟民："人工智能智力成果在著作权法的正确定性——与王迁教授商榷"，载《东方法学》2018年第3期。

[2] 《著作权法实施条例》第2条："著作权法所称作品，是指文学、艺术和科学领域内具有独创性并能以某种有形形式复制的智力成果。"

[3] 《著作权法（修订送审稿）》第5条第1款："本法所称的作品，是指文学、艺术和科学领域内具有独创性并能以某种形式固定的智力表达。"

[4] 可复制性与可固定性二者有细微的差异，可复制性强调内容传播，而可固定性强调载体可见，当技术使得二者功能趋同时再细致区分二者的不同意义并不大。

达到最低程度的创造性。[1]人工智能基于神经网络和深度学习，可以独立生成具体内容，而不需要抄袭或剽窃，也不需要人的智力辅助。[2]

有质疑称，人工智能只是对已有内容或数据的集合处理，其生成内容即便在形式上与人力创作的作品无异，但却是算法、程序和模板的运算结果，[3]是设计版权的演绎形式，因此不能被称为"作品"。但笔者认为：首先，人工智能生成内容的生成过程并不能决定其性质，算法、程序和模板可以被看作是人工智能"创作"的思考过程，就如同自然人创作时的思考一样；其次，所谓设计版权的演绎只能是在原有设计版权所控制范围内的演绎，而不能超出其权利控制的范围，生成内容是另一种形式的独立表达，而不是基于原设计版权的新的设计版权；最后，对于独创性的判断，应从客观层面考察生成内容是否符合标准，而不是从主观层面否定人工智能的主体性，进而再否定其生成内容的作品性，这种逻辑有本末倒置之嫌。

在人工智能的发展已经超出预计的前提下，我们对它的看法似乎仍停留在"机器""辅助""工具"的层面，而这种有些僵化、保守的观点对人工智能的发展极为不利。阿尔法狗基于人类已有围棋棋谱，形成围棋"天赋"的大数据，并成功击败人类的"围棋大师"，这还勉强可为工具论、演绎论所辩驳；但阿尔法元"无师自通"，在几天之内就从"围棋小白"到"围棋大师"，并以大比分击败阿尔法狗，这似乎已经无可辩驳，因为神经网络和深度学习的发展超乎想象，人工智能已与众不同。人工智能的强大已经不是简单地依据已有数据库的运算分析，而是依靠更为高端的深度学习，这也表现在文学艺术领域。微软公司的人工智能"小冰"生成的诗集，无论是在量还是在质上都令人惊叹；人工智能生成的画作，[4]也已经到了可举办画展的程度，有评论家还赞扬其艺术价值，更有收藏家将其画作视若珍宝。种种信息都已明确表明，人工智能生成内容在形式上已与人类作品难分彼此，其已经达到了最低的创造性，甚至远远超过。从这个层面讲，人工智能生成内容可被认

---

〔1〕 参见李明德主编：《知识产权法》（第2版），法律出版社2014年版，第33页；刘春田主编：《知识产权法》（第5版），中国人民大学出版社2014年版，第33页。

〔2〕 当然，人工智能的诞生本身就是人的智力的体现，此处所说的是人工智能生成内容不需要智力辅助。

〔3〕 参见曹源："人工智能创作物获得版权保护的合理性"，载《科技与法律》2016年第3期。

〔4〕 http://www.sohu.com/a/61731203_115978，最后访问时间：2020年2月2日。

定为作品。

退一步讲，其实否认人工智能生成内容可版权性的论述并未直接认定其不是作品，而是通过否定其创作主体资格来否定生成内容不是作品。这本就自相矛盾，独创性问题并不需要考察创作主体，创作主体涉及的是生成内容的权利归属问题，而不影响生成内容本身的独创性。其矛盾还在于，以主体不适格否定客体不适格，又借由主客体不能相互转换的观点彻底否定人工智能生成内容的独创性。现行民法体系并未赋予人工智能以民事主体地位，但这并不影响人工智能生成内容的定性和权利归属的探讨。即便人工智能不能构成民法上的"人"，但著作权法经由"思想表达二分法"而保护表达形式的客观性，人工智能生成内容已完全符合独创性时再否认其作品的定性则是逻辑矛盾。

同时，我们还应注意到，在否定人工智能生成内容的作品定性时，相关论者又认为"……但在表现形式上与人类创作的作品类似的内容而言……则在实然状态下，该内容仍然会被认定为作品并受到著作权法的保护"。[1]这其实也是在变相承认人工智能生成内容的独创性和作品性。虽然其经由推定作者的逻辑来承认人工智能生成内容的作品性也存在逻辑上的不周延，但逆向推论仍然可以认为生成内容的作品性结论成立，而该逆向推论也正是笔者所支持的从客观到主观的认定方法。[2]

再退一步而论，从作品的精神价值来考察人工智能生成内容。我们知道，精神属性和价值属性是一个作品的基石，[3]著作权法保护独创性表达实际上也是保护表达背后的思想，而没有思想的表达是没有灵魂的，这也是反对论者的主要论点之一。在电脑革命初期，机器还只是人们创作的辅助工具，即便是在人工智能刚出现的时候，人们仍未普遍意识到人工智能带来的冲击。

---

[1] 王迁："论人工智能生成的内容在著作权法中的定性"，载《法律科学（西北政法大学学报）》2017年第5期。

[2] 吴汉东教授认为，人工智能生成之内容，只要由其独立完成，就构成受著作权法保护的作品。参见吴汉东："人工智能时代的制度安排与法律规制"，载《法律科学（西北政法大学学报）》2017年第5期。易继明教授认为，应该坚持以客观标准来判断人工智能的独创性，只要符合要求就应当认定为作品，并受著作权法保护。参见易继明："人工智能创作物是作品吗？"，载《法律科学（西北政法大学学报）》2017年第5期。

[3] 刘强、彭南勇："人工智能作品著作权问题研究"，载《南京理工大学学报（社会科学版）》2018年第2期。

当人工智能通过神经网络、深度学习达到某个领域的顶端时,人们才深刻地体会到了人工智能的强大。如果把人工智能的发展大致分为几个阶段的话,初期的机器学习和简单模仿只能是第一阶段,而可以深度学习的人工智能已经进入第二阶段。在第一阶段,针对机器学习和模仿的成果产生过多争议;而在第二阶段,深度学习和神经网络颠覆了人们对机器的认识,人工智能生成内容也就自然与众不同了。对于人工智能生成内容而言,其并非是由人类直接创作而成,也很难说其具备作品的精神属性,但从生成内容的外在表达来看,其可以体现一定的思想,甚至带给人们以精神体验和思维碰撞之感。因此,只从主体角度来判断作品的精神属性似乎有失偏颇,主观上能给人带来精神收获和思维碰撞的人工智能生成内容可以成为作品。[1]

此外,美国斯坦福大学法学院的保罗·戈德斯坦(Paul Goldstein)教授将版权法上的作品中所体现的思想大致分为以下几个类别:启发性概念、基本创作要素和解决方案。[2]人工智能的深度学习和神经网络从零到一的过程所学习的就属于基本创作要素。自然人创作,除极富天资者,都离不开对基本创作要素的学习。[3]既然人工智能与自然人同样都要学习基本创作要素,那么在自然人以基本创作要素为工具创作作品的情况下,为何不能肯定人工智能以基本创作要素为工具创造出的生成内容为作品?同样的逻辑,只因为人工智能的主体性问题而得出相反的结论,这并不是一个有说服力的论证。同样,美国的霍姆斯大法官在强调法律的经验理性时也没有忽视逻辑的重要性,那么在对人工智能生成内容作逻辑和经验的推论时,提出逻辑主体的资格质疑、经验主体的理性质疑似乎也没有太大的说服力。

三、类型:作品性与非作品性

前述对人工智能生成内容的作品定性,是基于该生成内容符合独创性的前提而讨论的,而实际上并非所有的生成内容都具有独创性。如人工智能采编的通讯录,单纯包含姓名、电话、电子邮件等通讯信息,并不能认为其符合独创性的要求;再如人工智能依据已有新闻事实和写作模板生成的新闻短

---

〔1〕需注意的是,笔者并非认为只有符合人们主观的内容才可被称为作品。此处所述只是强调人工智能生成内容的可版权性判断不应单调,而应结合主客观,综合论之。

〔2〕参见崔国斌:《著作权法——原理与案例》,北京大学出版社2014年版,第38~52页。

〔3〕当然,极富天资者除非生而知之,否则也应当以基本创作要素的学习为起点。

讯，也会因其形式和内容简单和具有同一性而缺乏独创性。因此，我们可以把人工智能生成内容分为两类，即可作为作品的生成内容与不宜作为作品的生成内容。[1]

显然，以独创性为基础来类型化人工智能生成内容，可以更好地区分生成内容的作品性与非作品性。独创性的判断标准虽尚不统一，但形式上是否具有独创性较易判断，在此基础上进而判断实质内容的原创性也就相对轻松。因此，我们可以采用两层次的判断规则，即"形式—实质"的判断规则。

第一层次，也即形式层次，重点考察人工智能生成内容的学习机制、运算标准以及采编的数据。如果生成内容只是单纯地依据模板而没有深度学习机制形成的智能表达，那么该生成内容就不是作品；如果生成内容的学习机制属于深度学习，并且利用神经网络技术可以体现内容的差异性、变化性，那么便可进入第二层次继续判断。

第二层次，也即实质层次，针对第一层次的形式判断结果进行实质测评，考察生成内容的相对价值。相对价值主要是指人工智能生成内容的庞杂性和运行的低成本会在一定程度上压缩人类作品的市场空间，为避免这样的窘迫而从主客观结合视角考虑公共利益。有学者认为需要对人工智能生成内容进行技术性与审美性视角的判断，[2]并举例说明新闻撰写类的人工智能生成内容不是作品。[3]但是，笔者认为，技术性和审美性的视角是为了避免人工智能生成内容在数量上的庞大，技术性与审美性只是其隐喻表达的工具。我们不否认人工智能生成内容在数量上的优势，但也不应忽视其在客观上达到了独创性标准，其内容不仅仅是单纯的模仿，更是基于深度学习而作出的原创性表达。退一步讲，即便是模仿，只要其具有相对价值，体现独创性，也可以成为作品。人类现实的文学、艺术也离不开模仿与借鉴。可以说，文学、艺术领域的创新都离不开对前人作品的模仿和借鉴。我们既然可以将人类模仿的内容作为作品，那么对于符合独创性的人工智能生成内容为何要更为苛刻？当然，我们也必须承认，人工智能生成内容或许也因具有庞杂性而缺乏

---

[1] 也即作品性生成内容和非作品性生成内容。

[2] 刘强、彭南勇："人工智能作品著作权问题研究"，载《南京理工大学学报（社会科学版）》2018年第2期。

[3] 此处所指的是腾讯公司开发的Dreamwriter软件撰写的财经类经济报道，该内容具有差异性和不同风格版本。

符合人类认同的独创性，但我们的判断规则在形式层面的考察就可以筛除大部分内容类似、缺乏新意和独创表达的生成内容，在实质层面也有"相对价值"这一标准来保驾护航，以避免无独创性、不能为人类所认同的生成内容被作为作品保护。

这种两层次的判断规则虽然有助于厘清生成内容的作品性，但具体适用却需格外谨慎。假设我们利用人工智能来进行生成内容的作品性判断，那么该人工智能是否能够体现人的思维和选择，或者说该人工智能在适用两层次的判断规则时是否有其基于神经网络、深度学习而形成的独立选择和判断？如果答案是肯定的，那么就会形成一个死循环，即否定人工智能生成内容的作品性是因为人工智能不具备独特的选择和判断，而在进行作品性判断时，又会产生人工智能可以进行独立选择和判断的矛盾。这种对立式的出现反映的其实也是对人工智能本身定位的模糊性认识，如果已经明确人工智能无法体现独特思维和选择，那么人工智能就应当是人的思维或选择的体现，进而明确人工智能生成内容完全不可以成为作品。至于其保护的必要性和具体保护方式，学界认可人工智能生成内容保护的必要性，同时又隐约忧虑人工智能生成内容的数量庞大和过度保护会冲击著作权法的激励功能，削弱人的创作积极性和导致著作权文化市场失衡。因此，学者们认为较为合理的保护方式应当是邻接权制度，[1]而具体的邻接权制度安排则可以再行讨论。

笔者认为，学者对人工智能的忧虑言过其实，至少就目前技术可预见的未来来说，人工智能尚不能形成独立意识、独立意志，而且人工智能生成内容并不会当然地冲击现有的作品文化市场，也没必要抵消著作权法的激励功能。首先，我们知道，文化消费者的心态是渴求创新的，当人工智能生成内容可以满足这种需求时，作品文化市场就会受到些许震荡，但真正好的作品是由人的经验、感悟、学识以及文笔等诸多因素融汇而成的，它是能够满足文化消费者的精神需求和深层精神愉悦的。换言之，也许人工智能生成内容可以满足一部分文化需求，但更多精神性、价值性的文化体验是目前人工智能生成内容无法实现的。其次，人工智能生成内容可以冲销部分同质化、过度模拟化的人的作品，著作权法激励人的创作，对上述人的作品也有不同程

---

[1] 参见陶乾："论著作权法对人工智能生成成果的保护——作品邻接权的数据处理者权之证立"，载《法学》2018年第4期。

度的保护，但这并不会真正繁荣文化市场。人工智能和文化市场的竞争性会使大量同质化、过度模拟化的作品被淘汰，这也可以从侧面激励人创作更为优秀的、更为独特的作品。换言之，著作权法的激励功能并不会受到过多冲击，反而可以激励人创作优秀的作品。

四、归属：类型化的殊途同归

如前文所述，人工智能生成内容并不全是作品，或并不宜全被作为作品来保护。相应地，其权利归属也略有不同，但殊途同归。非作品性生成内容的权利归属相对简单，而作品性的生成内容则相对复杂。

（一）非作品性的生成内容

所谓非作品性生成内容，既包括形式上不构成作品的生成内容，也包括实质上不宜被作为作品保护的生成内容。形式上不构成作品的生成内容，可通过人的创作成果是否构成作品来判断。而实质上不宜被作为作品保护的生成内容是指审美性、价值性有所欠缺且数量庞大的人工智能生成内容。此类生成内容具备客观层次的要件，但在主观层次上尚不满足审美性、价值性的要求，而且在目前尚不宜全面认可人工智能主体资格的前提下，对其生成内容作保守性的适当限制较为合适。形式上不构成作品的生成内容又可被分为两类：一为直接被排除在著作权法保护范围之外的生成内容；一为尚可以通过邻接权制度保护的生成内容。前者探讨其权利归属没有意义，后者探讨其权利归属主要从邻接权制度的传播和保护投资人利益的角度来展开。其实，早在人工智能出现之前就有学者对独创性标准提出了质疑，进而认为只要客观上是独创的即是作品。当然，这种绝对客观化的独创性标准已经没有多少支持者了，如今再讨论独创性在很大程度上是在主客观之间往复转换。而形式上不构成作品的生成内容，与人创作的难以达到独创性标准的成果相类似，同样可以采用邻接权制度来保护，主要保护人工智能投资人和人工智能所有人的传播利益。

非作品性生成内容并不使用作品归属的原则来确定其权利归属，但可以参考作品归属的原则，尤其是实质上不宜被作为作品保护的生成内容，应更加注重保护投资人的利益。

我们知道，自版权制度形成以来，劳动理论和"额头流汗"一直是作品归属判断的基本原则，而大陆法系著作权法因注重著作权之人身权与财产权的双重属性，在保护作品创作的同时，又保护作品传播。因保护作品传播而生的邻接权是著作权法利益平衡原则的体现。时至今日，文学、艺术和科学领域的创造不再仅是个人的天赋和勤奋的结合，其中还会渗透一些投资和保障的因子，而提供投资和保障者对作品创造不无贡献，给予其相应的传播者的法律地位和法律保护既可以保护其利益，也可以从侧面推动作品创造的延续。非作品性生成内容即是如此，人工智能投资者、研发者投入大量物力、财力和精力，创造出可以深度学习的人工智能，并推动人工智能的持续发展，可以说，人工智能生成内容离不开这样的技术和资本支持。当然，人工智能本身可以受到专利法的保护，其生成内容与人工智能相对分离，在投资者和研发者已经获得收益时，再叠加著作权法的保护似乎过犹不及。因此，非作品性生成内容应归属于人工智能的所有者，当投资者、研发者与所有者身份重叠时自不待言，而当所有者相对独立时，生成内容的权利应归属于所有者。

（二）作品性的生成内容

作品性生成内容的权利归属，同样需要考虑几方主体，即投资者、制造者、研发者和所有者，但此研发者应再被细分为人工智能的研发者和深度学习机制的研发者。上述分析同样适用于作品性生成内容的归属，相对不同的是，作品性的生成内容或可考虑人工智能自身的相对人格性，即生成内容的权利及收益直接用于维持和提高人工智能本身。当然，人工智能本身并非民事主体，不具有法律人格，但有限度地承认其权利[1]并不会大幅冲击现行民事主体制度，相反，这会给现行民事主体制度带来活力。人工智能并非人类，不能自我行使相关权利，因此其所有者可代为行使相关权利，即作品性生成内容的著作权。从利益平衡的角度来看，制造者已经在人工智能出售时获得收益，而投资者和研发者的收益也已经实现，所有者的利益只能通过人工智能生成内容来实现。但基于人工智能的有限法律人格，作品性生成内容的权利归属于人工智能和所有者。[2]

---

[1] 限于篇幅，人工智能的法律人格和法律地位并非是本文讨论的重点，本文仅针对人工智能在其生成内容上的权益作简要认定。参见吴习彧："论人工智能的法律主体资格"，载《浙江社会科学》2018年第6期。

[2] 人工智能本身享受的权益被用来维持其运行和提升其深度学习机制，而所有者的收益则可灵活支配。此时，承认人工智能的有限人格，还考虑了阿西莫夫的"机器人学三法则"，人工智能的归人工智能，这样更有利于人工智能本身的发展。

此时，人工智能相当于母体中的胎儿，将作品性生成内容的利益部分归属于人工智能，就相当于继承法中为胎儿保留的继承份额，其目的都在于保护与照顾。目前，人工智能已进入高速发展期，我们还难以预料未来的技术会对人工智能本身以及法律制度造成怎样的冲击，但我们应当保持开放的态度，尤其是对以人工智能为代表的新技术、新科技，对其可能产生的法律问题不要过于悲观与担忧。

结　论

人工智能，抑或大数据、区块链、云计算等新技术、新科技已经进入迅猛发展时期，而法律本身固有的滞后性、僵化性会在一定程度上制约其发展。人工智能生成内容在著作权法领域的讨论，还只是针对人工智能讨论的冰山一角，更多学者专家在各自领域都表达了对人工智能的关注，法学学者也在行为规范、哲学思考、伦理关系等方面表达了对人工智能的观点。

也许法律人的严谨与科技人的创新会暂时发生冲突，但不可否认，二者的相互碰撞与激荡可以确保新技术与新科技的长期稳定性。单一的严谨会僵化，单一的创新会失控，二者相互作用，或能产生更奇妙的化学反应。

参考文献

（1）王迁："论人工智能生成的内容在著作权法中的定性"，载《法律科学（西北政法大学学报）》2017年第5期。

（2）李扬、李晓宇："康德哲学视点下人工智能生成物的著作权问题探讨"，载《法学杂志》2018年第9期。

（3）金渝林："论作品的独创性"，载《法学研究》1995年第4期。

（4）李伟文："论著作权客体之独创性"，载《法学评论》2000年第1期。

（5）梁志文："版权法上实质性相似的判断"，载《法学家》2015年第6期。

（6）冯晓青："论利益平衡原理及其在知识产权法中的适用"，载《江海学刊》2007年第1期。

（7）熊琦："人工智能生成内容的著作权认定"，载《知识产权》2017年第3期。

（8）李晓宇："人工智能生成物的可版权性与权利分配刍议"，载《电子知识产权》2018年第6期。

（9）袁曾："人工智能有限法律人格审视"，载《东方法学》2017年第5期。

（10）崔国斌：《著作权法——原理与案例》，北京大学出版社2014年版。

（11）陶乾："论著作权法对人工智能生成成果的保护——作为邻接权的数据处理者权之证立"，载《法学》2018 年第 4 期。

（12）曹源："人工智能创作物获得版权保护的合理性"，载《科技与法律》2016 年第 3 期。

（13）易继明："人工智能创作物是作品吗?"，载《法律科学（西北政法大学学报）》2017 年第 5 期。

（14）李伟民："人工智能智力成果在著作权法的正确定性——与王迁教授商榷"，载《东方法学》2018 年第 3 期。

（15）李明德主编：《知识产权法》（第 2 版），法律出版社 2014 年版。

（16）刘春田主编：《知识产权法》（第 5 版），中国人民大学出版社 2014 年版。

（17）吴汉东："人工智能时代的制度安排与法律规制"，载《法律科学》2017 年第 5 期。

（18）吴习彧："论人工智能的法律主体资格"，载《浙江社会科学》2018 年第 6 期。

机器阅读的版权例外研究
——以 TDM 运用为视角

程 娅[*]

2016 年 7 月，人工智能作为新兴产业的重要组成部分被正式写入"十三五"规划。在政策的扶持下、在科技的推动下，人工智能逐渐成为时代浪潮的新引擎。随着技术的发展和成熟，人工智能发展"进化"出了研发和创作的能力，与人类的创作不同，人工智能的"创作"需要一个"摄入"的过程，即对众多的文本、数据进行大批量复制，并在此基础上进行提取和分析。其中，人工智能的摄入过程就是机器阅读，对众多文本数据进行复制、提取、分析的技术就是文本和数据挖掘技术（Text and Data Mining，TDM）。在人工智能快速发展的时代背景下，TDM 技术的应用对提高数据收集效力、促进科技创新具有重要作用。然而，TDM 技术在运用过程中不可避免地会对他人受著作权法保护的作品进行大量的复制和分析，这种运用冲击了我国现有的版权例外制度，打破了利益平衡机制。如何对其予以规制是我国亟待解决的重要难题。

一、追本溯源——机器阅读中的 TDM 技术

广义上的机器阅读包括两种方式，即浅层阅读和深层阅读，浅层阅读是指利用爬虫软件对文本和数据进行"逐个"处理，只提取单个内容，不复制、储存整个文本。深层阅读是指对文本和数据进行复制、分析和储存，机器进

---

[*] 中南财经政法大学 2018 级知识产权专业硕士研究生。本文受高等学校学科创新引智计划（111 计划）资助，项目编号：B18058。

行深层阅读的过程就是运用 TDM 技术的过程，故此本文研究的机器阅读特指在 TDM 技术视角下机器的深层阅读。

（一）机器阅读中 TDM 的运用

《欧盟数字化单一市场版权指令》提案（以下简称《DSM 版权指令》提案）将 TDM 定义为："为了获取信息而对数字格式的文本、数据采取自动化分析。"有学者将其定义为"对文本和数据进行大量复制、提取和整合，从而识别出特定模式"。无论是官方提案，还是学者观点，TDM 的定义都包含着对文本和数据的复制、分析，这也是 TDM 技术在机器阅读中运用的主要流程。具体而言，TDM 在机器阅读中的运用主要包含三个阶段的内容：首先是初始阶段，在本阶段中 TDM 会对收集的大量资料和数据进行提取、复制，并将其相关资料进行格式转化，以便存储于机器之中；其次是后续阶段，即对存储的资料进行整合和分析；最终阶段就是分析结果，汇总形成报告，以便获取相关的具体信息和模式。机器阅读中运用的 TDM 不同于以往的技术，它可以在抽象的信息之间探寻到普适的逻辑关系，然后对其进行运用和输出。

（二）机器阅读中 TDM 的技术特征

TDM 作为机器阅读中的重要技术工具，具有以下几项特征：

第一，在自动化分析基础上得出抽象信息和模式。TDM 不仅对文本资料和相关数据进行收集，而且会利用自动化分析技术对所收集的信息进行提取，以便归纳出相关信息之间所隐藏的抽象模式。

第二，复制范围广。为得出高质量的模式分析，TDM 需要海量的文本资料和数据。不同于通过采样方式进行的资料收集，TDM 技术运用自动化模式会对与主题相关的所有资料进行复制、存储和分析，即"样本＝总体"的全数据模式。[1]

第三，无法辨别对象的权利状态。TDM 作为技术工具，在代码和指令下进行复制、存储，这决定了 TDM 技术无法查明和辨别被挖掘作品的权利人、权利状态。由此会致使大量受著作权法保护的作品被复制和存储。

第四，可重复利用存储资料。TDM 在复制文本和数据后会将后者存储于机器设备之中，鉴于信息的多元化特性，机器设备中所存储的信息可在其他

---

〔1〕 唐思慧："大数据环境下文本和数据挖掘的版权例外研究——以欧盟《DSM 版权指令》提案为视角"，载《知识产权》2017 年第 10 期。

指令调动下从不同的存储空间中抽取出关联信息。

（三）机器阅读中 TDM 技术的适用价值

TDM 技术的运用对于提高科研效率、降低科研成本具有重要作用，其对阅读模式的变革，使机器阅读成为现实。在信息爆炸的时代背景下，信息以指数形式增长。据笔者调查：截至 2019 年 3 月 22 日 13 时，全国裁判文书网上面的裁判文书总量为 64 809 142 篇。其中，刑事文书共有 7 776 548 篇，民事文书共有 40 992 039 篇，且当日新增量已达到 18 746 篇。海量的信息突破了人类的阅读和检索极限，要对相关数据进行搜集、分析仅靠人力是无法完成的。TDM 技术将减少 80% 的人类阅读时间并且提升 50% 的数据管理效率。[1] 在海量的信息增长背景下，数据的价值正逐步凸显，对数据的挖掘和利用对社会的未来发展具有重要的推动作用。随着科技的不断进步，TDM 在与人工智能、数据库结合的过程中会被挖掘出更多的价值，发现更多的知识。

二、倒悬之急——机器阅读 TDM 运用带来的版权法困境和挑战

（一）机器阅读与传统复制权的冲突

机器阅读作为人工智能生成作品的前阶段，其价值不言而喻，而 TDM 技术对受著作权法保护的他人作品进行大批量复制行为的"侵权问题"同样不可忽略。传统的著作权理论保护作者的"表达"，而不保护作者的"思想"。根据黑格尔的"意志—人格—财产"学说，作者将个人意志注入作品，作品体现出作者的人格意志，由此作者对该作品享有独占、排他的权利。然作品要想实现自身的价值，不可避免地要经历传播的过程，通过传播让公众接触到作者的"表达"、感悟到作者所倾注的思想和情感。作品的传播过程会涉及对作品的复制，复制就意味着他人对作品的利用，因此，具有侵权预兆功能的复制行为作为著作权法调整的核心被重点关注，因为控制住未经允许的复制行为就可在很大程度上避免侵权。

但随着科学技术的发展，复制的侵权预兆功能正在逐步减弱，机器阅读运用 TDM 技术进行复制，并不是传统意义上的对作品的"表达"的利用，而是"非表达性使用"。就机器阅读过程而言，TDM 技术的运用是对海量资料

---

[1] 罗娇、张晓林："支持文本与数据挖掘的著作权法律政策建议"，载《中国图书馆学报》2018 年第 3 期。

复制之后进行挖掘和分析，并不使用他人在作品中运用的表达形式。在一定意义上，TDM 的行为不算侵犯了著作权人的人身权利和经济利益。

理论的发展往往滞后于时代，非表达使用虽不落入著作权法的保护范围，但是机器阅读未经授权即对他人享有著作权法保护的作品进行大批量复制的行为，仍然落入到了著作权人排他性权利范围之内。根据激励理论，著作权法授予作者在市场上获取经济利益的排他性权利，以激励作品的创作和传播。[1]其中，著作权人许可他人复制作品就是其获取经济利益的重要来源。所以，机器阅读的复制、挖掘行为就与著作权人的排他性权利发生了冲突。

（二）机器阅读适用版权例外制度的困境

在我国现有的著作权体系下，复制行为在获得著作权人许可或者满足版权例外制度时可以免于侵权，但是这两种制度在被适用到机器阅读领域时仍存在很多问题。

1. 版权例外制度适用的困境

TDM 技术所涉及的复制行为是否可适用法定许可和合理使用，是判断 TDM 技术侵权与否的重要依据。第一，法定许可的适用要求具有特定的主体和作品范围，然机器阅读的主体往往不在其中，且机器阅读针对的是海量的数据和资料，适用法定许可的特定范围会限制 TDM 技术对资料的挖掘和分析。故此，法定许可不适用于机器阅读。第二，我国的合理使用制度以列举的方式规定了 12 种适用情形，其中仅有第 1 项和第 6 项规定与机器阅读行为有关联之处。但细究之后，其适用问题仍然存在：第 1 项合理使用情形为"为个人学习、研究"，该规定可适用于个人，但却不能为公司、企业运用 TDM 技术的行为提供法律依据；第 6 项情形明确规定"少量复制"，然机器阅读的特征就在于对资料和数据的大量复制和自动分析，若少量复制能解决相关问题则 TDM 技术就没有被讨论的价值和必要了。

故此，我国的版权例外研究制度不能涵盖机器阅读的复制行为，现阶段只能依据许可协议协调各方利益。

2. 许可协议适用的困境

在获得授权后，机器阅读的复制行为可以根据许可协议进行规制，但许

---

[1] 周妍蕾："机器阅读的复制权问题探究"，载《湖南科技学院学报》2018 年第 2 期。

可协议在现实适用时仍存在很多问题：第一，在机器阅读中，TDM 技术的复制行为针对的是海量的数据和资料，要使其获得全部著作权人的许可是不现实的，并且成本过高。第二，许可协议可能会对 TDM 技术的挖掘行为、挖掘内容、挖掘方式等进行限制，影响机器阅读对文本和数据的"摄入"。此外，许可协议对文本资料的存储进行干涉会致使机器阅读对相关内容的再利用难以实现。所以，许可协议不宜适用于机器阅读。

综上所述，我国现有的著作权法已无法应对机器阅读带来的挑战，面对现实困境，如何进行协调和规制是我们亟须解决的重要难题。

三、博采众长——国际社会的 TDM 版权例外研究

（一）欧盟的 TDM 版权例外

2015 年 5 月，欧洲研究图书馆协会（LIBER）发布《数字时代知识发现海牙宣言》（以下简称《海牙宣言》），直面 TDM 对版权制度造成的冲击，提出应调整版权制度，摆脱羁绊适应时代发展、提高数据利用价值，使其为人类社会发挥更大效用。为解决"欧洲许可计划"导致的权利人和 TDM 使用人利益关系不平衡问题，《海牙宣言》提出权利人在签订与 TDM 技术相关的许可协议时，应尊重技术中立原则，不得限制数据创新和研究。2016 年 9 月 14 日，欧盟发布《DSM 版权指令》提案。该提案第 3 条进一步明确了 TDM 的版权例外制度，规定以科研为目的对合法访问的客体可以采用 TDM 技术进行复制和提取。[1] 2019 年 4 月，欧盟颁布"2019/790 指令"，再次重申 TDM 属于"有条件的例外"，即只有在以科研为目的的前提下才能允许商业、非商业主体运用 TDM 技术。此外，欧盟规定其行为方式为"复制"和"提取"，

---

[1] Directive of the European Parliament and of the Council on Copyright in the Digital Single Market Article 3: 1. Member States shall provide for an exception to the rights provided for in Article 2 of Directive 2001/29/EC, Articles 5 (a) and 7 (1) of Directive 96/9/EC and Article 11 (1) of this Directive for reproductions and extractions made by research organizations in order to carry out text and data mining of works or other subject-matter to which they have lawful access for the purposes of scientific research. 2. Any contractual provision contrary to the exception provided for in paragraph 1 shall be unenforceable. 3. Rightholders shall be allowed to apply measures to ensure the security and integrity of the networks and databases where the works or other. subject-matter are hosted. Such measures shall not go beyond what is necessary to achieve that objective. 4. Member States shall encourage rightholders and research organizations to define commonly-agreed best practices concerning the application.

这意味诸如处理、分析等后续行为不能适用该条款。这在一定程度上限制了 TDM 技术的应用，因为机器阅读对资料和数据的复制、提取就是为了后续阶段的处理和分析，并以此来探寻相关信息之间的普适逻辑关系。故此，欧盟关于 TDM 的版权例外规定有一定的局限性。

(二) 英国的 TDM 版权例外

英国的著作权制度向来以保护作者权利为核心，但在科技浪潮的席卷之下，英国的著作权保护体系也在逐步调整，在保护著作权人合法利益的同时也在关注技术发展与制度平衡。《哈格里夫斯报告》在实证调研的基础上提出，为避免信息资源的浪费、促进产业发展，建议为 TDM 等新兴技术建立合理使用制度，重构谨慎的利益平衡关系。[1]随后，英国修改《版权法》，并在该法第 29A 条中规定："任何人皆可在未经权利人同意时，基于非商业目的对合法获取的作品进行数据挖掘。"[2]该条款规定了机器阅读时的版权例外，并且明确规定任何人皆可运用 TDM 技术进行数据挖掘。但为避免数据挖掘者滥用该条款，英国又对其具体适用条件进行了规定。其一，挖掘者必须出于非商业目的，而且必须是运用计算机设备进行数据挖掘。其二，必须注明被挖掘客体的来源，以对相关资料的著作权人表示尊重。在数据过于庞杂，无法分别列明时，可对资料库进行注明。其三，运用 TDM 技术分析、整合的资料不得被转让、出售给他人。此外，英国规定该条款具有强制性效力，权利人不得在合同中进行限制。英国的《版权法》第 29A 条较为全面地规定了 TDM 的版权例外制度，但是其将商业目的排除在外，仍有局限性。从经济学角度分析，人们会对成本和利益进行比较和分析，面对高昂的成本如果没有利益作为回报，该产业将难以为继。由此可知，机器阅读、人工智能的应用离不开商业利益的推动，排除基于商业目的对 TDM 的应用会限制该技术的发展。

(三) 美国的 TDM 版权例外

美国作为判例法国家，很多司法制度都是以判例法的形式确立的，机器阅读中 TDM 的版权例外制度的发展亦是如此。在 "Field v. Google 案" 中，Google 存储了原告享有版权的内容，并对其进行网络识别、分档和分析，法官

---

[1] 秦劼："英国版权法变革中图书馆合理使用制度的新动向——以文本与数据挖掘技术的应用为视角"，载《大学图书情报学刊》2018 年第 6 期。

[2] 宋雅馨："文本与数据挖掘的版权例外——以欧盟版权指令修改草案为视角"，载《电子知识产权》2017 年第 6 期。

最终判决该行为属于合理使用。[1]在"Authors Guild, Inc. v. HathiTrust案"中，学校为帮助学生检索文献，对图书馆存储的书籍全部进行了数字化处理，并支持用户在库内运用 TDM 进行数据挖掘，法院依旧基于合理使用制度予以支持。[2]此外，还有"Kelly v. Arriba Soft案"[3]和"Authors Guild v. Google案"。[4]在"Authors Guild v. Google案"中，Google 还曾与作家协会签署过和解协议，拟采取默示许可的方式来对作品进行利用，但是法院并未采纳当事人的和解协议，仍基于合理使用制度判决 Google 的行为合法。美国的合理使用制度被规定于《美国版权法》第 107 条，其以"四要素"理论为判断标准对合理使用行为进行评析。但在适用过程中，美国法院逐渐发现运用 TDM 技术进行机器阅读的行为大多具有商业目的，且其大批量复制的行为用传统的"四要素"理论予以分析难免牵强。故此，美国法院逐步以"转换性合理使用"理论证成机器阅读的行为，即只要基于对社会有益的目的对他人作品进行使用，并能产生新理解、新价值，该行为便属于合理使用。转换性使用不要求复制的数量，只要复制目的不会构成对原作品市场的影响，即使该复制行为具有商业性质法院仍予支持。[5]该理论的提出对 Google 等公司研发、投资 TDM 技术具有极大的激励作用，为美国机器阅读、人工智能的科技发展提供了成长的沃土。然不可忽略的是，这种模式要求法官具有较高的综合素质来对机器阅读的挖掘行为进行判定，效率过低、成本过高。

（四）日本的 TDM 版权例外

2018 年 2 月 23 日，日本内阁通过《著作权法修正案》。该修正案规定，

---

[1] 美国内华达州地区法院"Field v. Google 案"判决书，Field v. Google, 412 F. Supp. 2d 1106 (D. Nv. 2006)。

[2] 美国联邦第二巡回法院"Authors Guild, Inc. v. HathiTrust 案"判决书，Authors Guild, Inc. v. HathiTrust, 755F. 3d 87 (2d Cir. 2014)。

[3] 美国联邦第九巡回法院"Kelly v. Arriba Soft 案"判决书，Kelly v. Arriba Soft, 336 F. 3d 811 (9th Cir. 2003)，Arriba Soft 将 Kelly 的摄影作品进行大量复制，并设置链接以供搜索、分析，第九巡回法院判决该行为属于合理使用。

[4] 美国纽约州南部法院"Authors Guild v. Google 案"判决书，Authors Guild v. Google 770 F. Supp. 2d 666 (S. D. N. Y. 2011)，Google 与图书馆合作，将馆内书籍进行数字化处理后归入数据库，以供科研人员进行检索，其检索结果以"片段"形式展现，法院判决该行为属于合理使用。

[5] 罗娇、张晓林："支持文本与数据挖掘的著作权法律政策建议"，载《中国图书馆学报》2018 年第 3 期。

对书籍进行数字化处理，即使未经著作权人许可人们也可对其进行检索。[1] 此前，日本已在《著作权法修正案》中引入过 TDM 版权例外条款，即"为分析信息允许对他人作品进行复制"，[2] 最新修正案是对原 TDM 版权例外制度的进一步规定。具体而言，日本的 TDM 版权例外制度主要包括以下几项内容：第一，挖掘对象不限于文本和数据，还囊括声音、影像等其他要素，但却不适用于为分析而整理的数据库。第二，挖掘方式不限于数据分析，可以运用统计、分类等其他方式进行。第三，不局限于对资料、数据的存储和分析，将改编纳入其中，即在必要限度下可对作品进行改编。笔者以为，将 TDM 版权例外规定扩张至改编权有不妥之处，设置该制度的本意在于协调著作权人的专有权利和社会利益，在不影响原作品的同时促进社会对该作品的再利用。然对改编权的规定势必会影响著作权人的利益和原作品的市场，这会致使利益的天平再度倾斜，有悖初衷，故此日本对改编权的扩充确有不妥之处。当然，日本《著作权法修正案》的积极效果不容忽视，其对挖掘对象、挖掘方式的扩展开创了世界先例，为机器阅读的挖掘行为提供了强有力的立法支撑，消除了 TDM 技术在版权法上的不确定性，促进了该国的产业发展。

四、与时俱进——解决我国机器阅读版权问题的应对方案

在网络时代背景下，作品可以多种形态被他人利用和侵犯，为保护著作权人的合法利益，现行立法态势逐渐呈现出向权利人倾斜的状况。然著作权制度设立的核心不仅在于保护著作权人的合法权利，还在于要促进文学、科学领域作品的传播和创新。在某种意义上，传播和创新才是著作权法制度的最终目的。没有传播就没有后人对先前作品的阅读和汲取，没有创新就没有生机和活力。机器阅读就是在对先前作品充分汲取的基础上对作品价值进行再度开发，以促进创新。在人工智能迅猛发展的业态下，在《中华人民共和国著作权法》（以下简称《著作权法》）第四次修改之际，我国应结合国际社会的经验，协调各方利益、平衡权利义务关系，让倾斜的立法趋势回归本源。

---

[1] 沈红辉："日本大尺度修改《著作权法》"，载 http://www.xinhuanet.com/globe/2018-04/06/c_137084661.html，最后访问时间：2020 年 2 月 15 日。

[2] "Copyright Research and Information Center"，Copyright Law of Japan，available at http://www.cric.or.jp/english/clj/index.html，最后访问时间：2020 年 2 月 15 日。

(一) 版权例外制度下的可选方案

根据国际最新的司法实践和立法经验，我国现可从以下三种方案中选择一个最佳方案。

1. 采用默示许可制度

"Authors Guild v. Google 案"为我们提供了默示许可的解决思路，默示许可制度是指使用人虽未获得权利人的授权，但能够推定权利人并不排斥他人使用，由使用人支付费用以补偿著作权人的一种许可方式。[1]默示许可制度可以更为便捷地解决许可问题、简化授权程序、降低交易成本，然其不足之处就在于默示许可制度的基础建立于推定之上，这种推定的方式没有法律依据，极易在著作权人明示收回后丧失合法性，致使挖掘的结果无法应用。[2]此外，默示许可要求使用人支付一定的费用作为补偿。正如前文所述，机器阅读是对海量的资料、数据进行复制和挖掘，所以默示许可制度下的补偿制度会加重研究主体的成本压力。由此可见，默示许可制度不利于协调权利人和使用人之间的利益关系，不能成为最佳方案。

2. 运用"三步检验标准"

"三步检验标准"在我国《著作权法（第三次修改送审稿）》中被再度提出，即在增加合理使用兜底条款的同时，进一步限定该使用不得"影响原作品的正常使用"，也不得"不合理地损害著作权人的合法利益"。[3]运用"三步检验标准"对机器阅读的 TDM 行为予以规制能够最大限度地保证其适用的灵活度。美国采用的"四要素"具体内容虽与我国的"三步检验标准"不同，但二者的灵活度却有异曲同工之妙，在司法实践的协调下可以解决机器阅读中 TDM 的应用问题。然而，过于宽泛的标准难以量化，会给司法实践带来很多不确定的因素，所以"三步检验标准"不能成为最佳方案。

3. 制定 TDM 合理使用条款

制定 TDM 合理使用条款是当今世界多数国家的共同选择，是解决机器阅读中 TDM 复制问题的应有之义。利用成文法对 TDM 合理使用规则进行规定

---

[1] 冯晓青、邓永泽："数字网络环境下著作权默示许可制度研究"，载《南都学坛》2014 年第 5 期。

[2] 唐思慧："大数据环境下文本和数据挖掘的版权例外研究——以欧盟《DSM 版权指令》提案为视角"，载《知识产权》2017 年第 10 期。

[3] 吴汉东主编：《知识产权法学》（第 6 版），北京大学出版社 2014 年版，第 76 页。

沿袭了我国固有的立法模式，能够有效地解决司法实践中的不确定性问题。在赋予 TDM 合法性的同时，严格限制其主体、客体等适用条件，有效防止对例外规则的滥用。在支持科研创新的时代背景下，要协调和平衡著作权人、使用人和社会之间的利益关系。笔者深知，制定法律条款不是解决现行问题最为便捷、有效的选择，但在我国立法缺失、实践问题亟待解决的背景下，我们只能选择制定 TDM 合理使用规则以实现"帕累托最优"。

（二）版权例外制度下的最佳方案

借本次《著作权法》修订之契机，我国可顺应时代发展，采取宽容开放的立法态度，将机器阅读下的 TDM 行为纳入合理使用制度，但为重构利益平衡机制，必须要对其适用条件作进一步的限定。

1. 不局限于非商业性主体

国内有学者主张应将 TDM 合理使用的适用主体限制于非商业性机构，以保证该条款的公益性不致被滥用。但是，笔者认为，这种限制对协调、平衡相关主体之间的利益无助，对 TDM 技术的未来发展无益。实践中，能够进行机器阅读和 TDM 技术研发的商业主体往往具有雄厚的商业实力和最为先进的研发能力，他们有足够的实力来运用 TDM 技术促进科研发展，所以排除商业机构会阻碍科研的进步。国外立法实例也并未有此限制，欧盟、英国、美国、日本均未对挖掘主体进行限制，仅英国规定机器阅读的挖掘目的要具备"非商业性"。可见，对该条款的公益性质可以从挖掘目的上进行限制和弥补，而非主体。

2. 以科研为目的

为平衡著作权人和使用人之间的利益关系、保证该条款的公益性，笔者建议应以科研为目的，即允许商业机构和非商业机构以科研为目的的运用 TDM 技术。科研目的不同于英国的"非商业性"，"科研"一词的选用是以社会公众利益为出发点的，即以对社会有益为目的对他人作品进行使用，并能产生新理解、新价值，就应属于合理使用。这种限制方式类似于欧盟的"有条件例外"制度，即虽不对商业主体和非商业主体进行限制，但规定要以科研开发为目的。

3. 合法接触的已发表作品

机器阅读的挖掘对象不限于文本，还包括一些数据，对"合法接触"予以强调是为了保证机器阅读的复制对象应在合法范畴之内，不涉及他人的商业秘密或者其他违法事由。此外，机器阅读的对象还应局限于已发表的作品，未发表的作品被置于权利人的绝对控制之中，不能对此类客体进行复制和挖掘，否则就会构成对著作权人权利的侵犯。

4. 不应将改编权囊括其中

日本的著作权法将机器阅读中的 TDM 行为扩张至改编权，笔者认为这种扩张会损害著作权人的合法权益。对于 TDM 的工作原理前文已有详述，它是在大量复制的基础上进行分析和提取，并不会对原作品及其市场构成影响，这是主张 TDM 合理使用合法化的依据所在。但是，若将这种复制、分析乃至提取的行为再扩张至改编权，会有矫枉过正之嫌，可能会损害著作权人的合法利益。

综上所述，我国应在《著作权法》第四次修订这一契机下，增加"TDM 合理使用"条款，允许商业机构及非商业机构以科学研究为目的，对合法接触的已发表作品进行文本和数据挖掘。

结　语

机器阅读运用 TDM 技术对受著作权保护的作品进行大批量复制、分析和提取的行为，不符合我国现有的版权例外制度，不能适用我国的著作权法。在人工智能浪潮席卷之际，我国必须要结合国际社会的司法实践和立法经验探讨摆脱版权困境的合理途径。参考国际社会的相关经验，我国可以采用默示许可制度、"三步检验标准"以及"TDM 合理使用"条款等方式予以解决。然默示许可制度以及"三步检验标准"具有一定的局限性，不能被很好地适用于我国的司法实践。故此，笔者建议适时设立"TDM 合理使用"条款，并严格限制其适用条件，允许商业机构、非商业机构基于科研目的对合法接触的已发表作品进行文本和数据挖掘。我国应借本次《著作权法》修订之契机，在立法视角下对司法实践中的具体问题予以回应，发挥法律的引导和带动作用，推动人工智能产业发展。

参考文献

（1）冯晓青："论知识产权的若干限制"，载《中国人民大学学报》2004 年第 1 期。

（2）吴汉东：《著作权合理使用制度研究》（第 3 版），中国人民大学出版社 2013 年版。

（3）吴汉东主编：《知识产权法学》（第6版），北京大学出版社2014年版。

（4）吴军：《智能时代：大数据与智能革命重新定义未来》，中信出版社2016年版。

（5）蒋珂："论合理使用中的'行为'——兼评谷歌图书案"，载《法学评论》2015年第6期。

（6）Kelvin Hiu Fai Kwok, "Google Book Search, Transformative Use, and Commercial Intermediation: An EconomicPerspective", The Yale Journal of Law & Technology, Vol.17, No.283, 2015.

（7）罗娇、张晓林："支持文本与数据挖掘的著作权法律政策建议"，载《中国图书馆学报》2018年第3期。

（8）周妍蕾："机器阅读的复制权问题探究"，载《湖南科技学院学报》2018年第2期。

（9）李琛："论我国著作权法修订中'合理使用'的立法技术"，载《知识产权》2013年第1期。

（10）周玲玲、杜静、费晓燕："数字环境下合理使用立法的重新建构——基于文本与数据挖掘的发展与分析"，载《浙江社会科学》2018年第5期。

（11）唐思慧："大数据环境下文本和数据挖掘的版权例外研究——以欧盟《DSM版权指令》提案为视角"，载《知识产权》2017年第10期。

（12）冯晓青、邓永泽："数字网络环境下著作权默示许可制度研究"，载《南都学坛》2014年第5期。

（13）宋雅馨："文本与数据挖掘的版权例外——以欧盟版权指令修改草案为视角"，载《电子知识产权》2017年第6期。

（14）赵刚："文本与数据挖掘的版权问题——法律适用障碍和图书馆的版权立场及博弈策略"，载《图书馆工作与研究》2018年第10期。

（15）焦萍："欧盟文本与数据挖掘版权例外条款的法律框架评析"，载《编辑之友》2017年第10期。

《电子商务法》中红旗原则适用的探讨

杜明宇*

引　言

自美国国会于1998年通过《数字千年版权法》[1]以来,该法创立的"避风港原则"和"红旗原则"因为确定网络服务提供商（Internet Service Provider，ISP）在网络著作权侵权案件中的责任提供了新的方向和标准而得到了世界各国的认可及借鉴。

我国通过对国外相关立法的研究,也对两大原则进行了规定,并于最近在《中华人民共和国电子商务法》（以下简称《电子商务法》）中将两大原则引入了电商领域。目前而言,"红旗原则"的价值和适用可行性已经成为共识,但对于适用中的具体细节尚有不明之处。《电子商务法》作为我国该领域最新的立法成果,其在前法的基础上对"红旗原则"的适用前提的进一步明确仍稍显不足,包括"应当知道""必要措施"等在内的部分用词仍有探讨的空间,需要更进一步剖析其在实践中的可能含义,以清晰界定电商平台应承担的注意义务及其在IP侵权行为中的责任,保证两大原则的正确适用。

一、"红旗原则"的含义

DMCA第512条设定了ISP不对其服务对象在其提供的服务空间内进行的著作权侵权行为承担责任的各种情形,包括:第一,对服务对象的侵权无实

---

* 中国政法大学2020级本科生。
[1]《数字千年版权法》（Digital Millennium Copyright Act，DMCA）。

际认知或无明显的侵权事实使其应当知道,且在获得该认知或应当知道后立即移除或断开链接;[1]第二,未从其有权利及能力控制的侵权行为中直接获取到经济利益;[2]第三,收到权利人的侵权通知后立即移除相关内容或断开连接。[3]该规定建立了美国的"避风港原则"。

"红旗原则"则由 DMCA§512(C)(1)(A)进一步引申而出,即若侵犯知识产权的行为如红旗飘扬一般显而易见,ISP 便不能以不知道侵权事实为由主张"避风港原则"的保护;若 ISP 不主动采取一定的必要措施,则 ISP 与侵权人须负连带责任并作出赔偿。

换言之,"红旗原则"是"避风港原则"的唯一例外。在通常情况下,"避风港原则"使得 ISP 不需要为其用户在其服务器上进行的侵犯知识产权行为承担责任,但在此类侵权行为已经达到显而易见的地步而 ISP 仍无动于衷、对其采取放任态度时,可通过"红旗原则"排除上述保护,令 ISP 承担侵权责任。"避风港原则"与"红旗原则"相结合,在保护 ISP 免受过多其自身无法控制的著作权侵权困扰,进而影响互联网发展的同时,又限制了 ISP 滥用"避风港原则"的保护而过度侵犯著作权人的利益。

《电子商务法》第 45 条[4]确定了将"红旗原则"适用于电商领域的可行性,并为其正确适用设立了两个前提,即"知道或应当知道侵权行为"且"未采取必要措施",满足这两个前提即可排除"避风港原则"的保护。但相比于往年立法,一些细节问题仍未得到明确,二者在实践中尚有一定缺陷。

二、《电子商务法》中"红旗原则"的不足

(一) 知道或应当知道侵权行为

在"知道或者应当知道侵权行为"这一前提中,"知道"描述主观认知,而"应当知道"[5]则指客观推定认知,即依赖于将电商平台经营者视为一般

---

[1] DMCA§512(c)(1)(A).
[2] DMCA§512(c)(1)(B).
[3] DMCA§512(c)(1)(C).
[4] 《电子商务法》第 45 条规定:"电商平台经营者知道或者应当知道平台内经营者侵犯知识产权的,应当采取删除、屏蔽、断开链接、终止交易和服务等必要措施;未采取必要措施的,与侵权人承担连带责任。"
[5] 或称为"红旗标准"。

理性人，通过客观因素对其认知状态进行推定。如今《电子商务法》明确区分"知道"以及"应当知道"，对主客观的不同认知标准予以分别对待，有利于从主客观两方面判断电商平台的主观过错。

相比于需要从电商平台内部获取证据支持才能实现的对"知道"这一主观状态的判断，以对客观标准的考量推定主观过错的"红旗标准"的可操作性更强，也更容易规范。其本质是确定电商平台在不同前提条件或环境下的注意义务。

但美中不足的是，和历年立法相似，《电子商务法》仍然未能明确在推定电商平台经营者是否满足"红旗标准"（即构成"应当知道"侵权行为）时，何种因素应当被纳入考虑范围。换言之，《电子商务法》虽然明确了"红旗原则"在电商领域的可适用性，但其判断仍缺少统一、明确的指导。其后果是知识产权人难以对其权利有稳定的期望，并导致"避风港原则"的保护被滥用，成为ISP逃避法律制裁的借口。

这一问题源自于对DMCA§512（c）(1)(A)(ii)持续十数年的争论，即所谓"应当知道"是仅要求推定侵权存在的可能性即可，抑或更上一层楼，要求著作权人能够举证证明ISP应当知道某一具体侵犯著作权的行为？[1]

可以看出，两个标准一宽一严，前者倾向于保护著作权人的利益，后者倾向于保护ISP的利益。在数年前，美国第二联邦上诉法庭于"Viacom v. YouTube案"中[2]裁定"应当知道"同"知道"的指向一致，即具体的侵权行为而非可推定存在的可能性。在当时作出如此解释，无疑使得"红旗原则"几乎失去了适用可能性，连ISP自身都不能知晓并掌控发生在其服务器内的每一具体侵权行为，遑论著作权人。随后，第九联邦上诉法庭在"Veoh案"中将这一适用标准问题注明留待未来作进一步探讨。

《电子商务法》在此处也有所留白，并未明确其将"应当知道"指向具体、可指证的某一侵权行为，或是盖然性的、可推定存在的侵权行为，这便是其未能明确"应当知道"的判断标准以指导实践的原因之一。

将"应当知道"指向具体的、可指证的某一侵权行为，无疑是在著作权人和ISP中选择了保护后者。但是，"红旗原则"是"避风港原则"的唯一例

---

[1] 参见管育鹰："美国DMCA避风港规则适用判例之研究"，载《知识产权》2013年第11期。
[2] Viacom Int'l Inc. v. YouTube Inc., 676. F. 3d 19, 42 (2d Cir. 2012).

外，也是避免"避风港原则"被滥用的一道锁。将"应当知道"的标准设定得如此严苛，以至于堵塞了著作权人的维权途径，有些不妥。况且，随着时间的推移，ISP 的技术也在日益进步，能更容易且全面地获知其服务器上存在侵权内容。

因此，《电子商务法》应以"知道"指向具体且明确的某一侵权行为，而"应当知道"所指向的行为应被理解为盖然性的、可推定存在的侵权行为。以此为指导，从侵权者和电商平台两个角度出发，总结出一些有助于明晰构成"应当知道"的因素也就具有了可行性，且此举也可以为实践提供一定的帮助。

（二）必要措施

《电子商务法》第 45 条所列"必要措施"，主要包含删除、屏蔽、断开链接、终止交易和服务等。相比于 DMCA 及旧法，第 45 条增加了"终止交易和服务"这一措施，这是由电子商务本身的特点决定的。纵观与"红旗原则"相关的立法，虽然大部分都提及了在满足"知道或应当知道"后需要采取的（诸如删链屏蔽等）必要措施，但均未对采取以上措施后更进一步的预防性措施作出要求，这导致对知识产权的保护力度稍显薄弱，也有放纵侵权损害扩大之虞。

此处所言之预防性措施，指在电商平台已经"知道或应当知道"侵权行为的存在，并对其作出删除等应对举措后，阻止该商家再次上架同一或同类侵权商品的进一步措施。

《电子商务法》第 45 条未将预防性措施纳入"必要措施"，源于 DMCA 及其后数年的立法背景。在 1998 年 DMCA 出台时，受限于当时的技术水平，要求 ISP 对上传至其存储服务器的全部作品进行逐一审查都难以实现，何况是对技术水平要求更高的预防性措施。且即使能够做到，其成本之高昂也会使有意进入该领域提供服务的人望而却步。正是基于该考虑，"避风港原则"才得以设立，限制著作权在互联网领域的无限扩张，使 ISP 能够免于承担过多的侵权责任，以均衡著作权人和 ISP 二者的利益，进而使保障著作权和推动互联网的发展齐头并进。

但是，如今的技术水平相较于 1998 年已经有了极大飞跃。对电商平台而言，审查所有商品信息在技术上已不再如当初那般是难以逾越的鸿沟。无论是图片识别，还是词语屏蔽，都已不再是技术难题，唯一需要考虑的因素便是成本。

也就是说，决定是否将预防性措施纳入"必要措施"，是在决定是否应当打破现有的网络服务提供商与知识产权人之间的利益平衡，在二者的利益之间做出进一步的取舍。如今，电商平台迅猛发展，其早已不再像当初的 ISP 那样处于弱势地位。同时，结合中外的多个实际案例来看，仅靠第 45 条所列措施并不足以阻止侵权行为人的进一步侵权以及侵权损害结果的扩大，而有助于阻止进一步侵权损害的各类预防性措施（如"单词过滤器"等）并没有被《电子商务法》提及。

考虑到技术进步的背景，以及互联网飞速发展的结果，当下与"红旗原则"初立的条件已经完全不同，立法的保护重点需要作出调整以重新平衡对知识产权和互联网的保护。应当将预防性措施纳入"必要措施"的范围，增加电商平台经营者的注意义务，从而在侵权频发的该领域提高对 IP 的保护，推动知识产权保护和互联网进步的动态平衡。

三、对《电子商务法》第 45 条的完善

（一）明晰"应当知道"的影响因素

与 DMCA §512（c）(1)（A）相似，《电子商务法》第 45 条也以"知道"及"应当知道"作为两类电商平台经营者的主观过错。根据 2012 年美国第二联邦巡回上诉法庭在"Viacom v. YouTube 案"中的判决，"知道"属于主观标准，要求 ISP 在主观上已经对具体的侵权行为有所认知。与此不同，"应当知道"（或称"红旗标准"）属于客观标准，关注点在于客观状态而非 ISP 的主观认知。其并不考察 ISP 的主观认知，只是从客观因素上判断具体侵权行为对一般理性人是否是显而易见的，进而推定 ISP 是否有过错。[1] 结合中外的立法及判例，我们可以总结出一些可能对"应当知道"的判断产生影响的因素。

但要注意的是，"红旗原则"虽然被表述为"侵权如红旗飘扬一般显而易见"，但当我们根据《电子商务法》对"应当知道"进行判断时，不应局限于侵权行为及商品本身的显而易见性，同样需要关注电商平台对其商品进行的各类编辑行为，盖因此类举措同样有可能产生推定电商平台认知到该商品

---

[1] 参见管育鹰："美国 DMCA 避风港规则适用判例之研究"，载《知识产权》2013 年第 11 期。

涉及IP侵权行为的效果。

1. 商品自身属性——以知名度为例

在"Columbia Pictures Industries, Inc. v. Fung案"[1]中,美国联邦第九上诉法院的法官认为,国会已经在DMCA中明确规定ISP在对如红旗一般显而易见的侵权行为视而不见(turned a blind eye to red flags of obvious infringement)时即负有法律责任。被告方在其服务器上提供的影视、音乐作品多为具有较高关注度的著作,而对于任何一般理性人来说,这些作品受著作权保护、不可能随意许可给个人的认知属于常识,然而被告并没有采取任何合理措施,构成"有意疏忽"(willful ignorance)。[2]此即法院认定被告符合"红旗标准",故而不得主张"避风港原则"保护的因素之一。

尽管本案只是在著作权领域的判例,但其对明晰电商领域"红旗原则"的适用前提却具有借鉴意义。上文所述的"被告网站上的影视、音乐作品多为热播的著名作品,而对于任何一般理性人来说,这些作品受著作权保护、不可能随意许可给个人的认知属于常识范畴"也可以适用于电商平台的商标权纠纷。知名度高的商标不可能随意授权对于一般理性人来说同样是常识。同时,对于电商平台来说,识别商标在技术上也具有可行性。因此,在涉及具备较高知名度商标或驰名商标的商品时,要求电商平台承担更高的注意义务合乎情理。

相比于著作权及商标权,参考知名度对专利方面的"红旗标准"进行判断在多数情况下并不合适,且其侵权信息判断所要求的专业性、技术性对电商平台经营者来说是极高的门槛。从最高人民法院往年发布的典型案例来看,[3]网络环境下的专利侵权(包括电商领域内),在实践中已经形成了通用标准,即默认电商平台作为ISP并不负有在事前对商品本身专利内容进行审查的义

---

[1] Columbia公司向加利福尼亚中区联邦地区法院诉称Gary Fung及其IsoHunt公司提供的服务器联系以及种子文件下载索引两项服务侵犯了其版权。法院否定了IsoHunt主张的"避风港原则"的保护。IsoHunt上诉至美国联邦第九巡回上诉法院。

[2] See Columbia Pictures Industries, Inc. v. IsoHunt Web Technologies, Inc., Case No. 10-55946 (C. A. 9, Mar. 21, 2013).

[3] 参见"肇庆市衡艺实业有限公司与杭州阿里巴巴广告有限公司、建阳顺意贸易有限公司侵害发明专利权纠纷上诉案",福建省高级人民法院[2016]闽民终1345号民事判决书;"威海嘉易烤生活家电有限公司与永康市金仕德工贸有限公司、浙江天猫网络有限公司侵害发明专利权纠纷上诉案",浙江省高级人民法院[2015]浙知终字第186号民事判决书。

务,也就是降低了电商平台在商品涉及专利方面应承担的注意义务。法院会径直对"通知—删除"程序的履行及进展进行审查,而不再考虑"红旗原则"。

但其应当以电商平台并未对商品进行任何发挥主观能动性的操作为前提,如推荐、编辑及排名等。以下,笔者会就该点进行详述。

2. 对平台内商品进行编辑、推荐或排名

知名度、类别等均是商品自身可能对"红旗标准"有所影响的属性,而可以推定电商平台应知侵权行为发生的影响因素并不局限于此,平台自身的行为也有可能导致其注意义务的增加,进而要求其负有更多的事前审查义务。

在"IO Group, Inc. v. Veoh Networks, Inc. 案"[1]中,法院认可 Veoh 的 ISP 地位,并认为 Veoh 只是建立了一个自动上传、处理文件的系统,由系统对用户上传的视频内容进行筛选并转化为直接可视的格式,Veoh 本身并不直接参与或监管文件的上传处理过程。因此,Veoh 得以向法院主张"避风港原则"的保护,"红旗原则"在本案中并不应当得到适用。

该判例的思路值得借鉴,对视频文件的编辑处理也可以被推用至电商平台对各类商品的编辑,并进一步引申至推荐、排名等操作。

如果电商平台通过系统自动对商品及其资料进行筛选或审核,其并不应当负有过高的注意义务。如上所述,此时电商平台并未直接涉及侵权行为,不是直接侵权人,且也很难据此推定其应当知道侵权行为存在。

与此不同,电商平台为商品设置推荐或排名时应当负有较高的注意义务。推荐、排名通常由人工进行选择、编辑,是电商平台吸引流量、增加销量的常见举措,这一类举措涉及的对象极少,且能够为电商平台带来经济收益。首先,设立"避风港原则"的初衷之一即是技术以及成本,面对过多的服务对象,要求 ISP 一一审查所有内容的著作权并不现实。而电商平台在对其平台商品做出推荐、排名时,需要审查的对象极少,要求其承担审查义务是完全可以实现的。其次,DMCA§512(c)(1)(b)规定并不直接从侵权活动中获取经济利益是获得"避风港原则"保护的前提之一的思路也值得借鉴,而《最高人民法院关于审理侵害信息网络传播权民事纠纷案件适用法律若干

---

[1] IO Group 认为 Veoh 将用户上传的视频文件编辑为 flash 格式,且该过程在 Veoh 的掌控下,Veoh 是直接侵权人,并不具备被"避风港原则"保护的资格。

问题的规定》(以下简称《规定》)第 11 条同样以经济利益作为认定 ISP 承担有更高标准的注意义务的考虑因素之一。电商平台已经被认定为 ISP,当电商平台对商品进行推荐、排名时,其吸引来的流量及增加的销量都会成为电商平台的经济收益,对其施加更高的注意义务并无不妥。

更重要的是,商品进入榜单或推荐位离不开电商平台的操作,且此类位置显然能够为电商平台所明显感知。若其属于侵权商品,则该侵权行为对于电商平台经营者而言属于"应当知道"范畴的可能性也就更大,此时引申适用《规定》第 12 条第 1 项[1]关于为 ISP 所能明显感知的位置的表述也比较合适。

综合上述理由,单就涉及编辑、推荐或排名等操作的商品,尤其是推荐位或者排名榜单数量较少、位置显著而言,规定电商平台经营者对此承担更多、更高标准的注意义务具有可行性。是否有对侵权商品进行此类操作,可以作为"红旗标准"的影响因素之一。

3. 侵权预防措施

侵权预防措施可以分为对商品的鉴别和移除程序和侵权通知接受程序,各部分的预防措施的有效性是判断电商平台应承担的注意义务的基础,进而构成衡量"红旗标准"的因素。

在"Tiffany 诉 eBay 案"[2]中,法院认为 eBay 建立的权利人验证程序[3]会鉴别和移除涉嫌侵犯商标权的商品,并能够在收到通知及声明后及时删去涉嫌侵权的商品并撤销该交易。这表明 eBay 实行的侵权防备举措是切实可行、能够保护权利人利益的,可以作为 eBay 业已尽到合理注意义务的证明。

《规定》第 9 条第 4 项[4]同样提及了以积极采用合理的预防著作权侵权措施作为认定 ISP 是否构成应知的标准。电商平台作为为众多卖家提供网上交易平台的服务商,通常规模较大,具备建立审查机制的可能性,这属于其应承担的合理注意义务。

"红旗原则"与"避风港原则"一体两面,其作用在于排除"避风港原则"的保护,进而避免该保护被网络服务提供者滥用、侵犯到知识产权。"通

---

[1] "将热播影视作品等置于首页或者其他主要页面等能够为网络服务提供者明显感知的位置的。"
[2] Tiffany (NJ), Inc. v. eBay, Inc. 600 F. 3d 93 (2nd Cir. 2010).
[3] Verified Rights Owner, VeRO.
[4] "网络服务提供者是否积极采取了预防侵权的合理措施。"

知—移除"及其近似体系是"避风港原则"的中心,通知是 ISP 获取信息的重要渠道。故当电商平台建立起及时、有效的通知接收系统并保证该系统运行时,可以认为电商平台主动履行了保护知识产权、防止侵权损害扩大的义务,此时不应要求其承担过高的注意义务。

(二) 将预防性措施纳入"必要措施"

"红旗原则"的适用前提有二:一是电商平台"知道"或"应知"侵权行为,"应当知道"——也就是"红旗标准"——的判断因素已在上文论述;二是"未采取必要措施"。

如今技术已经有所发展,在对电商平台是否已采取"采取必要措施"的判断中,应当将阻止侵权商品二次上架的预防性措施纳入要求范围内,而非遵循 DMCA 所设立的传统,将"必要措施"限定于"删除、屏蔽、断开链接、终止交易和服务",却并不包括预防性措施。

1. 相关案例

2009 年,被告杜某某在淘宝网注册店铺并销售涉案商品,原告发现该商品侵犯其商标权后,陆续向淘宝网送达侵权通知函共计 7 次,淘宝网每次都在审核后对被告杜某某的涉案商品进行删除处理,但均未阻止其通过再次上架进入消费者的视线。上海市浦东新区人民法院指出,根据当时已设立的《淘宝网用户行为管理规则(非商城)》,在多次收到乙公司的投诉并经核实后,淘宝网还应限制杜某某上架相关商品,进而处以扣除信用分甚至冻结账户等惩罚,但是淘宝网并未在被动而机械式地下架商品及删除其信息以外作出其他处罚决定。法院以此作为认定淘宝网构成帮助侵权、具有主观过错的依据之一。[1]

并且,法院认为,ISP 在接收到侵权通知和声明后立即删除涉嫌侵权的信息是其不承担侵权责任的必要条件而非充分条件。如果涉嫌侵权的信息被删除后,ISP 提供服务的该对象仍然利用其服务再次实施侵权行为,那么采取更行之有效的必要措施便是必需的,以便阻止继续侵权或损害扩大。因此,仅仅选择商品信息、断开该商品链接,并不被认可为"采取合理措施"。

淘宝网提起上诉后,上海市第一中级人民法院首先确认商标权利人向 ISP

---

[1] "衣念(上海)时装贸易有限公司与浙江淘宝网络有限公司、杜某某侵害商标权纠纷案",上海市浦东新区人民法院 [2010] 浦民三(知)初字第 426 号民事判决书。

发出的侵权通知函可以使后者认知到侵权的存在性及被侵权人的权利主张。随后认定，淘宝网应当知道被告杜某某屡次利用其提供的互联网服务侵犯原告的商标权，但其并未作出积极应对，仅被动而机械地执行"通知—移除"程序，删除涉案商品的链接，未见任何成效，未主动采取"必要的能够防止侵权行为发生的"措施，导致侵权行为多次发生、损失扩大。法院认为，这是对侵权行为的放纵，导致原告的损失扩大，淘宝网于客观上构成了帮助侵权行为，主观上因"应知而未知"而具有一定的过错。[1]

2012年，在"Atari Europe公司诉Rapid Share网站案"中，原告认为被告在首次接到原告的侵权通知并进行删除后，就应该采用单词过滤等技术手段，以防侵权作品在首次被删除后再次被非法上传至被告的服务器。

该主张最终得到了德国最高法院的支持，判定"被告作为文件存储网站必须采取更多措施防止侵犯著作权的行为，包括使用单词过滤器"，推翻了原二审判决。[2]基尔霍夫法官在判决中指出：如果有权利人主张其知识产权被网络在线存储的内容侵犯，网络服务提供者就应当采取技术手段防止该侵权内容或与之类似者被再次上传至其服务器，以防侵权行为的继续及损害后果扩大。

2. 总结

在实践中，"采取必要措施"并不能被简单理解为"删除、屏蔽、断开链接、终止交易和服务"等单一行为，而是要求电商平台据"技术可行性、成本、侵权情节等因素确定"，[3]以将侵权再发的可能性降至最低，即预防性措施至少在一定情况下是必要的，上述的"单词过滤器"一案便是范例。

因此，采取预防性措施以防止侵权商品再次上架才应该是阻止"红旗原则"的适用、主张"避风港原则"保护的充分条件，公告侵权商家信息、中止与侵权商家的合同等应当被包含于"必要措施"之内。在符合其他条件的情况下，电商平台仅仅采取删除商品信息的手段并不能够帮助其证明主观过

---

〔1〕"衣念（上海）时装贸易有限公司与浙江淘宝网络有限公司、杜某某侵害商标权纠纷上诉案"，上海市第一中级人民法院［2011］沪一中民五（知）终字第40号民事判决书.

〔2〕Jabeen Bhatti, "Supreme Court Rules File Hosting Sites Must Do more to Prevent Infringement", *World Intellectual Property*, 2012（9），14，转引自李萍："网络服务提供商发展将面临新问题——技术的发展与避风港原则的适用"，载《科技与出版》2014年第5期.

〔3〕"衣念（上海）时装贸易有限公司与浙江淘宝网络有限公司、杜某某侵害商标权纠纷案"，上海市浦东新区人民法院［2010］浦民三（知）初字第426号民事判决书.

失的不存在、避免"红旗原则"的适用。

结　论

《电子商务法》出台后，必然会有相当多的争议及疑难出现在实践中。《电子商务法》第 45 条在将"红旗原则"适用于该领域的同时，并未明确"红旗原则"适用前提的具体判断标准。根据多个判例及立法，我们可以归纳出三个影响"红旗标准"判断的因素：商品自身属性（如知名度等）、电商平台的操作（编辑、推荐、排名等）以及侵权预防措施。但不可否认的是，这绝非全部的判断标准，实践中会出现更多的其他因素。且注意义务的问题也会更加复杂、多元化，需要法官根据事实证据行使其自由裁量权。因此，我们应当期待司法实践能够给出更加明晰的阐释，提供更多可供遵循的判例。

同时，DMCA 的立法者限制著作权是为了新产业和新技术的成长，坚持了技术中立，但如今电子商务的发展如日中天，知识产权的保护在该领域也应该逐步得以恢复。20 年前的互联网产业和知识产权产业的利益分配格局被一路沿用至今，当下诸多条件已经发生变化，重新划定该利益分配格局，适当地增加电商平台对其平台上商品的审查义务并无不妥。

故收到权利声明及侵权通知后，电商平台并不能仅仅因"删除、屏蔽、断开链接、终止交易和服务"而得以避免"红旗原则"的适用，"采取必要措施"应当包括阻止商品二次上架的预防性措施，如关键词屏蔽、解除与侵权商家的合同等。

参考文献

（1）韩莹："避风港原则在 ISP 责任承担中的适用"，载《法制与社会》2017 年第 19 期。

（2）高云昊："电商平台的法律责任分析——《电子商务法》'通知-删除'规则的应用初探"，载《现代商业》2019 年第 32 期。

（3）巩珊珊："Viacom International Inc. v. YouTube, Inc. 案最新判决评析——以网络服务商过错判断标准为视角"，载《知识产权》2014 年第 1 期。

（4）管育鹰："美国 DMCA 避风港规则适用判例之研究"，载《知识产权》2013 年第 11 期。

（5）郭灿："博弈与平衡——论'红旗原则'和'避风港原则'"，载《法制博览

（中旬刊）》2013 年第 6 期。

（6）李萍："网络服务提供商发展将面临新问题——技术的发展与避风港原则的适用"，载《科技与出版》2014 年第 5 期。

（7）林承铎、安妮塔："数字版权语境下避风港规则 与红旗原则的适用"，载《电子知识产权》2016 年第 7 期。

（8）刘晓春："《电子商务法》知识产权通知删除制度的反思与完善"，载《中国社会科学院研究生院学报》2019 年第 2 期。

（9）牛萌："'正反通知+删除'制度的建构"，载《中国版权》2014 年第 4 期。

（10）苏冬冬："论《电子商务法》中的'通知与移除'规则"，载《北京理工大学学报（社会科学版）》2019 年第 6 期。

（11）万玺："信息网络传播权纠纷中'避风港'原则适 用问题研究"，载《法制博览》2018 年第 8 期。

（12）熊英："电商平台经营者知识产权保护义务与责任分析——以《电子商务法》规定为限"，载《中国市场监管研究》2019 年第 4 期。

（13）徐明："避风港原则前沿问题研究——以'通知–删除'作为诉讼前置程序为展开"，载《东方法学》2016 年第 5 期。

（14）许晓雅："'红旗原则'和'避风港原则'的实质探析"，载《商》2013 年第 5 期。

（15）杨立新："电子商务交易领域的知识产权侵权责任规则"，载《现代法学》2019 年第 2 期。

（16）张德芬："《电子商务法》中'通知与移除'规则评析——以专利侵权纠纷中电商平台责任为例"，载《知识产权》2019 年第 3 期。

（17）张今："避风港原则在电子商务商标侵权行为中的应用"，载《电子知识产权》2012 年第 3 期。

（18）张瑞瑞："揭开'避风港'和'红旗'原则的面纱"，载《法制与社会》2013 年第 10 期。

（19）孔祥俊：《网络著作权保护法律理念与裁判方法》，中国法制出版社 2015 年版。

（20）吴汉东：《知识产权精要——制度创新与知识创新》，法律出版社 2017 年版。

论著作权的转换性使用

许家琳[*]

一、转换性使用

"转换性使用"术语于 1990 年在美国被首次使用，它是一种著作权侵权的抗辩制度，其出现在皮埃尔·勒瓦尔（Pierre Leval）法官发表在《哈佛法律评论》的论文中。它是从转换性使用的角度对《美国著作权法》第 107 条的合理使用的"四要素"进行理解的，目的为防止过度的著作权保护扼杀其他主体的创作。勒瓦尔法官认为，合理使用制度最有意义之处在于它实现了著作权法的最终目标，即促进文化和创新，法官应该将重点放在使用目的上，避免因过度保护作品而限制创新，不应过分重视第四要素，即对潜在的市场和价值的影响。

"合理使用"一词由法官提出，指既不需要著作权人许可，也不需要向其支付报酬的使用作品的行为，在 1841 年被首次使用。合理使用制度在很大程度上决定了著作权的权利边界，其适用范围的任何变化都可能重塑著作权法，正确界定合理使用的范围、平衡立法的可预见性与灵活性是合理使用制度的重要命题。[1]《美国著作权法》第 107 条规定了检验合理使用的四个要素：①使用的目的和性质，即该使用是基于商业性目的还是基于教育目的；②受版权保护作品的性质；③使用受版权保护作品的数量和比重；④该使用对版权作品潜在市场和价值的影响。该法列举了具体、全面的合理使用行为，在

---

[*] 北方工业大学 2018 级法学专业硕士研究生。
[1] 罗娇、严之："著作权合理使用的转换性使用理论研究"，载《人民法治》2018 年第 9 期。

其第 108 条至第 112 条和第 121 条、第 122 条深有体现。此外，该法还详细规定了概括性的检验标准。

以四要素为代表的合理使用制度相对于列举性的封闭式的合理使用制度的优势在于为作品的二次使用提供了生存空间，因而逐渐被一些国家所接受，如荷兰和部分欧洲国家。但还有些国家因担心灵活性的合理使用制度带来的不确定性和多变性结果而拒绝将其引入著作权法，如澳大利亚。

2011 年，我国司法政策提倡将"四要素"作为合理使用行为的检验标准。2014 年 6 月，我国公布的《著作权法（修订草案送审稿）》将合理使用的检验标准列入著作权法，法官有很大的自由裁量权。由此，我国合理使用制度的灵活性得到了一定的发展。

在对"合理使用"和"转换性使用"之间关系的探讨上，"合理使用"是一个处于公共利益和权利人利益之间的中间点，在二者之间起到平衡的作用，即目的是保护权利人的合法权利，但同时也对权利进行相关的限制和例外，以达到社会公益的平衡作用。如对于权利人来说，这是一种传播作品的行为；对于公共利益来说，这是对作品进行了有效的利用。"转换性使用"则是对合理使用方式的补充，使得在合理使用的范围内存在一定程度的"转换性"因素。在一般情况下，二次使用行为只要被认定具有转换性，就会有利于构成"合理使用"，因而免于承担著作权侵权责任。在转换性使用中，在处理权利人和使用者的关系时，著作权法更加倾斜于后者，因为著作权法是以丰富社会文化产品为宗旨，激励创作为目的的。

根据《美国著作权法》第 107 条的规定，在特定的案件中判定其使用行为是否在合理使用范围时，应当考虑包括以"使用的目的和性质"为首的四个主要因素。而"转换性使用"被引入到第一个因素的认定中，成了其关键部分，并在一定意义上弱化了其他因素的认定价值。[1]

在"转换性使用"和"四要素"的适用关系中，"转换性使用"并不否定或取代合理使用"四要素"的判断标准，美国在有关合理使用案件的司法判决中依旧将"四要素"分析作为检验合理使用的基础。"转换性使用"标准影响的只是法院在分析"四要素"时所采用的具体方法。转换性使用是合理使用成立的充分非必要条件，即合理使用的范围更大，转换性是对合理使

---

[1] Campbell 510U. S. 569.

用认定的支持因素之一，是对合理使用的补充和指导。转换性使用影响合理使用"四要素"的权重，在实践中，"四要素"并非相互独立、缺一不可的要件，判断其是否构成合理使用，应该根据案例具体分析。勒瓦尔法官也曾赞同"四要素"中的第一要素是合理使用制度的灵魂，而对第一要素的判断取决于是否存在转换性以及在何种程度上具有转换性。另外，二次使用行为即便不满足第四要素（即对市场的潜在影响），只要对原作品没有替代性，仍然可以被认定为合理使用。

二、从美国转换性使用发展史看当今趋势

由于"四要素"在适用中具有不确定性，美国法院在司法实践中通过赋予"四要素"中每个要素不同的权重，来检验某一行为是否构成合理使用从而形成统一的裁判标准，以此完善以"四要素"为标准的合理使用制度的确定性与可预测性。在之前的判决中，"转换性使用"总是被法官定义为形式、内容上的变更。但近年来，"使用目的"这一要素也被认为属于"转换性使用"，这样就有了"内容性转换"与"目的性转换"两种认定方式，随着时间的发展，后者越来越凸显其地位。

（一）"转换性使用"的产生背景

为增强合理使用制度的可预见性和确定性，形成一个统一的标准，美国在司法实践中赋予了"四要素"不同的权重。美国法院的权重分配模式主要有"市场中心"和"转换性使用"。

从20世纪80年代开始，美国法院通过"索尼案"确定以《美国著作权法》"四要素"中的第四要素，即"该使用对版权作品潜在市场和价值的影响"作为判断合理使用的首要因素。美国联邦最高法院在"索尼案"中指出"对受版权保护材料的一切商业性使用都假定为不合理"。自此，以市场损害为主导的合理使用检验标准在美国有关合理使用的司法实践中建立起来。

"转换性使用"于1990年被勒瓦尔法官首次提出。他认为，如果过分重视第四要素（即"市场影响"），则将严重损害对合理使用制度的适用，从而损害二次创新。纵观所有的合理使用案例，都包含了某种程度上的市场损害，即作者将在别人对其作品二次利用时损失对其作品享有的版税。因此，勒瓦尔法官首次提出了合理使用的鉴定标准，即"转换性使用"理论。美国联邦最高法院在1994年的"Campbell案"中引用了勒瓦尔法官的观点，纠正

了"索尼案"中"市场中心"的失误,在对滑稽模仿是否属于合理使用的问题上,判决采取"转换性使用"理论对其进行论证。此案中,美国联邦最高法院认为,在综合考虑构成合理使用相关使用行为时,"转换性使用"因素的重要性超过了"商业目的"因素,即使用行为越具有转换性特征,其他因素的影响就越小。"Campbell 案"在美国形成了一定影响,美国各个巡回法院逐渐将"转换性使用"作为考量是否构成合理使用的主要因素。

(二)以"Campbell 案"为例谈美国转换性使用的发展

美国在"Campbell 案"中第一次使用了"转换性使用"一词。美国 2 Live Crew 乐队写了一首歌"Pretty Woman",是对 Roy Obison 的歌曲"Oh! Pretty Woman"的滑稽模仿,Campbell 为乐队主要成员。该乐队曾请求原作歌曲的版权所有者许可其创作一首滑稽模仿歌曲,但是遭到了拒绝。尽管如此,该乐队还是创作并发表了这首滑稽模仿歌曲。随后该乐队因侵犯著作权而被起诉。地区法院通过即席判决支持了乐队,但是巡回法院推翻了地区法院的判决,认为该滑稽模仿作品具有商业使用的性质,违反了《美国著作权法》第 107 条合理使用的第一个要素;把原作品的核心内容用作新作品的核心内容违反了第三个要素;商业性使用给原作品的市场造成的伤害违反了第四个要素。2 Live Crew 乐队上诉,联邦最高法院判定其滑稽模仿作品构成第 107 条意义上的合理使用。[1]

法院认为,案件涉及的"滑稽模仿"是为了揭示原作品,而非基于单纯的复制或延续其创作目的,并且产生了新的、具有创造性的东西。即二次使用作品因其具有的创造性的新的内容或观点而产生了新的价值和社会利益,则具有"转换性"。在"转换性使用"的广泛应用中,"公益因素"也逐渐在认定转换性使用的标准中占据了重要地位。

"Campbell 案"中,法官将转换性使用作为判断著作权合理使用的首要因素。此项措施对美国产生了重大影响,由于大量的使用行为被免于侵权,文学、美术、音乐等产业的发展被宽松的创作环境所带动。此外,此前颇为重要的"市场影响"要素逐渐被淡化,传统的合理使用标准发生了变化。

勒瓦尔法官从著作权法激励创作的目的出发,将转换性使用定义为"必须是有生产力的、必须以与原作品不同的方式或不同的目的……是基于原始

---

[1] 详情请看 Campbell, 510 U. S. 569.

材料创造新的信息、新的审美、新的洞见和理解"。[1]

转换性使用在"Field 案"[2]和"perfect 10 案"[3]中逐渐得到发展。在"Field 案"中,"转换性"是对原作的二次利用后,拥有了新的用途和新的功能,符合著作权立法中的社会公共利益。在该案中,内容上的创造性增加并没有被强调。在"perfect 10 案"中,法院强调了因其对原作品的使用产生了"公益性",所以明显增强了其"转换性"。

(三)转换性使用的适用

对于是否进行了转换性使用,我们可以依据两种标准来进行判断,即定性分析和定量分析。

关于"转换性使用"的定性分析,其目的在于说明"转换性使用"与"非转换性使用"的区别,即检验标准是以"内容"转换还是以"目的"转换。在早期的"Campbell 案"中,"转换性使用"定性的关键因素在于二次使用原作品时,是否加进了新的"内容",即"内容"是否有转换。不过,有学者指出,"Campbell 案"仍然对转换性使用的定义存在质疑,因为它没有明确"转换内容"和"转换目的"这两个条件需具备其一,还是需同时具备,或者需具有某种联系才能构成"转换性"。在近年来的合理使用案例中,美国法院支持更宽泛定义的"转换性使用",即"转换性"不仅要包括对内容方面的转换,更要包括对使用目的的转换。随着信息技术的发展,美国法院更加倾向于"目的"转换而非"内容"转换,即二次使用没有加入任何新的"内容",但是与原作品相比具有不同的使用"目的",也可以构成"转换性使用"。

二次使用行为具有"转换性"只是检验二次使用构成合理使用行为的起点。此外,法院还需要对转换的程度进行分析,看是否达到合理使用的要求,

---

[1] 法官评述:"adds something new, with a further purpose or different character, altering the first with new expression, meaning, or message."

[2] Google 以网页快照的形式存储并通过互联网提供了载有 Field 小说的网页,Google 提出合理使用的抗辩主张。法官认为,Google 提供的网页快照并不是为了实现原作本身的创作目的和功能,增加了新的东西,而不仅仅是代替原作。

[3] Google 搜索引擎以缩小图的形式将 Perfect 10 的图片提供在搜索结果中。法官认为,Google 对缩小图的使用具有高度的转化性,尽管创作图片是为了实现娱乐、审美功能,但搜索引擎将该图片转化成一个为网络用户提供信息来源的指针,搜索引擎通过将原作转化成新作品(即一种电子指示工具),从而有利于社会公益,更加具有转换性使用价值。

此为"转换性使用"的定量分析，目的在于说明二次使用行为要达到何种程度的"转换"才能够支持其构成合理使用。

理论上，美国联邦最高法院提出了定量分析的标准，即使用行为越具有转换性就越可能构成合理使用，但是这一标准在实践中过于抽象、操作起来难度也较大，法院很难评估转换性的多少。因此，有学者提出可以从经济的角度评估，以二次使用行为带来的社会经济后果（如越具有转换性，对原著作权人的市场损害就越小，但对社会带来的利益越大）作为标准。此外，确保"转换性使用"在司法中的可预见性尤为重要。

实践中，美国法院通过对二次使用的"质"和"量"进行评估，确定其是否与目的相配。即在司法实践中，法院会先考虑该二次使用是否具有目的性转换，再考虑"质"和"量"是否超出了符合转换性使用所需的"质"和"量"。对于后者，美国法院采用了"竞争性替代"的方法，即看二次使用作品是否对原作品具有替代作用，是否对原作品进行了补充。答案若是肯定的那就具有转换性；反之，如果二次使用作品可以替代原作品，那就不能构成合理使用。

三、我国转换性使用的适用

（一）我国转换性使用的现状

1. 我国首例转换性使用案例

本案中王某（原告，笔名为棉棉）是本案作品《盐酸情人》的作者，Google（本案被告）在制作该数字图书馆的过程中全文复制了原告的作品。之后，Google将该作品提供给了其在中国的关联公司（北京谷翔公司），该公司负责运营谷歌中国网站并向网络用户提供片段式内容。该页面并不显示图书页面的全部内容，仅显示相关页内容的两三个片段，每个片段约有两到三行。

本案涉及两种侵权行为：信息网络传播行为和全文复制行为。北京谷翔公司采取了片段式的提供方式对该文学作品进行二次使用，是为了提供快捷方便的图书信息检索服务，并未替代原告作品，也未对原告作品的市场销售造成影响，即未影响其市场价值，这并不是对原告作品的实质利用，所以该行为是合理使用。

另一种行为是全文复制行为。在行为方式方面，这一全文复制行为已和原告对作品的正常利用相冲突，被告真实地利用了原告作品，并且进行了全文复制；对于其行为后果，该行为终会对原告作品的市场利益造成潜在威胁，损害原告的合法利益，因此，该行为并不是合理使用。

2. 修订后的《著作权法》

当前，我国 2010 年《著作权法》中关于合理使用的规定属于"封闭式列举"。该法第 22 条中列举了 13 种例外情形，封闭式的权利限制难以适应不断发展的新技术，具有僵硬性与滞后性，阻碍了我国发展新的信息利用方式。

我国的著作权法的立法模式是直接列举 12 种合理使用行为，这与《美国著作权法》中四要素的判断方法不同。相比之下，前者缺乏一定的弹性和应变性。

基于美国司法实践中的主要难题，针对在我国相关立法中构建转换性使用制度，笔者认为有三点需要注意：首先，适当的内容性转换也可构成合理使用。美国以往的案例大多都因内容性转换而成立，尽管目的性转换从一定程度来说更具有构成转换性使用的理由，但是依旧不能排除内容性转换，应当给予其一定空间。其次，避免过度强调转换性，美国开创了转换性使用概念并且不断地发展，以至于其在合理使用制度中占据重要地位，但其与四要素存在交叉重叠，具体来说，其代替了四要素中的第一个要素——使用的目的和性质。因此，我国应避免合理使用与转换性使用的混淆，四要素中的"市场影响"也是应被考量的重要内容，在审判中也具有参考价值，因此不能过度强调转换性，否则盲目扩张合理使用的范围会带来巨大的不确定性，也会抑制版权产业的开发和投资，进而削弱其对创新的激励作用。最后，适用目的性转换要以立法价值为基础，我国大多数学者都赞同目的性转换，但在实践中要注意与原作衍生市场的边界，对于衍生市场的划分，要涉及对立法价值的考量，即更偏向于著作权人还是公共利益，平衡立法的灵活性与可预见性是合理使用制度的重要问题。当然，无论是以何种方式为主要判断因素，都要跟随时代发展而进行一定的调整，不应照搬陈年旧法，进而限制自身发展。

2020 年 11 月我国公布的《著作权法》就借鉴了《伯尔尼公约》的"三步检验法"以及《美国著作权法》第 107 条款的"四要素"，在二者的基础上，还在我国著作权法中列入合理使用的检验标准，由此构建了灵活的合理使用制度。其相对于现行法具有明显的进步。我国 2010 年《著作权法》在立法上采用"列举式+封闭式"的合理使用模式，新《著作权法》将封闭式模式修改为开放式模式,在第 24 条增加了"(十三)法律、行政法规规定的其他情形"。笔者认为,这一兜底性条款的提出将会极大地促进转换性使用在我国的发展。

(二)对我国转换性使用的建议

1. 转换性使用在我国如何适用

首先,对商业性使用持宽容态度。根据《美国著作权法》中的"四要素"的第一要素——使用的目的和性质,法院需要对事实进行一定的考察,如"该使用是否具有商业性质或者是盈利的商业目的"。在转换性使用时,使用行为具有商业性质并不能直接否定该使用行为构成合理使用,在分析过程中,我们应结合当前市场的前景以及当下的市场政策来进行判断,如果该商业使用行为在一定程度上促进了教育或者其他方面的社会效益,我们可以说它具有公益性,法院应当支持其合理使用抗辩,其中的商业性质我们可以忽略。

另外,我们要开放对挪用艺术的态度。挪用艺术是将现有作品的艺术形象或元素直接运用到新作品中,从而形成的一种艺术形式。在"Blanch 案"中,昆斯在其作品中采用了摄影人布兰奇拍摄的照片,挪用了照片中女人的小腿和足,去掉了男人的臂膀等,并修改了照片的色彩。照片包含在昆斯自己创作部分的绘画中。法院认为,二者的使用目的不同,布兰奇的照片被发表在美国生活杂志上,昆斯的画像成了博物馆大型绘画的一部分,后者具有转换性目的。再者,昆斯只挪用了一小部分照片中的取景,在使用数量上也符合转换性目的的要求。因此,昆斯的二次使用行为构成合理使用。从我国出现的"同人小说"著作权纠纷案件中,我们可以看出引起著作权争议的内容与"挪用艺术"著作权纠纷非常相像。挪用艺术的意义在于为新型艺术提供生存空间。

最后,支持文本与数据挖掘。随着科技的发展,大数据逐渐占据人类的生活,在计算机的运用下,大数据技术无疑被发挥到了极致,其对生活、文化、科研、教育、经济等都产生了重大影响。但是,基于其对材料或数据进行复制的前提,其复制行为侵犯了原作者的著作权。面对这些问题,国际上大多对这种行为采取支持态度,美国则运用转换性理论,强调转换性使用的目的,将其认定为合理使用。我国也应该根据国际趋势,支持文本与数据挖掘,以造福人类。

2. 著作权人的市场边界

著作权人对他人使用其作品的行为享有许可收费的权利，当然也有例外。在转换性使用的运用过程中，区分原有市场和新生市场尤为重要。原有市场是指原告已享有了相对稳定的市场、客户群体和提供相对不变的产品，一般认为这些归原著作权人所有，但原著作权人不一定享有二次使用后催生的新的许可市场。

原著作权人不能控制转换性市场的主要原因有：对于新生市场，原著作权人的贡献度较低，而转换性使用催生了独立的客户群体，这是超出了原著作权人预期的新市场，这个新市场消失后并不会直接损害原著作权人的创作动力。正如在"Google与王某侵害著作权纠纷上诉案"[1]中法院所指出的，涉案片段式使用行为并未再现原告作品表意功能，原作品只靠一些零散的片段是无法被替代的。因此，这不会影响到原告对其作品的正常使用，也不会不合理地损害原告的合法利益，反而对原作品起到了宣传和推广作用。在"中山医院照片案"[2]中，法院指出，虽然二次使用并没有对原作品进行内容上的改变，但使用后，功能或价值改变或转换体现在新的作品中，且没有阻碍原作品的正常使用，对著作权人的经济利益没有造成实质性的损害，因此构成转换性使用，即被告免于承担侵权责任。

3. 我国转换性使用发展中的问题

转换性使用作为舶来品，在我国学术界和司法实践中仍然存在很多问题。首先，学术界尚未对转换性使用进行统一的内涵性解释，其概念仍旧含糊不清。在名称上，"转化性使用""转换性使用""变异使用"等迟迟未被统一，不利于学术上的交流，且转换"内容"和"目的"含糊不清，不利于转换性使用在我国的发展。学术上的空白使我国在面对新时代新兴著作权关于转换性使用侵权的案例时无法形成统一观点，由此可能导致同案不同判的现象。此外，基于文化差异，在结合国外典型案例的基础上，我国需要借鉴其优势并与本土资源相结合，创造出符合我国国情的合理使用制度。

其次，因为转换性使用具有不确定性，因此法院裁量的主观因素较大，那么法官是否能做到公正公平又是一个待定因素，同案不同判现象也会越来

---

[1] 北京市高级人民法院［2013］高民终字第1221号民事判决书。
[2] 广东省佛山市中级人民法院［2015］佛中法知民终字第159号民事判决书。

越多，判决结果是否都能服众？因为没有具体的实施条例，侵权人可能会寻找法律漏洞实施侵权行为，且该行为往往会符合合理使用。

最后，转换性使用具有公益性，原著作权人发表的作品通常具有商业性，公益性和商业性本身就具有一定的矛盾，二者真的能达到利益平衡吗？如果过度鼓励和实行转换性使用，是否会对原创的积极性造成打压？

转换性使用在给人类带来好处的同时也带来了诸多问题，在今后的发展中，要适当解决这些矛盾才能巩固转换性使用并使其成为著作权法中的一项特色制度。

结　语

"转换性使用"是美国近年来审判合理使用案件的主导理论，对合理使用范围的界定具有重大影响，并为我国在实践中正确理解与适用灵活性的合理使用制度提供了参考。美国长期以来的司法实践，为完善我国合理使用制度提供了有用的参考经验。合理使用制度的应用日趋成熟，对于其中曾出现的误区我们应当重视，并且根据我国国情进一步加以完善而非盲目引用，避免合理使用制度因为转换性使用地位与内涵的过度扩张而不堪重负。知识产权法的立法目的不仅仅是鼓励创作者的创作动力，更是促进科学和社会的进步；著作权的本质在于促进学习，提升国民知识，通过智力这种无形的形式来使国家富强。过度的保护不会给著作权人带来额外的创新激励，法院应当适当分析合理使用的要素，确保著作权保护不会因为过于扩张而阻断了创新。

参考文献

（1）杨莹："合理使用裁判中'转换性使用'标准适用"，载《中国出版》2018年第18期。

（2）罗娇、严之："著作权合理使用的转换性使用理论研究"，载《人民法治》2018年第9期。

（3）谢琳："论著作权转换性使用之非转换性"，载《学术研究》2017年第9期。

（4）祁温瑶："'转换性使用'原则的分析及在我国法律体系中的生存空间探索"，载《法制与社会》2017年第4期。

（5）邹艳琴："转换性使用制度的国外困境"，载《法制博览》2017年第23期。

（6）王施施："论'转换性使用'与著作权合理使用制度"，载《法制与社会》2016

年第 17 期。

（7）相靖："Campbell 案以来美国著作权合理使用制度的演变"，载《知识产权》2016年第 12 期。

（8）周玲玲、马晴晴、陈扬："基于转换性使用的著作权例外及其对图书馆界的启示"，载《图书馆建设》2017 年第 4 期。

（9）阮开欣："网页快照著作权问题探究——美国的司法实践及借鉴"，载《电子知识产权》2010 年第 6 期。

（10）王岱申："美国转换性使用理论的扩张及回应"，载《经贸实践》2018 年第 6 期。

（11）华劼："美国转换性使用规则研究及对我国的启示——以大规模数字化与数字图书馆建设为视角"，载《同济大学学报（社会科学版）》2018 年第 3 期。

（12）北京市高级人民法院［2013］高民终字第 1221 号民事判决书。

（13）广东省佛山市中级人民法院［2015］佛中法知民终字第 159 号民事判决书。

人工智能智力成果的知识产权保护

赖芷沅*

一、人工智能及其智力成果概念简述

2016年3月，Google旗下的DeepMind团队研发的AlphaGo（阿尔法狗）在围棋人机大战中击败了韩国职业九段棋手李世乭，引起轩然大波，"人工智能"一词由此迅速进入公众视线并成为热门话题。虽然该话题是在人工智能围棋程序赢过自然人棋手后才被引爆的，但实际上人工智能并不是个新词汇，而且已进入大众生活很久了。

人工智能（Artificial Intelligence，AI）这个词最早是在1956年美国的Dartmouth会议上被提出的，当时参加会议的是一些计算机领域的专家。关于人工智能，有一种比较简单、易于理解的定义，就是"能够和人一样进行感知、认知、决策、执行的人工程序或系统"。举一些人工智能早期发展阶段成果的例子：1898年，在麦迪逊广场花园举行的电气展览会上，尼古拉·特斯拉（Nikola Tesla）展示了世界上第一台无线电波遥控船只。1914年，西班牙工程师莱昂纳多·托里斯·克维多（Leonardo Torres y Quevedo）示范了全球第一台自动象棋机，能够在无人干预的情况下自动下棋。

看到这里我们可能会产生一个疑惑：人工智能和机器人是同个概念的不同表达吗？答案是否定的。我们常容易把人工智能与机器人的概念相混淆，两者确实有相似之处，如都是依靠科技手段实现目的，也都是作为自然人的辅助工具为人类的生活工作提供便利。但机器人只能说是人工智能的容器，

---

* 北方工业大学2016级本科生。

而不是全部。形象点表述的话，人工智能就像是机器人体内的大脑。生活中最常见的手机语音 AI 机器人"Siri"，其运作原理便是人工智能，而使用者所听到的声音则是这个人工智能的人格化体现，但是 Siri 并没有机器人这个载体。

2018 年，新一代阿尔法狗完胜初始版阿尔法狗的新闻又让人们再一次震惊于人工智能的飞速发展。新一代阿尔法狗已经彻底抛弃了人类棋谱，开始通过计算机进行深度学习。它会先利用人类给的初始数据进行训练，随后反复进行自我对弈，再根据自我对弈的结果对参数进行校对调整，从而使下次对弈更加精彩与完美。[1]而当下的人工智能尚属于弱人工智能时代向强人工智能时代过渡的产物，跟机器人较为近似，主要是作为人类的创作工具而存在的。但随着科技的发展，未来势必会出现抛弃人类预设算法，自主进行学习工作的人工智能，那时其便不再局限于人类的辅助工具这一角色了，而是一个独立的"创造者"，即进入超强人工智能（类人人工智能）时代，尽管这个时代暂时还无法到来。

但无论在哪个阶段，下列问题都亟待思考并解决：人工智能智力成果属于作品吗？人工智能是否可以成为知识产权领域的权利主体？人工智能智力成果的权利归属如何判断？

二、人工智能智力成果的属性

当下，人工智能在各领域都有所成就：文学方面，微软"小冰"已出版诗集；科技方面，百度的 DeepVoice 生成的语音几乎与人类语言完全相同、法律 AI 助手能够精准查询法律问题，提供法律检索；艺术方面，许多影视剧的特技镜头或动画画面都由人工智能来完成。人工智能智力成果已被普遍应用于现实生活，甚至与人类作品难以区分，但我国著作权法对于其属性仍未作出定性。

对于人工智能生成物本质上是否能算作品，理论界也具有争议：有的认为是否属于作品应根据各国国情决定；[2]有的认为应看知识产权法律对主体

---

[1] "打败围棋世界冠军阿尔法狗再进化：通过自学训练轻松完虐围棋霸主"，载 https://baijiahao.baidu.com/s?id=1608924324928147128&wfr=spider&for=pc，最后访问时间：2019 年 1 月 29 日。

[2] 曹源："人工智能创作物获得版权保护的合理性"，载《科技与法律》2016 年第 3 期。

的规定，以及从人工智能生成物的独创性来进行判断；[1]还有的认为其可以属于作品。[2]

一般认为，作品是一种以语言文字、符号等形式反映出来的智力创造成果。它体现了作者的思想感情，非单纯模仿或抄袭他人的作品，即使与他人的作品有某种雷同之处，也不影响其所享有的著作权。[3]因此，我们应从以下四个特征入手判断生成物是否属于作品：①是作者的思想或感情的表现形式，不是思想或感情本身；②具有独创性或原创性；③该表现形式属于文学、艺术、科学范畴；④具有可复制性。

笔者认为，只要该生成物是由人工智能通过对数据的自主取舍产出的，且具有可与他人作品区分的客观表达形式，即构成受著作权保护的作品。而"自主取舍"这一概念似乎值得商榷。《著作权法实施条例》第3条规定："著作权法所称创作，是指直接产生文学、艺术和科学作品的智力活动。"为他人创作进行组织工作，提供咨询意见、物质条件，或进行其他辅助工作，均不视为创作。人工智能究竟是依靠人类预设的算法对海量数据进行单纯的整合而非进行创作，还是在算法程序的基础上通过自主深入的分析做出"创造性劳动"？这需要结合人工智能的运行原理来分析：当前，AI技术原理是将大量数据与超强的运算处理能力和智能算法结合起来，建立一个解决特定问题的模型，使程序能够自动地从数据中学习潜在的模式或特征，从而实现接近人类的思考方式。换言之，人工智能在学习特定问题时，需要大量输入这个问题相关的数据，然后通过算法和模型来构建对这个具体问题的认知，总结出一个规律。虽然数据和算法是固定的，但后期的演算和归纳提炼则是人工智能自主学习的结果，人工智能设计者也难以预测其产出成果。人工智能在不同信息来源的刺激下可能会产生不同结果，甚至在同种信息环境下以不同的分析方式解析问题也会产生不同结果，这远超设计者的控制。从这几点考虑，我们应认定人工智能进行了"创造性劳动"。或也可参照著作权法中关于汇编作品的规定，对人工智能智力成果属于作品予以认定。

---

[1] 易继明："人工智能创作物是作品吗？"，载《法律科学（西北政法大学学报）》2017年第5期。

[2] 熊琦："人工智能生成内容的著作权认定"，载《知识产权》2017年第3期。

[3] 吴汉东主编：《知识产权法》（第6版），中国政法大学出版社2012年版，第46~47页。

三、人工智能著作权主体及权利归属问题

人工智能属于"机器人"还是"人",这在法理上涉及主客体二元论的基本问题。主体和客体是民法体系的两大基本制度,在我国民法体系下,成为法律权利主体主要有两条途径:其一,因具备自然人的一切属性而自动成为法律主体,法律仅对其主体地位进行事后认可,也即客观上的实现路径;其二,基于现实的发展与需要,为了实现法律上的某种目的或保护某种利益,法律事前特别规定赋予其权利主体的地位,也即主观上的实现路径。根据我国《著作权法》的规定,著作权人包括:①作者;②其他依照本法享有著作权的公民、法人或者其他组织。按平义解释,第一项虽未明确限定"作者"的身份,但结合第二项的"公民、法人或其他组织"可知,著作权法采用的是列举式的立法模式,限定了著作权人只能是自然人或法律拟制的人,而人工智能并不属于其中任何一类。因此,我国《著作权法》排除了人工智能成为知识产权主体的可能性。

在法律上,自然人的自然属性是人工智能机器人无法取得的,但是法人也不具备思维和情感,却可通过法律拟制手段被视为主体,因此采用法律拟制手段将人工智能视为权利主体也非不可行。而且,无法确定人工智能是否具有著作权主体地位,对于解决人工智能智力成果的权利归属问题而言也是一大障碍,相关制度的缺失易使人工智能作品得不到应有的保护,难以对其开发者产生激励作用,甚至容易引起与其他权利主体的纠纷,如出现"搭便车"等机会主义行为,不利于人工智能领域的创新与发展。

关于人工智能智力成果的权利归属,主要有两种观点:

(一)认为应归人工智能的设计者、所有者(购买者)或使用者所有

该观点的拥护者从权能属性角度分析,[1]认为人工智能是模拟人的思维行为,利用精密的算法生成作品,本质上还是辅助性工具,其生成物归根结底是人类利用人工智能机器的加工品,因此产出物应归设计者甚至是所有者、使用者所有。并且基于法理学权利与义务相统一的原则,如果要授予人工智能以主体身份,须考虑人工智能本身的责任承担问题,当生成物的知识产权受到损害时,遭受损害结果并承担损害责任的只能是现行知识产权法的权利

---

[1] 李文文:"论人工智能产出物的知识产权归属",载《法制博览》2018年第25期。

主体，而非人工智能工具。

但此观点存在以下问题：①产出与投入失衡。人工智能设计者为原始程序的录入者，只在人工智能功能预设阶段付出劳动，而对于后续生成物并无实际的创造性付出，若将生成物著作权益全部归属于设计者，则有失公平。②主体权益不完整。若将生成物归属于设计者，则对于购买者来说就无法得到该人工智能的完整的权益，且人工智能的所有权归购买者或使用者所有，而其生成物的所有权却归设计者所有，易造成权利主体的脱节，对于购买者、使用者而言不公平，也容易阻碍或抑制人工智能智力成果的后续使用及人工智能的流通。③与知识产权法的目的相悖。知识产权法鼓励智力成果创作，如果人工智能智力成果归属于购买者或使用者，但实际上购买者或使用者并未对创作物有智力贡献（创造性劳动），则会与鼓励创作目的背道而驰。

（二）认为应归人工智能本身所有

该观点主张通过法律拟制手段赋予人工智能在知识产权领域中的主体地位（借鉴法人制度），对其产出的智力成果参考借鉴著作权法中关于职务作品的规定，认为归属其本身所有。当前，人工智能在客观上已经具备了相当的独立创作能力，主观上基于其创作能力也有必要对其法律地位进行定性，因此存在一定合理性。

笔者较认可此观点，此观点的优点如下：①能够实现人工智能智力成果权利归属的合理化。人工智能智力成果是其基于自主学习与创作直接产出的，从逻辑上与情理上看，将其归属于人工智能本身最为合理。②有效避免其他权利主体的纠纷。参照上一个观点可知，无论是将权利赋予设计者还是购买者、使用者，都不是最佳方案，其易使各权利主体围绕该智力成果的归属产生不必要的纠纷，从而给人工智能的创造、流通造成不利影响。③有利于民法公平公正原则在知识产权领域的贯彻。

笔者认为，对于分析归属问题，应当结合人工智能发展史来判断。在前期，人工智能大多无独立创作思考能力，仅被作为人类的辅助性或基础性工具使用，创作完成的过程仍依赖于自然人，此时生成物归设计者所有毋庸置疑。而后期随着科技的进步，人工智能越来越"人脑化"，虽不具有人脑的思维和意识，但已具备初步的独立创作思考能力，可利用初始程序进行自主学习与自我超越，其运作并不完全受设计者的控制，且在将来此趋势只会更加明显，此时将生成物归人工智能本身所有也不置可否。

结　语

当今科技发展日新月异，人工智能进一步发展已成为大势所趋，人工智能独立完成创作能力的出现，对当前著作权乃至知识产权领域的法律规则提出了新的挑战。知识产权的最终目的是通过赋予权利人独占性权利及取得利益的期待可能性来鼓励和促进创新。法律根源于社会，基于保护人工智能原始程序设计者以及相关利益主体的积极性，以及鼓励创新的目的，应当为人工智能创造拟制的法律人格，并参照法人的主体地位或职务作品的权利归属，确定由人工智能自主产生创作物的著作权归属问题，在不对现有法律制度作重大突破的情况下将其纳入知识产权制度。

参考文献

（1）曹源："人工智能创作物获得版权保护的合理性"，载《科技与法律》2016年第3期。

（2）易继明："人工智能创作物是作品吗？"，载《法律科学（西北政法大学学报）》2017年第5期。

（3）熊琦："人工智能生成内容的著作权认定"，载《知识产权》2017年第3期。

（4）王迁："论人工智能生成的内容在著作权法中的定性"，载《法律科学（西北政法大学学报）》2017年第5期。

（5）吴汉东："人工智能时代的制度安排与法律规制"，载《法律科学（西北政法大学学报）》2017年第5期。

（6）李文文："论人工智能产出物的知识产权归属"，载《法制博览》2018年第25期。

（7）刘强、徐芃："人工智能主体资格及创作物权利归属研究——以法律拟制为视角"，载《武陵学刊》2018年第2期。

（8）吴汉东主编：《知识产权法》（第6版），中国政法大学出版社2012年版。

颜色商标的注册问题研究

骆晓芬[*]

随着市场贸易竞争的加剧，企业营销模式的不断更新，企业对商标的需求越来越大，商标对于一个企业的价值也越来越高。传统性的商标已经不能满足日益增长的企业商标需求，2018年共享单车市场的崛起，使得一时之间街道上布满了形形色色的共享单车，ofo共享单车凭借亮眼的黄色外观抢占了人们的视野，被大家惯称为"小黄车"。那么，单车的黄色是否被能够用来注册专属的颜色商标，进而成为其独有的颜色呢？面对社会新型事物的层出不穷，我们有必要加强对非传统性商标的研究。通过研究，我们可以了解非传统性商标在商标注册中存在的问题，提出新的解决思路，以此应对不断扩大的商标需求市场，完善商标注册相关法律机制，维护良好的企业竞争机制，促进市场竞争的和平、有序发展。

我国首例关于颜色商标的行政案件为"瑞典凯普曼有限公司诉中国商标评审委员会案"。凯普曼公司是世界上著名的锯条制造商，该公司曾向我国商标评审委员会提出将其涂刷在锯条上的橘红色和蓝色作为颜色组合商标进行注册。2004年12月，我国商标评审委员会以橘蓝颜色组合的形式过于简单，容易造成消费者混淆为由拒绝批准注册。而后，凯普曼公司以该颜色组合商标具有显著性为由向法院起诉。

一、颜色商标的分类

（一）单一颜色商标

单一颜色商标是指只由一种颜色构成的颜色商标。由于只包含一种颜色，

---

[*] 北方工业大学2018级民商法学研究生。

单一颜色构成的商标是否能够被注册一直存在理论争议。目前，给予单一颜色商标保护的国家有美国、英国等少数国家，而世界上的多数国家对单一颜色商标均不予认可。就我国而言，我国仅以图形、文字等传统标识进行商标注册，颜色商标不予注册保护。[1]我国在2013年修改的《商标法》中仅规定颜色组合以及颜色与其他要素的组合可以进行商标申请注册，没有关于单一颜色商标的规定。[2]但在2016年12月，我国工商局颁布《商标审查标准》，文件中"商标显著特征的审查"的第五点"其他缺乏显著特征的"对《商标法》第11条中的"其他缺乏显著特征的"进行了具体解释，其包含"单一颜色"。[3]因此，《商标审查标准》实际上将商标的审查对象从颜色组合商标扩大到了单一颜色商标，只要单一颜色商标通过使用获得了显著性，即有注册为单一颜色商标的可能性。目前，我国对单一颜色商标的注册较为谨慎，关于单一颜色商标注册的相关法律制度还有待细化。

（二）颜色组合商标

颜色组合商标是指由两种或两种以上颜色构成的颜色商标。我国规定，以颜色组合申请商标注册的，在申请书中说明的同时须在申请书中附上颜色组合图示。颜色组合商标与单一颜色商标相比，一般具有内在显著性。在一般情况下，颜色组合商标只要满足商标的显著性和商标的非功能性，就可申请注册为颜色商标。目前，世界上的大多数国家都只承认对颜色组合商标的保护，例如日本、韩国等国家。

二、颜色商标的可注册性

（一）颜色用尽理论

有理论认为，如果企业不断地注册颜色商标则会导致颜色被用尽。颜色与图形、文字、记号不同，它本身存在于大自然中，并不能被创造。这种理

---

[1] 清光绪三十六年（1910年）颁布的《商标注册试办章程》第一章规定，商标者，以特别显著之图形、文字、记号或三者具备。

[2] 《商标法》第8条规定："任何能够将自然人、法人或者其他组织的商品与他人的商品区别开的标志，包括文字、图形、字母、数字、三维标志、颜色组合和声音等，以及上述要素的组合，均可以作为商标申请注册。"

[3] 《商标法》第11条规定："下列标志不得作为商标注册：①仅有本商品的通用名称、图形、型号的；②仅直接表示商品的质量、主要原料、功能、用途、重量、数量及其他特点的；③其他缺乏显著特征的。前款所列标志经过使用取得显著特征，并便于识别的，可以作为商标注册。"

论最先起源于 1949 年美国第三巡回法院对"Campbell Soup Co 案"作出的判决。在该案中，美国第三巡回法院认为颜色的数量是有限的，不能为特定产品、特定公司所用，因此拒绝授予该公司提出的在食品包装标志上使用红色和白色注册商标。但是当时的美国巡回法庭对颜色商标的注册态度也不尽相同。1995 年，美国联邦最高法院得出结论，即颜色组成的商标只要满足商标构成的一般要求，就可以注册为商标，美国联邦最高法院以判决的形式确立了单一颜色的商标地位。[1]

本文认为，以颜色用尽理论来反对颜色商标的注册存在不合理性。首先，颜色并不可能被用尽，随着科学技术的发展，人类可以通过技术手段不断地创造出新的颜色来满足人们日益增长的对颜色的需求，先进的科学技术也可帮助人类识别出新颖的颜色，人类利用颜色的能力提高，这实际上增加了可以被使用的颜色的数量。在"Dap Products 案"中，法官认为，伴随着科技、工业的不断发展，越来越多的颜色被人们采纳，颜色用尽理论缺乏成立的基础。[2]其次，企业注册颜色商标的前提是通过该颜色的使用成功获得了显著性，这需要企业在前期投入大量的人力、时间和金钱才能有机会创造出符合要求的显著性，这使得并非所有的企业都有能力和资格去申请颜色商标，只有在激烈的市场竞争中存活下来并取得优势地位的行业才会申请颜色商标，也即颜色商标的需求量并没有传统商标的需求量那么大。最后，即使企业通过注册获得了颜色商标的保护，但仍需要企业好好维持自己的市场竞争力，如果企业在激烈的市场竞争过程中被淘汰，那么它的商标也会因为长时间不使用而被注销，也即商标并不是一经注册就永远有效的。

（二）色度混淆理论

其他反对颜色商标的理论认为，如果允许颜色注册为商标，将影响消费者对商品作出正确的选择。例如，美国纽约南区地方法院曾在判决中认为，有近 1/3 比例的注册颜色是红色或是相似红色。欧盟内部市场协调局在一个案件调查中发现，如果赋予某企业在某产品领域关于某个颜色的独占权，其他同行在同类产品上使用与之相近的颜色会给消费者带来选择困扰，享有颜

---

[1] 杜颖："单一颜色商标注册问题研究——以美国法为中心的比较分析"，载《法学评论》2009 年第 1 期。

[2] 夏扬："单一颜色商标注册法律问题初探"，载《知识产权》2008 年第 2 期。

色独占权的企业甚至会要求其他同类产品禁止使用相近的颜色。不可避免的是，相同颜色在不同场所、不同环境下会略有差别，以至于普通消费者无法在第一时间内准确地找到自己想要的产品。

本文认为，以颜色混淆理论来反对颜色商标的注册存在不合理性，该理论并没有与实际联系起来。事实上，在激烈的市场竞争过程中，很少存在同类产品申请相似颜色商标的可能性，因为很难存在同类产品使用相似的颜色而同时在市场上获得显著性的可能性。事实上，即使有存在同类产品使用相似颜色都获得显著性的可能性，并都向商标局申请注册颜色商标，注册资格在后申请的权利人也不能够获得注册资格。[1]如果使用相似颜色的同类产品同时向商标局申请注册颜色商标，也只会有一个产品获得该颜色商标的注册资格，或者两种商标因显著性的问题都无法获得注册。[2]此外，关于颜色商标是否比传统性商标更具有混淆性，本文认为这也是不存在的。实践中，存在大量相似图形的商标注册申请，同样也需要商标审查员仔细辨别。人类对于颜色的识别力远超于自己的认知，再加上现代科学技术的进步，测色仪、标准光源都大大提高了人类对于颜色的敏感度。再结合现代社会人们统一使用的颜色标准（比如潘通色卡），可以对每一种颜色作出精准的区分，进而提高颜色商标注册的可能性。

（三）功能性问题

有理论认为，企业申请颜色商标最主要的是要克服功能性障碍，若申请的颜色商标与商品所发挥的功能直接相关，则该颜色商标就不能被注册。因为商品的颜色倘若与商品的成本或者质量存在必然联系，将颜色注册为商标，会将其他同行业的竞争者置于不利地位。据此，美国法院对颜色的功能性进行了区分，将之分为实用功能性和美学意义上的功能性。关于颜色的实用功能性，比如救生衣、飞机黑匣子通常使用的是亮橙色，便于在使用时更快地发生作用；药片通常都是白色的，这是因为药片本身并非全部都是药的成分，为了掺杂的辅料不影响药片的功能，辅料通常会用白色的淀粉来替代。再者，

---

[1]《商标法》第30条规定："申请注册的商标，凡不符合本法有关规定或者同他人在同一种商品或者类似商品上已经注册的或者初步审定的商标相同或者近似的，由商标局驳回申请，不予公告。"

[2]《商标法》第31条规定："两个或者两个以上的商标注册申请人，在同一种商品或者类似商品上，以相同或者近似的商标申请注册的，初步审定并公告申请在先的商标；同一天申请的，初步审定并公告使用在先的商标，驳回其他人的申请，不予公告。"

药片不同于普通食品，越简单的颜色越能给人带来安全感。所以，当企业申请的颜色商标与产品实用功能存在直接关系时，该颜色就不能被注册为颜色商标。对于颜色的美学功能性，最早采用美学功能性的司法判决是由美国第九巡回法院作出的。在一案件中，原告诉被告在宾馆使用的餐具上模仿了原告的花样设计。对此，美国第九巡回法院认为，花样设计具有美学功能性，当餐具上的花样设计通过独特的感官和吸引力为企业带来实质利益，而这种设计又不能被替代时，美学功能成立。判断美学功能性的最终标准与实用功能性一样，即赋予颜色商标权利是否会影响行业竞争。[1]

对于因涉及功能性问题而反对颜色商标的注册这一观点，本文认为，功能性原则本身是正确的，但并不能据此禁止所有颜色商标的注册。首先，并不是所有的颜色都具备功能性，基于一部分颜色所具有的功能性而否定所有的颜色注册为颜色商标，有失偏颇，并非科学的立法态度。事实上，在部分传统性商标案件中，也存在部分商标具有功能性的问题。但在实际案例中，只要该商标因使用而获得了显著性，即可获得注册。其次，颜色的美学功能会随着时代背景、民族传统的变化而变化，并不是一成不变的。我国商标法认为，对于某些具有功能性的传统性标志，只要该标志经过使用获得了显著性，能够证明其来源，同样也能进行商标注册。据此，某些颜色虽具有一定的功能性，但也可以被注册为商标。[2]所以，以颜色的美学功能来否定全部的颜色商标注册是不科学的。

三、颜色商标的审查标准

（一）颜色商标的形式审查

首先，对申请注册的颜色商标，应当首先明确申请人是否只将颜色注册为商标。对于如果申请人将颜色和其他要素混合在一起来申请注册颜色商标的情况，各国的做法各不同。在德国，只有申请人明确确定申请的是颜色商标才允许申请；在法国，工业产权局会主动将申请人提交时没有注明申请的

---

[1] 杜颖："单一颜色商标注册问题研究——以美国法为中心的比较分析"，载《法学评论》2009年第1期。

[2]《商标法》第9条规定："申请注册的商标，应当有显著特征，便于识别，并不得与他人在先取得的合法权利相冲突。"

是颜色商标的彩色图样自动默认成颜色商标进行公示。[1]在我国,商标局应当及时要求申请人说明其具体要求,因为颜色商标只保护颜色,如果未能得到确定回复,则应参考德国的做法,不允许申请人申请。

其次,以颜色组合申请商标注册的,在申请书中作出说明的同时,还需注意颜色组合商标的构成要素是两种或两种以上的颜色。申请人需在提交文字说明的同时标明具体色号,且说明商标的具体使用方式。[2]对此,本文认为我国商标法和相关实施条例应当具体明确颜色商标的保护范围。

最后,根据《商标法实施条例》,申请人以颜色组合或者着色图样申请颜色商标的,应同时提交着色图样。商标图样应按要求保证清晰、易粘贴等。基于此,我国针对申请人申请颜色商标的义务的规定是非常具体的。

(二) 颜色商标的实质审查

颜色商标的实质审查包括显著性审查、功能性审查和合法性审查。

颜色商标的显著性可被分为固有性显著性和使用性显著性两种。[3]所谓的固有性显著性,是指颜色与该产品存在着一定的通常性。关于固有性显著性,颜色的显著性往往需要人们经过长期接触在脑海里形成固有联系。对此,欧洲存在理论争议,欧洲检察长认为颜色不具有固定的外形,只有被固定在某一产品上时,消费者才能知晓其来源,故颜色不具有固有性显著性。欧盟法院则认为,颜色在某些情况下可以被作为区分产品来源的工具,有可能区分一个企业的产品与服务与其他企业的产品与服务,这需在具体案件中体现出来。认定颜色缺乏固有性显著性的标准包括:其一,纯粹装饰性的颜色。这种颜色只起装饰美化作用,不能分辨出产品来源,因此缺乏固有性显著性。其二,产品自身的颜色。与产品本身的颜色相同或相近的颜色具有客观存在性,因此不能作为区别产品来源的标志,例如药片外壳通常是白色。其三,通用颜色。通用颜色是某一行业通常用于某类产品的颜色,这种颜色显然缺乏固有性显著性,不能作为商标注册。如亮橙色通常被用在救生衣上。本文认为,颜色商标不同于其他文字、图形,可以通过设计去直接获得固有性显著性,因此它很难获得固有性显著性。使用性显著性是指颜色通过大量的长

---

[1] 魏森:"颜色商标及其审查标准研究",载《河北法学》2008年第2期。

[2] http://sbj.cnipa.gov.cn/zcfg,最后访问时间:2020年2月17日。

[3] 蔡恒松:"美国颜色商标的法律保护",载《贵州财经学院学报》2005年第1期。

期使用，使顾客产生了颜色与产品存在固有联系的一种印象。只有当颜色不再是消费者眼中的普通色彩，而是成为消费者区分其他产品的重要标识时，颜色的使用性显著性才能显现出来。对缺乏固有性显著性的颜色来说，若想申请注册为颜色商标，应当提供颜色被使用在产品上并产生了固有联系的证据，并且本文认为该联系只能在申请注册商标之前就已经产生。对此，不同国家有不同的做法，法国允许在申请时或后期提交。[1]欧洲市场协调局上诉委员会认为，申请时必须具备显著性的特征，而不能在申请后。[2]

颜色商标的功能性审查包括常规功能和美学功能。对于颜色的功能性的判定则应当主要从以下几个方面进行考量：是否有助于商标的使用；是否影响商品的成本和质量；该颜色本身是否具有某种功能性；是否具有美学功能性，消费者的购买是否主要是依赖于这种美学价值。[3]一般来说，颜色商标的功能性审查先要求审查是否为功能性商标，如果产品使用的颜色与该类产品的常规功能有联系，那么将直接不予核准注册。如果产品使用的颜色与该类产品的常规功能无直接联系，再来判断该颜色的选择是否与该类产品的美学功能有联系，即颜色设计在产品上的运用带来的视觉美感是否是同类产业所不能替代的，如果是不能替代的，即不能被注册为颜色商标。比如，某一商品凭借商品的外在颜色就能给人们带来共同认知的，这种颜色就不能被注册成为商标。如前所述，橙色因其给人鲜亮、警觉的感觉而常被用在救生设备上，所以在这类救生产品上就不应以橙色作为颜色商标；白色往往代表着安全放心的感觉，所以就不能被注册在药片等类似商品上。

颜色商标的合法性审查是指产品在选择颜色商标时，颜色的组合可能会侵犯国家、社会、集体或他人的利益。如颜色组合的选择与一国国旗颜色相冲突，这是不被允许注册的。其次，颜色组合商标的选择不得与他人合法的在先权利冲突，这也是不被允许注册的。当然，颜色商标的使用一般不会发生违法问题。因此，颜色商标的合法性审查较为简单。

---

[1] 流云：〝立体商标、颜色商标欧洲考察实录（一）〞，载《中华商标》2003年第1期。
[2] 魏森：〝颜色商标及其审查标准研究〞，载《河北法学》2008年第2期。
[3] 杜颖：〝单一颜色商标注册问题研究——以美国法为中心的比较分析〞，载《法学评论》2009年第1期。

四、对注册我国颜色商标的建议

（一）对商标法条文的修改

为了应对现代市场经济不断的发展壮大，且单一颜色商标的注册有现实的可操作性和实践意义，结合前文所述，本文认为应当对现行的商标法条文进行适当修改。我国《商标法》第 8 条列举的我国可申请注册的商标类型中并不包含单一颜色。因此，现在要使单一颜色商标成为有效的可注册商标，应当从法律条文上规定单一颜色商标的可注册性。把法条中的"颜色组合"改为"颜色或颜色组合"，并且增加关于单一颜色商标功能性审查的相关规定。因我国现行《商标法》第 12 条规定的是三维标志的功能性，所以单一颜色商标的非功能性要求可以被设定在第 12 条的第 2 款：用单一颜色申请商标注册的，该单一颜色须不具有功能性。

（二）对单一颜色商标审查程序的建议

现行的《商标审查标准》缺少对单一颜色商标的注册程序的规定，本文认为有必要在审查标准中具体规定单一颜色商标的注册程序。包括明确申请人应该提交的具体书面材料种类，商标注册审查人的形式审查标准和实质审查标准等。具体来说：首先，应当明确申请人申请单一颜色商标提供的书面材料包括纸质版和电子版两种类型，更加明确所申请的颜色的色号。其次，在申请注册时应严格限定单一颜色商标的使用范围，要求申请者具体说明所申请的单一颜色商标的使用位置、情况及使用商品类型等。最后，商标注册审查人应当结合申请人提交的材料，分析该单一颜色商标在该产品上的使用是否已达到了显著性的要求，只有在获得广大消费者认可的前提下，才有可能通过商标注册的申请。同时，还需审查该颜色商标是否满足了非功能性要求。

结 语

对颜色商标等非传统类型商标的保护是市场经济环境下商标创新的必然趋势。这种扩张将持续冲击现存的一些传统观点理论，将会重新分配商标权人、消费者、竞争者之间的利益，从而带来新的社会问题和法律问题。注册颜色商标要求该颜色具有非功能性也正是为这类非传统性商标注册带来的新的社会影响所考虑。总而言之，关于颜色商标等非传统类型商标的注册申请的裁定关乎私人利益和公共利益的平衡，这给司法机关如何运用相关法律作出合理的利益选择带来了新的挑战。我国应当立足于现在的国情，充分考虑市场的客观情势，同时结合我国的反不正当竞争法和国外先进的立法模式，在下一次修订《商标审查标准》时明确加入有关颜色商标注册及其功能性审查的具体规定。

参考文献

（1）杜颖："单一颜色商标注册问题研究——以美国法为中心的比较分析"，载《法学评论》2009年第1期。

（2）魏森："颜色商标及其审查标准研究"，载《河北法学》2008年第2期。

（3）蔡恒松："美国颜色商标的法律保护"，载《贵州财经学院学报》2005年第1期。

（4）流云："立体商标、颜色商标欧洲考察实录（一）"，载《中华商标》2003年第1期。

（5）湛茜："单一颜色商标的注册问题研究"，载《暨南学报（哲学社会科学版）》2012年第10期。

（6）夏扬："单一颜色商标注册法律问题初探"，载《知识产权》2008年第2期。

（7）潘晓宁："欧美特殊商标制度比较研究"，载《上海经济研究》2010年第5期。

（8）胡刚："颜色组合商标的申请与保护"，载《知识产权》2015年第2期。

从海外代购角度浅论商标平行进口的法律问题

孙昕[*]

近年来,电子商务和跨境贸易的发展极大地改变了人们的购物方式。越来越多的消费者选择找代购从境外购买产品,这使得代购行业蒸蒸日上。与此同时,许多美妆品公司时常在淘宝等网购零售平台上投诉举报代购商家从海外购买的商品侵犯其商标权,导致商家被迫下架其商品。在本文中,笔者将着眼于海外代购这一行为,在此范围内探讨商标平行进口的相关理论问题,以正确处理平行进口中的商标侵权问题。

一、商标平行进口基本理论概述

（一）商标平行进口的含义

"平行进口"是知识产权保护领域内的概念,我国《专利法》中有关于平行进口的规定,在我国专利产品平行进口是合法的,但对商标产品却无明文规定。商标平行进口是指在未经进口国商标权利人的同意或许可时,从其他国家及地区进口相关商标产品到国内销售的行为。商标领域内的平行进口又被称为"真品平行进口",这意味着该商标产品的商标必须已经在进口国注册,获得法律层面的保护,同时该产品必须是真品。

（二）商标平行进口的特征

商标平行进口具有如下几个特征：第一,商品的来源具有合法性。这意味着平行进口的产品必须是经过权利人合法授权而生产的,即商品为"真

---

[*] 北方工业大学2020级法律硕士（非法学）研究生。

品";商品经由合法报关进入进口国,购入途径合法。[1]这一特征主要用来辨别是经过平行进口的产品、以假乱真的产品还是走私产品。第二,商标产品具有同源性。即平行进口的商标权人在进口国家或地区范围内享有商标权。第三,平行进口行为未获得商标权人同意或许可。第三方代购或商家从某出口国或地区购买带有该商标的商品,在没有得到进口国商标权人同意的前提下,带回到进口国或者地区进行买卖活动。这种方式与经过进口国经销商合法授予权利的方式不同。

(三) 商标平行进口合法与否的法理基础

1. 地域性原则

地域性原则认为,知识产权保护具有地域性,如果国家或地区间没有有效的国际条约或者没有签订互惠协议,那么对该知识产权的保护仅在该国家或地区内有效。商标权是一个国家或地区法律的产物,权利人依据一国商标法而获得的商标权,通常来说只能在被授予商标权的国家内产生法律效力,在该国外不受法律保护。商标的地域性原则普遍认为被规定在《巴黎公约》第6条,[2]这意味着一个商标在一个国家或地区内获得的法律保护是独立于其他国家或地区的。

地域性原则偏向于保护商标权利人,因而往往会成为权利人反对商标平行进口合法时所援引的主要理由。第三方商家购买的产品上的商标虽然已经在出口国注册,受到出口国商标法的保护,即便两国产品的质量相同,但由于商家进口、销售的行为没有获得进口国商标权利人的授权或许可,在我国《商标法》中是第57条第1款的情形,[3]侵犯了国内商标权人的商标专用权,所以国内商标权利人以此原则为依据认为平行进口行为不合法,应当被禁止。

2. 权利用尽原则

如果产品已经获得了知识产权法律的保护,那么该产品被相关权利主体允许在市场上进行销售后,权利人不能禁止该产品在其他相关市场再次销售,其相关知识产权权利因首次销售而耗尽,这就是权利用尽原则。

---

[1] 曹瑛:"电子商务领域中的商标平行进口问题研究",复旦大学2013年硕士学位论文。
[2] 《巴黎公约》第6条规定:"在联盟内一国注册的商标与其他国家相互独立。"
[3] 《商标法》第57条第1款规定:"在同一商品上使用与国内注册商标相同的商标,属于侵犯注册商标专用权。"

目前，权利用尽原则主要有三种：

第一种是国内权利用尽原则。在这种情况下，要区分产品是在哪种市场上首次销售：商标产品在国内市场上被第一次销售后，权利人对该产品的相关权利便穷竭用尽，以后的交易将在市场上自由进行，不再受到权利人的控制；若附有涉案商标的产品的首次销售发生在境外市场，在这种情形下便不能阻碍国内权利权人正当行使其商标专用权。

第二种是区域权利用尽原则。这是欧盟国家基于区域经济一体化的考虑而达成的一种共识。商标产品无论在欧盟哪一个国家境内被首次销售，权利都穷竭，即欧盟只承认在欧盟区域内的商标平行进口。[1]

第三种是国际权利用尽原则。无论商品被投放到哪个市场，首次销售后权利都会穷竭。

在商标领域中，商标权利用尽是针对权利人所做的限制，防止其借用商标专用权妨碍商品的自由流转，有助于实现商标权人与消费者之间的利益平衡。商标平行进口中适用何种权利用尽原则，这关乎价值衡量，也是对经济贸易自由化和保护商标权人利益的斟酌选择。

海外代购的日渐流行是由国内商标权人对商标产品在地域范围内的长期控制导致的。我们究竟是否应当承认海外代购这种平行进口行为合法，关键在于能否承认商标权人在其领域范围内的控制是可以被打破的。对适用哪种权利用尽原则的选择不同，导致了各国对商标平行进口的态度不同。就现状而言，多数国家严格遵循国内商标权利用尽原则。

二、海外代购行为概述

随着收入和消费能力的提高，人们逐渐开始注重生活品质的提升。目前，国内外化妆品、服饰、奢侈品等商品价格差异巨大，网络购物、电子支付等业务迅猛发展，国际、国内快递行业越来越快捷方便。这些因素共同促进了代购行业的发展。

（一）海外代购行为模式分析

海外代购一般指消费者通过经常出入境的个人或机构从海外市场购买商

---

[1] [英]克里斯托弗·斯托瑟斯：《欧洲平行贸易——知识产权法，竞争法与监管法》，马乐译，法律出版社2015年版，第36~37页。

品，再通过快递邮寄或直接自提收货完成交易的一种购物模式。代购通常分为两种，即私人代购和企业代购。私人代购多为在淘宝等平台上注册店铺销售境外采购的现货或者按照买家预定要求出境采购商品；企业代购一般是直接在国内注册主营业务为境外代购的电子商务网站，如亚马逊、天猫国际等网站。

一般来说，海外代购有三种模式：

第一，代购方直接在境外采购。这是一种涉及消费者、代购方和境外销售者三个主体的交易方式。身在国内的买家通过微信、咸鱼、淘宝等网络平台向代购方支付一定数额的代理费用，委托其购买指定商品，等代购方采购回国后会通过快递或自提等方式将商品送达消费者。

第二，海淘途径，也即境外电商直邮模式。国内代购方直接在注册在海外的官方网站上选购商品、下单结算，通过支付宝、微信支付、信用卡等电子结算方式支付订单，再通过直邮或转运等物流方式收取货物。货物到达国内后通过国内快递寄送给买家，完成交易。

第三，境内平台直接购买。随着代购产业的盛行，有些投资者看中了代购行业的巨大利润，从前几年便陆陆续续有企业在海关申报、备案后，注册了专业的官方网站从事代购，例如，天猫国际直营、亚马逊。它们的货源与私人代购一样来自境外。不过，由于这些网站受国家监管，产品来源更便于追溯，品质更有保证，现在国内的许多买家都更愿意直接从这些平台上购买商品。

（二）海外代购行为的法律定性

对比商标平行进口定义，境外代购行为实际上就是商标平行进口的一种，理由如下：

首先，从事海外代购的第三方一般没有获得商标使用许可。代购方不是国内商标权利人，私人代购多为因工作需要而经常出境的商务人士，现在也有将此作为事业的职业代购，或者一些专业的电商。

其次，海外代购的商品为正品。假货、走私等产品不在本文讨论的范围内。本文讨论的对象是代购在海外通过合法渠道购得，通过报关等手续带回国内进行销售的商品。这一点满足商标平行进口的客体要件。

最后，海外代购行为与平行进口中的平行相符。无论是从国内外商标权利角度来讲，还是从代购进口商标产品货源渠道、销售方式来看，代购都属于"平行"范畴。消费者通常会找代购购买一些国际一线品牌的奢侈品、美妆、食品、服装及电器等,例如,爱马仕、路易·威登、香奈儿等。这些知名品牌在国内外基本都完成了商标注册,而且产品价格在国内外存在巨大差异。随着人们消费能力的增强和中国市场影响力的逐步扩大,这些知名品牌已经进驻我国许多城市,在各大商场设立专柜。因为产品本身定价、税费等因素不同,国内外的价格相差很大,代购赚取的就是二者的差价,这种行为显然是商标平行进口的一种。

三、我国海外代购中商标平行进口问题现状

海外代购行为是否侵犯进口国权利人的商标权利一直是学界讨论的热点。立法上,由于我国《商标法》对此没有明确规定,也没有其他配套的法律制度,因此目前处于空白的状态。而在司法实践中,近年来已经多次出现海外代购的商标平行进口纠纷案件,甚至出现同案不同判的情况。

(一)国内外商标权人不同时如何适用商标权用尽原则

1. "库斯亭泽黑啤酒案"

本案中,案外人德国库斯亭泽公司是中国商标"KÖSTRITZER"的权利人,原告大西洋C贸易公司享有涉案商标在中国区域内的独占使用权。原告诉称被告四海致祥公司销售带有"KÖSTRITZER"标志的啤酒侵犯了其商标专用权,被告四海致祥公司提出了其行为是平行进口的抗辩,提出其销售的啤酒是通过合法途径从荷兰进口、生产厂商就是案外人库斯亭泽啤酒厂。最终,法院认为被诉侵权产品由商标权人生产,消费者不会对涉案产品产生错误认知,因而也不会对商标权人的商誉造成诋毁,最终判定被告的行为没有侵犯原告的商标权。

2. "le coq sportif 案"

乐卡夫公司在国外注册了"le coq sportif"商标,被告阿根廷 DISTRINANDO 股份公司获得了生产销售带有该商标的运动装备的许可,而株式会社迪桑特是涉案商标在我国的权利人。被告深圳某网络科技公司销售的被诉侵权商品正是某鞋业公司从阿根廷公司购买的。法院认为,阿根廷 DISTRINANDO 股份公司并没有获得株式会社迪桑特的许可,因此不符合平行进口的规则,认定被告侵权。

3. "J. P. CHENET 案"

原告是位于法国的大酒库公司,对"J. P. CHENET"商标享有注册商标专用权。被告天津慕醍公司从原告的英国经销商处将涉案商标葡萄酒进口至中国,且并未得到原告允许其在中国区域内销售原告产品的授权。法院认为,虽然货源渠道不同,但被告销售的葡萄酒与原告直接在我国国内销售的葡萄酒在质量上没有实质性差异。这意味着被告的进口、销售行为并不会让相关消费者对原告的商标产品产生混淆,并未对原告大酒库公司的商誉产生消极影响,因此被告并不构成侵权。

通过对比上述案例,之所以会出现相反的裁判结果,原因在于进口国与出口国商标权人是否为同一主体或是否存在许可使用关系。如果存在,且进口商未改变商品和商标,不会对商标权人的商誉造成损害,则不构成商标侵权;反之,如果在国内外商标权分属不同主体,国内消费者就会对此产生混淆,会将该进口商品与国外商标权人的关联,切断商品与真正的国内商标权人的关联,导致商标的识别功能失去其应有的作用,损害国内权利人的商标专用权。

(二) 商品存在着实质性差异时如何适用商标权用尽规则

1. "米其林轮胎商标案"

原告米其林集团著名的"MICHELIN"、轮胎人图形等系列商标早前已在我国车辆、轮胎配件等产品上注册。被告是长沙市一个小市场的轮胎零售商,经查明,涉案轮胎产自原告的授权厂且轮胎来源渠道合法。但是,轮胎产品关乎消费者安全,在我国需要获得《强制性产品管理规定》的认证才可销售,然而被告所销售的轮胎却并未经过认证。

法院认为,商标的作用在于保证商品质量以及证明商标持有者的信誉。如果损害了上述作用,就会构成商标侵权。法院认为,虽然被告销售的轮胎确实生产自米其林集团的日本工厂,但是涉案轮胎并没有经过国家质量认证,也没有获得原告的授权或许可,在这种情况下进行销售属于违法行为,加上可能存在安全隐患,危及消费者安全,破坏了米其林集团系列商标对商品质量的保证,有损商标权利人信誉,对原告的权利造成了实质性的损害,侵犯了米其林集团在我国的注册商标专用权。

2. "大王纸尿裤案"

大王制纸株式会社在我国注册了"GOO.N"商标,是我国国内的商标权利人。被告森淼公司未经大王株式会社授权，进口大王制纸株式会社在日本生产的带有涉案商标的纸尿裤产品到国内销售。法院认为，被告进口的涉案商品从标记、外包装、产品质量等因素来看与大王株式会社的产品并无本质差异，综合来看并未影响"GOO.N"商标的识别功能，也无证据证明被告的行为损毁了大王制纸株式会社的商誉，因而不认定为侵权行为。

由此可见，如果商品质量等方面存在着实质性差异，不利于保护消费者权益，而且会影响商标最基本的区别、识别功能，此时代购行为会构成侵权，反之则不会构成。

四、国外对商标平行进口的规定

基于权利用尽原则适用的范围不同，各个国家及地区对商标领域下的平行进口是否合法的规定也不尽相同。

（一）美国

近年来，美国原则上禁止大部分的商标平行进口，但也有少部分例外。如果在美国注册的商标权人和境外的商标权人不同，且不存在隶属关系或关联控制关系，销售平行进口的商品可能会导致消费者混淆商品的来源，此时平行进口行为将被禁止。此外，如果商标权利人在美国内外都获得了商标权利，又与国外公司签订了商标国际许可使用等协议，将其在外国拥有的商标权利授权该外国公司在该地域内排他性使用，在这种情况下，美国联邦最高法院认为即使该外国公司已经获得美国商标权人的许可，但该使用许可范围应当被限定在签订协议的地域范围内，而不得将附有商标的产品在美国境内销售。这侵犯了商标权利人在美国境内的权利，会在美国市场产生内部竞争，不利于保护权利人的国内权利。

（二）韩国

韩国采用"有条件的国际权利用尽原则"，要求附在平行进口商品上的商标必须经过境外商标权人的授权，而且须符合下述条件之一：①境外与本国的商标权利人相同或在本质上为同一实体；②国内权利人授权了一个在商业上有关系的主体在国内独占许可，但被许可人如果仅从事国内生产和销售带有该商标的商品则不符合条件。

（三）欧盟

欧盟采用的是区域权利用尽原则，规制商标平行进口行为主要是为了保护欧盟区域内的国家,在区域内承认商标平行进口合法,以此来鼓励欧盟大市场的建立及促进市场中商品的自由流通。

(四) 日本

日本从一开始的禁止平行进口转变为允许。当前,日本采用国际权利用尽原则,认为商标商品不管在哪个国家及区域首次销售,商标权人的权利都用尽。目前,在日本,合法的商标平行进口行为要满足以下三要件:第一,商标具有合法性,指涉案商标必须是经过出口国商标权人授权后在产品上使用的;第二,国内外商标权利人一致,即外国商标权人和日本商标权人相同或可视为同一主体或相互在法律、经济上有联系;第三,产品品质有保障,意味着在国内市场上流通的商品中,经过平行进口的商品与国内权利人直接销售的商品的品质在实质上不存在差别。

五、完善商标平行进口的立法建议

(一) 认定商标平行进口合法

考虑到贸易利润的问题,商标权的内涵是在法律上授予权利人一定的垄断权利,用国家强制力来保护注册商标的商誉。因此,限制其他主体的一些商业交易以保证实现立法目的是十分必要的。从某种角度来说,保护商标权人的权利是通过限制市场上自由交易实现的。由于平行进口行为在客观上有利于商品在市场上的自由流通,同时也有利于保护消费者权益,有助于平衡由法律对商标权进行保护而给市场自由带来的限制,所以应当认定商标平行进口合法,这与鼓励贸易自由,提高我国经济竞争力的初衷是一致的。对比欧盟的经济一体化前后的效果,我们不难发现,是国家和地区的贸易隔阂导致了商标平行进口问题的产生,这种隔阂与全球经济一体化的发展趋势是不相符的。因此,确认商标平行进口合法,允许例外,是顺应国际发展趋势、适合我国当前国情的。

(二) 采用国际权利用尽原则

笔者认为,我国商标领域的平行进口应当适用国际权利用尽原则,原因如下:权利用尽原则本就是为防止权利人滥用权利而诞生的。如果采用国际权利用尽原则,不限制商标商品首次销售的地点,可以防止权利人控制、垄断商品的销售,防止权利人利用商标专有权或获得的许可控制一切涉及该商标的商品零售权。从这个角度来看,国际权利用尽原则能够更有效地实现商品在世界范围内的自由流动，是一种"符合效益最大化原则的制度安排，符合法经济学理念"。[1]

除此之外，从消费者经常找海外代购购买的商品来讲，其主要涉及一些奢侈品或昂贵的护肤品，如海蓝之谜、香奈儿、迪奥、爱马仕等，这些公司知识产权保护意识很强，早就在我国注册了商标，并且依靠长期积累的良好品牌口碑一直占有甚至垄断了国内市场。承认商标平行进口合法，并适用国际权利用尽原则有助于打破国外公司对我国市场的垄断，促进贸易自由竞争，有利于我国消费者以更优的价格买到正品，提高生活品质。

（三）确立"实质性差异"原则

事物都有两面性，允许商标平行进口意味着可能带来负面影响，因此必须设定配套制度加以规制。在分析其他国家的法律规定后，笔者发现尽管各国及地区对"实质性差异"的判定存在差别，但大多涉及包装是否被更换、商品品质能否保证、原产地是否标明等因素。确立"实质性差异"原则有助于在法律层面对侵犯商标权的行为加以规制，消除允许商标平行进口带来的消极影响。在这方面，国外的优秀经验是值得参考的。国外虽然允许商标平行进口，但是都有严格的限制条件，只有在满足特定条件时才承认平行进口的合法。结合代购产业的特点和我国实际情况，可以要求代购如实申报商品的来源、提供购买凭证、详细说明售卖商品与国内专柜的不同、要求其不得擅自更换商品包装等。完善对商标平行进口行为各项规定，能够在促进贸易发展的同时降低平行进口商给商标权利人带来的损害，确保商标平行进口制度运作的标准化。

（四）完善海外代购法律规制

作为商标平行进口的一种形式，近年来越来越热门的海外代购除了应当受到现行法律的规制，比如《消费者权益保护法》，更应该制定专门的法律加以规范，如最新出台的《电子商务法》，以规范代购行业的买卖流程，制定严格的行业准入机制，明确可以代购的商品范围。此外，还应该对代购的商品如果产生质量问题如何进行售后服务、如何保护消费者权益等问题作出详细的规定。

---

[1] 苗海刚："论我国商标平行进口的法律规制——从一起商标平行进口侵权纠纷案谈起"，载《当代法学》2001年第3期。

总　结

一直以来，部分国家及地区都以知识产权保护中的地域性原则为理论依据来禁止商标平行进口，否认其合法性。随着各国经济的发展，世界经济一体化的格局改变，许多国家转变了对商标平行进口的态度。一些贸易大国逐渐认可并选择适用国内或国际权利用尽原则，认为商标产品经过首次销售后，权利主体便丧失了对商品分销的管控权利。"商标的功能是表示商品的来源和担保商品的质量，而不是商标权人借其控制其商品在市场上流通的标志。"[1]除此之外，为了顺应全球经济一体化的发展趋势，各国一致认为应当打破由权利人过分利用法律保护造成的知识产权壁垒。此时，用地域性原则来限制和阻碍商标领域内的平行进口是不符合现实的，也是不恰当的。

本文首先阐述了商标平行进口的概念等理论问题，然后详细分析了当下的热点问题——海外代购。从其产生原因、行为模式等入手，将其与商标平行进口进行对比，并提出了商标平行进口应被合法化的观点。当然，允许商标平行进口可能会打击商标权人的维权积极性，从而影响国际品牌在我国市场的商业布局；海外代购产业的诞生与兴起正是因为商标权利人在之前为品牌付出过诸多努力，为品牌树立了良好口碑。代购通过售卖这些品牌产品赚取中间差价，实现其盈利目的，存在着"搭便车"的嫌疑。一套健全的法律制度应当能够兼顾多方面问题，平衡多方之间的利益。应当完善商标平行进口的相关法律，使得商标平行进口在大力促进市场交易自由的同时，能够弥补、抵消代购利用权利人已经建立的商标信誉进行不正当竞争的消极影响。综上所述，笔者认为，我国应当允许商标平行进口，承认商标平行进口制度的合法性，这不仅有利于推动全球经济的发展，还可以补偿代购行为可能会对商标权利人造成的损害。

参考文献

（1）谢非："国际贸易中的商标平行进口法律问题研究"，载《决策借鉴》2002 年第 1 期。

---

[1] 王玉洁："平行进口商与商标独占使用权人法律关系分析——以海外代购为例"，扬州大学 2015 年硕士学位论文。

（2）高华："国际贸易中的商标产品平行进口问题法律研究"，载《法学杂志》2007年第1期。

（3）高兰英、张珂："海外代购模式下商标平行进口法律问题研究"，载《法制与经济》2017年第2期。

（4）陈国坤："海外代购中商标平行进口问题的困境与对策"，载《国际经济合作》2016年第7期。

（5）祝建军："跨境电子商务中的商标权保护"，载《人民司法（应用）》2016年第10期。

（6）刘贵增、杨晓伟："互联网国际代购中的平行进口商标法律问题研究"，载《中华商标》2014年第9期。

（7）王鲁丹："论商标平行进口的合法性"，载《科技视界》2017年第10期。

（8）陈维杨："败于平行进口商标的顶级奢侈品"，载《法律与生活》2017年第12期。

（9）杨洋："电子商务领域中商标平行进口法律问题研究"，四川师范大学2019年硕士学位论文。

（10）耿芳："跨境电子商务中的商标平行进口问题研究"，南京财经大学2018年硕士学位论文。

论我国 Bolar 例外条款的立法完善

王钦颢[*]

一、Bolar 例外条款概述

（一）Bolar 例外条款的概念内涵

从内涵角度来看，所谓 Bolar 例外条款即概指在药品专利保护期限内，基于行政审批信息收集的需要而进行的利用药品专利试验研究行为，不构成药品专利侵权，试验者可以豁免相应的药品专利侵权责任。[1]因此从内涵角度来看，Bolar 例外条款是一种对药品专利生效的特定的专利侵权豁免制度。

Bolar 例外条款的存在，主要原因在于缩减仿制药进入市场的整体时间。在世界范围内，基于保护国民生命健康的特定需求，一国政府针对药品、医疗器械往往均会构建相对严格的行政审查制度。而为通过药品、医疗器械进入市场前的行政审批审查，药品研发与生产企业必须提供新型药品的临床试验数据等相关数据信息。对于药品的研发企业而言，药品以及医疗器械的研发过程，往往即为相关审批信息与技术数据的准备过程。相应的数据准备、药品行政审批事项，多数均会被列入药品的研发过程之内，对于企业的影响程度较低。

但是，对于仿制药企业而言，情况则有所不同。如果仿制药企业在被仿制药物专利保护期到期后再开始相应的研发工作，仿制药进入市场的时间必然会被大大推迟。众所周知，由于仿制药企业在药品研发流程中所投入的资源相对较少，因此仿制药的价格相比较于原专利药物的价格会有较大幅度的

---

[*] 北方工业大学2017级法学硕士研究生。
[1] 陈家宏、杨思佳："我国'Bolar 例外'条款困境与出路分析"，载《中国发明与专利》2018年第10期。

降低。例如，在 2018 年我国热映并引发强烈社会反响的电影《我不是药神》中，对于控制白血病有不可替代作用的原专利药物售价一度高达 2 万元一瓶，而印度仿制药的价格则仅为 5000 元一瓶。

电影明确指出了印度仿制药药厂生产仿制药成本低廉的原因，即印度药品专利的知识产权保护法律制度不尽健全，进而使得无需承担药品研发费用的药品生产者能够大幅度降低药品的成本。但是，如果药品专利权保障制度长期缺失，则无疑也有可能对药品的正常研发与生产造成打击。因此，在《我不是药神》中，印度政府在国内立法对域外药品知识产权保护相对偏弱的情况下仍旧开始强化对药物专利的管控与掌握，采取了关停仿制药厂的行政管理手段。因此，如果仿制药进入市场的时间被大幅度向后推迟，对专利药物存有特定需求的弱势病人群体的生命健康利益即会遭受到极大的危害。也正是在此背景下，我国于 2018 年对药品专利立法进行修订时，进一步限缩了药品专利到期与药品上市之间的时间期限。

因此，从内涵角度来看，Bolar 例外条款正是一种基于保护特定病患群体生命健康法益需求而创设的特定专利侵权豁免制度。

基于 Bolar 例外条款的内涵与制度内容，可以将 Bolar 例外条款之概念定义为：基于药品或医疗器械申报的特定需要，在药品或医疗器械特定保护期限内利用或实施药品专利，进而以获取药品申报数据信息的专利利用实施行为，不属于药品或医疗器械专利侵权，豁免药品或医疗器械专利侵权责任。[1] 简而言之，Bolar 例外条款是一种专利侵权责任的例外性豁免。

（二）Bolar 例外条款的理论起源与发展

Bolar 例外条款最早起源并发展于美国，随后开始逐渐被世界范围内的多数法治发达国家所认同并承认。

药品专利不同于一般技术产品之专利。纵观世界法治发达国家，未有对药品专利予以永久性保护之先例。[2] 换言之，当专利立法以及一般法原则适用于药品领域时，绝大多数国家均会对专利法予以修订，或者设定特殊的专利保护规则。对于 Bolar 例外条款而言，其正是美国在调整药物专利保护制度

---

[1] 单伟光、沈锡明、孙国君："'Bolar 例外'的由来及对我国仿制药企业的影响"，载《新西部（下半月）》2009 年第 8 期。

[2] 耿丹丹："我国专利法 Bolar 例外原则研究"，西南政法大学 2011 年硕士学位论文。

过程中司法实践践行的最终产物。

1984 年，美国药物研发与生产公司 Bolar 公司为提前争取药品进入市场的时间，在国外购入了一批 Roche 公司拥有专利的安眠剂药品。Bolar 公司对购入的药品进行了药理分析与数据提取，同时利用购入的该批次药品同步进行了临床医疗实验。在临床医疗实验以及技术性仿制的过程中，距离 Roche 公司药品专利过期的期限尚有 6 个月。因此，Roche 公司认为 Bolar 公司的相关行为构成了对其药品专利权的侵权，进而将 Bolar 公司诉至法院。

一审法院在审判过程中认为，Bolar 公司对于药物的研究工作仅仅只是一种单纯的药物实验，并非是药物专利侵权行为。但是，二审法院——美国联邦巡回法院则认为，Bolar 公司所进行的药物实验行为具有明显的商业目的，因此认定 Bolar 公司构成药物专利侵权。

案件的最终裁判结果出现后，美国仿制药厂商反响十分剧烈。在仿制药厂商集体向国会反映意见后，美国国会最终颁布实施了《药品价格竞争与专利期限恢复法案》。

该法案所主要解决的问题有二。其一，基于实践认定，药品原专利权人对自身专利权的严苛主张在一定程度上非法延长了药物专利的保护期限。其二，对于食品与药品监督管理局在审批过程中所浪费的时间，给予药品专利权人专利保护期限层面的补偿。这一法案也正是 Bolar 例外条款的制度根源。

而在随之而来的司法实践过程中，美国司法实务领域与学界对于法案内容的解释也逐渐宽泛。例如，在法案适用范围上，不再仅仅局限于药品专利，而是逐步扩张到了医疗器械专利。[1] 同时，对于专利保护期限内的药品试验研发行为，不再要求相关试验主体不具有商业用途目的。只要专利药品数据的收集、专利药品的试验行为是基于通过行政审批的，便均可以被认定为是一种"合理使用"，而不构成药品侵权。

最终，伴随着《药品价格竞争与专利期限恢复法案》第 202 条最终进入美国立法，美国 Bolar 例外条款也被正式确认。

（三）Bolar 例外条款的法理论基础

意大利法学家贝卡利亚曾言："法律之唯一目的，在于谋求绝大多数之最大幸福。"因此面对社会实践过程中的多元化主体，法律不能够专注于保护，

---

[1] 孙康："Bolar 例外条款研究"，西南交通大学 2016 年硕士学位论文。

或者说是过分保护某一主体的利益，而是应当竭力追求对不同主体利益的均衡保护。换言之，对于法律而言，必须体现出自身公平、正义的法价值。

对于医药行业而言，药物的研发、生产周期时间较长，研发投入十分巨大。因此，知识产权制度对药品专利予以特殊保护，进而维护药品研发企业，即药品专利持有人的研发积极性。从人类社会发展角度来看，对于药物研发主体所给予的专利保护无疑具有不可替代的重要意义。对于药品专利予以保护，也能够体现出法律的公平正义价值。

但是，另一方面，病患群体无疑处于弱势地位。其往往难以承受药物高昂的价格。电影《我不是药神》对于挣扎求生的病人群体可谓做了淋漓尽致的诠释。母亲为了患病的女儿，不得不成为脱衣舞女郎；病重老人的医药费直接导致了家庭经济的崩溃。因为难以承受高昂的医药费用，病患所遭受的巨大痛苦牵动了无数社会公众的心弦。

而 Bolar 例外条款的出现，无疑在一定程度上实现了对药品研发企业与仿制药企业及药物需求群体的利益的平衡均等保护。Bolar 例外条款既没有从根本上破坏药品专利保护制度，进而维持了药品研发企业研发的积极性，同时又极大地缩短了仿制药进入市场的时间，助力了药物价格的最终降低。[1]因此，就 Bolar 例外条款而言，其无疑是基于公平正义法价值而出现的产物，在一定程度上也实现了对社会不同利益主体的平等保护。

二、Bolar 例外条款的主要内容

（一）Bolar 例外条款的适用条件

对于 Bolar 例外条款的适用条件而言，绝大多数域外国家普遍将适用的对象限定在了药品与医疗器械范畴之内。少数国家则将适用对象的范围扩张到了全部需要经过行政审批之物品。

从地域适用条件角度来看，多数国家均以自身行政审批的管辖范畴来确定 Bolar 例外条款的可适用范围。即在相对统一的经济体内部，立法者对 Bolar 例外条款的适用地域性并未予以过多的限定。部分国家甚至规定，Bolar 例外条款在第三国同样适用。同时，在主观适用条件的设定层面，纵观域外

---

〔1〕 陈家宏、杨思佳："我国'Bolar 例外'条款困境与出路分析"，载《中国发明与专利》2018 年第 10 期。

法治发达国家,也均未对 Bolar 例外条款设定诸如"不得存在主观商业牟利目的"的限制性条件。

(二) Bolar 例外条款的主要内容

域外认同 Bolar 例外条款的国家,在长期的司法实践过程中,普遍构建了基于 Bolar 例外条款的例外适用制度。相关制度主要包括有以下几方面:

1. 新药申请简化制度

Bolar 例外条款背景下的所谓新药申请简化制度,也可以被理解为是一种针对仿制药的特殊行政审批制度。对于新药申请简化制度而言,其主要为试验数据提交简化。新型药物在研制的过程中往往需要向相关监管机关提交全面的药物试验数据信息、安全性信息、有效性信息、临床试验数据信息等。但是,对于仿制药而言,基于 Bolar 例外条款,在特定的简化申请制度下则仅需要提交药物等效性信息、安全性信息。对于新型药物研制过程中所需要提交的复杂繁复数据信息,则可以最大限度地予以简化。

2. 专利链接制度

专利链接制度本质上也属于防止药品上市简化程序的组成部分。即将仿制药的上市申请与专利药的专利保护期限届满相互衔接,进而从程序角度予以控制,避免专利侵权事件的发生或出现。通俗来讲,即仿制药的申请上市,申请的最终批准日期最早不得早于专利药专利保护期届满之时。在司法实践过程中,各国所创设的专利链接制度较为复杂,新的制度内容也处于不断出现的状态之中。以美国为例,其专利链接制度甚至包括药品原专利权人的权利救济机制。

3. 专利期延长

Bolar 例外条款确立后,对于仿制药企业而言,仿制药进入市场的时间会被极大缩减。但是,对于承担药物研发工作的专利企业而言,则无疑造成了利益的损害。

从药品的研发实践角度来看,药品的研发是一个极其漫长的过程。以美国新种类药物从研发到进入市场的期限来看,期限普遍长达 5 年至 10 年。但是,对于药物专利的取得而言,则一般在药品研发的初始阶段即已经实现。而从专利法的一般性专利保护周期来看,其普遍始于专利申请之日期。

因此,对于药物研发企业而言,很有可能面临研发专利药物进入市场后专利保护期已经届满或者即将届满的现实问题。而在 Bolar 例外条款确立的背景下,药品专利企业同时也需要面临仿制药对于自身冲击期提前到来的现实问题。因此，如果不对药品专利保护期限予以延长，很有可能造成药品研发企业无法收回巨额研发成本的现实问题。从客观上讲，对于药品而言，专利保护的强弱在一定程度上决定着药品研发生产企业能否收回药品研发成本。例如，在电影《我不是药神》中，因印度仿制药大量出现在市场，直接导致了格列卫正版药品价格的大幅度下跌。因此，在 Bolar 例外条款确立后，基于保护药品研发企业的现实需要，世界范围内以美国为代表的诸多国家又进一步构建了药品专利保护期延长制度。

4. 其他制度

基于 Bolar 例外条款的立法实现，各国或基于保护药品专利方，或基于保护仿制药方，构建了形式多样、内容繁杂的诸多保护制度。但是，对于此类制度而言，其并不具有与前述制度相同的普遍性。例如，美国所构建的数据独占期制度、仿制药市场独占期制度等。就此类制度而言，其多为各国基于本国国情而自主设定。

三、我国 Bolar 例外条款的立法及司法适用现状

（一）我国 Bolar 例外条款的立法现状

2020 年，我国对《专利法》进行了修订。药品专利作为特殊专利种类，在我国《专利法》修订的背景下，保护程度从总体上得到了进一步提升。从当前我国《专利法》的立法实践情况来看，第 75 条设定了一系列专利侵权豁免制度。对于 Bolar 例外条款而言，则体现为第 75 条第 4 项与第 5 项之立法规定。具体而言：

我国《专利法》第 75 条第 4 项明确规定，专为科学研究或实验为目的专利使用行为，不构成专利侵权。同时，该法第 69 条第 5 项也明确规定，基于提供行政审批所必需的信息，制造、使用以及进口专利药品或者专利医疗器械的，以及专门为其制造、进口专利药品或医疗器械的，不视作为药品专利侵权。

因此，从客观上讲，我国当前《专利法》已经在立法创设过程中明确构建了 Bolar 例外条款制度。[1]通过对当前我国 Bolar 例外条款的立法解读，我

---

〔1〕 陈家宏、杨思佳："我国'Bolar 例外'条款困境与出路分析"，载《中国发明与专利》2018 年第 10 期。

们不难得出以下信息：其一，我国 Bolar 例外条款的适用范围，仅仅局限于药品与医疗器械，而不包括其他对象。其二，从适用行为角度来看，Bolar 例外条款的保护行为范围仅仅只包括制造、使用、进口。其三，从适用主观目的角度来看，则限定在基于通过行政审批之主观目的之范畴之内。

因此，相比较于域外国家而言，我国 Bolar 例外条款在立法层面仍处于相对保守的范畴之中，同时也缺乏必要的完善配套保障措施。

(二) Bolar 例外条款的司法适用现状

长期以来，我国均为仿制药大国。在化学药剂之中，几乎全部药物均为仿制药。根据相关学者的统计数据显示：我国现行的 17 万个药品批准文号中，化学药剂所占的数量高达 10.7 万个。而在上述 10.7 万个审批文号中，仿制药的数量高达 95%。[1]

2008 年，我国《专利法》引入的 Bolar 例外条款在一定程度上助力了我国仿制药行业的发展。根据中国医药工业信息中心的测算，2015 年我国仿制药产业规模就已经达到了 8436 亿。2015 年至 2018 年的年复合增长率高达 13.5%。同时，国家食品药品监督管理局公布的数据信息显示：自 2009 年 Bolar 例外条款正式进入实施阶段以后，我国仿制药的申请数量有了较大幅度的提升。而仿制药为民众所带来的社会节约率也高达 32.15%。[2]

但是，从司法实践角度来看，我国援引 Bolar 例外条款的判决数量仍旧十分稀少。多数司法讼争的争议焦点都主要集中于专利技术方法、技术手段等领域。同时也存在诸多和解、撤诉案例。Bolar 例外条款司法实践适用的稀少无疑值得深思。

(三) 我国 Bolar 例外条款的司法适用问题

1. 适用条件过于苛刻

对于我国 Bolar 例外条款的立法设定而言，存在适用条件过于苛刻的现实问题。通过前述对于 Bolar 例外条款的立法解读我们不难发现，Bolar 例外条款的适用范畴在对象上仅能够局限于医疗器械或药品。而对比域外国家，以美国为例，其 Bolar 例外条款的具体适用对象多达 17 种。诸如医用设备、食

---

[1] 陈家宏、杨思佳："我国'Bolar 例外'条款困境与出路分析"，载《中国发明与专利》2018 年第 10 期。

[2] 魏龙龙、刘娟娟："中美原研药与仿制药价格比较分析"，载《济宁医学院学报》2013 年第 1 期。

品添加剂、进口专利药品等，均被明确纳入了 Bolar 例外条款的保护范畴。反观我国，Bolar 例外条款的适用则仅仅只能够针对特定的药品与医疗器械。

同时，在立法过程中，药品专利的利用行为仅能够处于通过我国行政审批之目的。这一立法层面的地域限定无疑将不利于我国仿制药企业为取得域外市场发展空间而对专利药品的制造、适用以及进口。

并且，"为提供行政审批所需要的信息"限定无疑将在一定程度上限制 Bolar 例外条款立法价值的实现。究其原因在于，仿制药行为人一旦在仿制试验过程中试图获取或者实际获取了行政审批所不需要的相关试验数据信息，则 Bolar 例外条款将丧失其保护作用。

2. 适用时间不明

对于 Bolar 例外条款的适用而言，当前我国并未明确、具体的适用时间标准。一方面，如 Bolar 例外条款可以随意在药品的专利期内予以适用，则无疑会侵害到药品专利研发人的合法权益，甚至会造成仿制药横行无忌地大规模提前介入市场。另一方面，虽然我国《药品注册管理办法》设定了药品专利到期前 2 年提交审批申请的制度，但是从本质上来看，《药品注册管理办法》对时间的设定并不属于 Bolar 例外条款的程序性内容。因此，客观而言，我国在专利立法层面对于 Bolar 例外条款仍旧缺乏相应的时间规制。

最为重要的是，药品的研发专利权人在 Bolar 例外条款适用的背景下，在时间限定因素缺失的状态下难以获知自身药品专利被仿制的具体情况。因此，其或者难以应对针对自身药品专利的仿制行为，进而错失申请权利救济的时间；或者始终需投入一定的精力关注自身药品专利被保护的情况。Bolar 例外条款适用时间的不明在一定程度上侵害了药品专利研发人的合法权益，造成了社会资源在一定程度上的浪费。

3. 配套适用制度构建缺失

徒法难以自行。对于 Bolar 例外条款而言，单一的药品专利侵权豁免制度所具有的司法实践价值同样十分有限。从当前我国 Bolar 例外条款的立法情况来看，仅仅只是确立了 Bolar 例外条款的基本原则，相关配套措施处于立法空白的状态。

纵观域外法治发达国家，Bolar 例外条款被立法确立的同时，往往伴随着诸如专利链接制度、专利保护期延长制度、新药申请简化制度等辅助配套制度措施的同步确立。上述配套制度的立法构建与存在，辅之以一定数量的司法解释、指导性案例，方能够最终保障 Bolar 例外条款发挥其自身的利益平衡性作用，有效地维护社会公平正义。在配套制度整体全面缺失的客观背景下，我国 Bolar 例外条款的立法价值无疑遭受到了极大的贬损。司法实践领域 Bolar 例外条款的判例适用比例偏低，无疑也在客观上说明了这一问题。

四、我国 Bolar 例外条款的理论完善与制度发展

在影视作品《我不是药神》中，药品研发销售企业与中国药品消费者之间的争端十分激烈，其在一定程度上也展现了社会生活实践中药品研发生产企业与药品消费者之间的利益冲突。因此，笔者认为，对于我国 Bolar 例外条款的理论完善与制度发展而言，一方面应当进一步明确 Bolar 例外条款的适用空间与适用条件，强化制度的合理性与可操作性；另一方面则应当尽量简化行政审批对于药品销售周期的挤占，进而在权衡照顾药品研发者与消费者利益的客观前提下实现药品研发企业与消费者二者之间的利益平衡。

（一）Bolar 例外条款的完善

1. 适用条件的重构

当前，我国 Bolar 例外条款的适用条件限定较为严格。严格限定 Bolar 例外条款的适用条件，无疑不利于 Bolar 例外条款的立法价值实现。因此，笔者认为，应当对 Bolar 例外条款的适用条件予以扩张性规定。

一方面，在适用对象层面，笔者认为可以将相应的适用保护对象范围扩张至药品、医疗器械、医疗设备范畴。另一方面，也可以取消现行立法中"获取行政审批信息"主观目的的客观立法限制。Bolar 例外条款的立法设定的目的正是缩减仿制药进入市场的时间期限。商业目的的存在几乎是一个公开的事实。因此，在立法修订过程中，为保障 Bolar 例外条款效能价值的发挥，不妨取消诸如"获取行政审批信息"等主观条件之限定。

2. 适用时间与地域的明确

首先，对于明确 Bolar 例外条款的适用时间而言，其一方面可以防止以 Bolar 例外条款为借口的药物专利侵权问题广泛发生或出现。例如，在原专利药物上市初始阶段，仿制药企业即有可能对该药物专利进行药理分析、技术溯源。如果此时距离药物专利期限尚存有较长的一段时间，则不应当让 Bolar 例外条款成为不法专利侵权人的法律避风港。故此，笔者认为，我国专利立法应当在立法过程中明确规定，Bolar 例外条款的适用期限，仅为相应药物专

利保护期的最后1年至2年时间范围内。

其次,我国应当在对Bolar例外条款的立法完善过程中,明确取消地域性限制的规定。对于Bolar例外条款的适用而言,取消当前立法中所规定的必须以通过我国行政审批为基本前提的限定性条件。立法应当明确,凡是以通过行政审批为基本目的的对药品专利的使用、进口等行为,均属于Bolar例外条款的保护范畴。对于所通过行政审批的具体审批地域政府则在所不问。

(二) Bolar例外条款配套适用制度的完善

1. 创设专利保护期延长制度

我国当前是一个仿制药大国。化学药剂类药物的研发长期处于仿制状态。药物研发与生产未能走向正轨,其在客观上是导致我国医药研发行业不规范的根本性原因。[1]

电影《我不是药神》中原专利药物的价格过高,本质上是药物研发的成本过高,医药厂商面对巨额的研发成本不得不提升自身的药物售价。客观上,其重要原因之一也是我国国内尚未存在相应可供替代的享有专利权的药物。

因此,对于我国药品价格的最终降低而言,仍旧需要通过保护药品专利权人、构建良好的药品研发、生产销售以及专利保护制度来予以实现。上述药物研发良性生态链条的构建,是最终促成我国医疗药品价格降低的关键所在。由此可见,对于承担药物研发工作的专利权人而言,其无疑也应当受到专利立法的平等保护。

诚如前文所言,药品在研发的初始阶段往往就已经取得了药物专利。在经历漫长的药物研发、市场准入申请后,药品专利的保护期限将被大大缩短。对于药品研发者而言,尤其是对于市场受众有限的药物研发者而言,其合法权益往往难以得到充分保护。

因此我国可以尝试在专利立法修订的过程中,设定相应的药物专利保护性办法,即创设专利保护期延长制度。具体而言,我国可以在相关立法的修订过程中参考药品研发的时间、成本等因素,借鉴域外立法,对于药品进入市场后专利保护期在10年以上的药品,不受理专利权人所提出的药品专利保护期延长申请。对于专利保护期在10年以下的,可以依据药品专利人所提供

---

[1] 陈家宏、杨思佳:"我国'Bolar例外'条款困境与出路分析",载《中国发明与专利》2018年第10期。

的药物研发成本数据信息、药品市场销售信息，合理地给予其一定的专利保护期延长保护。

2. 创设仿制药入市的简化审批手续

药品关系到亿万人民的生命健康法益的安全。因此，包括我国在内的世界各国普遍对药品入市构建了严苛的行政审批审查程序。但是，对于仿制药而言，其本质上仅仅只是对原专利药物的一种技术性复制。从程序层面与安全层面对其展开与原专利药物相类似的重复审查并无实际意义，甚至会造成行政审批资源的重复浪费。因此，笔者认为，我国可以在现行药物入市行政审批程序的基础上，设定专门的仿制药入市审批简化程序与手续，进而助力Bolar例外条款立法价值的最终实现。

结　论

对于医疗行业而言，相关专利的授权赋予与保护期确定绝不能够单纯地从经济角度来予以分析，甚至不能依据专利法一般原则予以确定。我国的基本国情是正处于并将长期处于社会主义经济初级阶段。最普通国民的医疗可承受能力仍旧处于相对较低的水平。立法者有责任亦有义务遏制乃至杜绝诸如《我不是药神》中因沉重医疗负担而倾家荡产、求生而不得现象的出现。

严格依据一般专利立法之保护原则确立药品专利的保护性制度，固然可以在一定程度上维护药品研发、生产、销售领域的正常良性秩序。[1]但是，如果漠视背后社会公众所付出的巨大代价，甚至漠视社会公众生命健康法益保障的合理需求，药品专利的保护性立法无疑将成为事实层面的"恶法"。

Bolar例外条款的出现，一定程度上在专利保护与社会公众生命健康法益保护层面实现了一种均等保护与妥协。因此，对于我国而言，在当前专利立法已经确立Bolar例外条款的基础上进一步完善相应的配套措施、构建细化的立法性规定无疑具有十分重要的理论与现实意义。

参考文献

（1）陈家宏、杨思佳："我国'Bolar例外'条款困境与出路分析"，载《中国发明与

---

〔1〕 陈家宏、杨思佳："我国'Bolar例外'条款困境与出路分析"，载《中国发明与专利》2018年第10期。

专利》2018 年第 10 期。

（2）魏龙龙、刘娟娟："中美原研药与仿制药价格比较分析"，载《济宁医学院学报》2013 年第 1 期。

（3）孙康："Bolar 例外条款研究"，西南交通大学 2016 年硕士学位论文。

（4）耿丹丹："我国专利法 Bolar 例外原则研究"，西南政法大学 2011 年硕士学位论文。

（5）肖列："药品试验例外原则研究"，西南政法大学 2011 年硕士学位论文。

（6）高亚飞："论生物制药知识产权保护与公共健康的冲突与协调"，中国政法大学 2011 年硕士学位论文。

（7）陈哲："论药品试验例外原则——不视为侵犯专利权的特殊情形"，西南政法大学 2009 年硕士学位论文。

▶ 第二编

新时代知识产权实践问题的法律分析

技术分摊规则的适用问题研究

黄亚柯*

一、提出问题

2018年6月，历时7年的苹果诉三星外观设计专利大战终于落下了帷幕，虽然这场世纪大战最终以和解收场，但是由于其涉及几十个国家，涉案金额高达数十亿美元，因此引起了各国实务界和理论界的普遍关注。本案中一个非常重要的问题是，侵犯外观设计专利的赔偿额的计算是适用产品的全部市场价值，还是适用技术分摊规则。支持三星的一方反对用全部市场价值来计算三星的侵权利益，认为外观设计专利只是产品的一部分，适用全部市场价值规则显然没有考虑到三星自己的专利、工程、设计工作、谷歌技术等在产品中的作用。一个产品的所有价值并非都来自外观设计专利，人们不是因为苹果手机看上去酷才买，购买的原因在于功能。[1]是否适用技术分摊规则，以及如何适用技术分摊规则是相关从业者在专利审判实践中必须面对的问题。

二、技术分摊规则的起源和发展

技术分摊规则最早起源于美国的司法实践，美国联邦最高法院在1884年的"盖瑞特森（Garretson）案"中首次阐释了这一概念。该案涉及一个拖把头的改进专利，原告要求以被告全部的侵权获利进行赔偿，但是只提供了拖

---

* 北方工业大学2017级民商法硕士研究生。

[1] 赵歆："美国外观设计专利侵权损害赔偿制度——以苹果诉三星外观设计侵权案为视角"，载《长春理工大学学报（社会科学版）》2015年第4期。

把头制造费用和销售价格的证据,没有提供证据证明拖把头的改进专利在整个产品中的利润比重,法院最终只判决了名义赔偿金。法院在判决中认为:"如果涉案专利仅仅是一种改进型的专利,而不是一种全新的,能够覆盖整个产品的专利,那么专利权人有义务提供充足的证据,用以证明改进型专利对整个产品的有用性,并且能够把改进部分和产品的其他部分区别开来,从而分析出改进专利在产品的价值;同时,在所有的案件中,专利权人都有义务提供证据,将侵权人的侵权获利与权利人的所失利润在专利特征和非专利特征中进行明确的区分。而且这些证据应当是可信的,而不是猜测的或者是推想的。"

随着科技的发展,产品中所包含的专利种类和数量也越来越多,各国在司法审判中也更加重视专利本身在产品中的价值,不会贸然以产品的全部利润来计算赔偿额。与技术分摊规则相对应的是全部市场价值规则,所谓全部市场价值规则,顾名思义即以侵权产品的全部利润来计算侵权损害赔偿,这两种规则在实践中是相互对立、非此即彼的关系,适用哪种规则与一个国家专利保护强度以及产业政策密切相关。比如,在美国的司法实践中,涉及IT产业的案子更加倾向于技术分摊规则,涉及医药产业的案子更加倾向于全部市场价值规则。[1] 这个道理很容易理解,IT产业的技术具有复杂性,其产品往往集聚了大量的专利,而其创新点可能只是产品的某一组成部分或者是某一局部特征,如果以全部市场价值来计算损害赔偿会导致赔偿额过高以及重复赔偿的问题,也不利于创新的继续推进。适用技术分摊规则可以降低赔偿的额度,使得赔偿额能够真正反映产品的市场价值。而在医药产业,药品中所含有的专利非常少,在通常情况下,一种药品可能就是一项专利,而且药品的研发周期非常漫长,成本巨大。相比之下,仿制药的成本就很低,如果药品专利遭到侵犯,权利人将得不到充分的赔偿,这十分不利于医药产业的持续健康发展。因此,根据不同产业的特点,不同国家会结合本国的国情,对技术分摊规则的适用予以相应的调整,从而使得专利侵权损害赔偿能够更加合理,更加符合产业发展的需要。

---

[1] 朱冬:"分摊原则与美国药品专利损害赔偿方法的转向",载《法律方法》2016年第2期。

三、技术分摊规则的合理性

技术分摊规则在实践中的应用是一大难题,尤其是计算方法的设计、贡献率的确定,长期以来一直困扰着各国的司法界,但是各国似乎从来没有放弃过对这一问题的探讨。由此可见,技术分摊规则在各国的司法实践中具有普遍存在的意义。

(一) 对填平原则的追求

世界各国关于侵权损害赔偿的制度设计各不相同,但是都遵循一个共同的原则,即保护个人的人身、财产不受侵害,如果受到侵害,行为人应当对侵害行为承担责任。专利侵权损害赔偿制度既有救济性功能,又有惩罚性功能,但是救济性功能是主要的。同时,由于专利权属于无形的知识产权,因此专利侵权损害赔偿制度具有特殊性。因为专利不像有形的房屋、汽车之类的物品,会有毁损、灭失的表象,传统的那种"无损害即无责任"的侵权损害赔偿的理论观点在专利领域并不适用。[1]无论是我国《专利法》第65条、《美国专利法》第139条,还是《日本专利法》第102条、《德国专利法》第139条,都表明专利侵权损害赔偿的目的在于"尽力使专利权人恢复到若不发生侵权行为时应有的状态,维持创新行为的动力"[2]。在我国,专利侵权损害赔偿在本质上属于民法的范畴,依据"填平原则"予以赔偿。而且,在我国所规定的专利侵权损害赔偿的四种赔偿方式中,权利人所受到的实际损失排在第一位,只有在实际损失难以确定的情况下,才依次适用侵权人获利、专利许可使用费的合理倍数以及法定赔偿。由此可见,我国对于专利侵权损害赔偿依然坚持"补偿性为主,惩罚性为辅"的思路。因此,适用技术分摊规则可以使侵权人只对专利本身的价值进行赔偿,而无需对整个产品的价值进行赔偿,从而使得专利的侵权损害赔偿与一般侵权赔偿的"填平原则"相一致。

而如果以整个产品的利润进行赔偿,无疑是将专利的排他权无限制地扩展到了整个产品之中。"专利技术可能仅仅体现在所销售侵权产品的某个部分或部件中,以整个产品的利润作为专利技术的利润,会给予专利权人过度的

---

〔1〕 张鹏:《专利侵权损害赔偿制度研究》,知识产权出版社2017年版,第126页。
〔2〕 朱理:"专利侵权损害赔偿计算分摊原则的经济分析",载《现代法学》2017年第5期。

赔偿。"[1]这也使得原本以填补损失、恢复原状为目的的专利侵权损害赔偿制度转化为了一种惩罚性赔偿，背离了该制度设立的初衷。技术分摊规则希望以一种对双方都公平的方式进行侵权损害赔偿，任何一方都不能因为侵权行为而谋求更大的利益。因此，从这个角度来讲，通过技术分摊规则的适用来规范专利侵权损害赔偿的范围，防止专利排他权的不正当扩张，对于实现专利侵权损害赔偿的填平原则具有重要意义。

（二）应对"专利丛林"的需要

随着科学技术的发展，现代科技产品已经不再是单一专利技术实施下的成果，而是集聚了若干个专利技术的成果。这在电子计算机、通讯设备、汽车制造等高科技领域表现得尤为明显，我们平时感觉不太起眼的产品，可能会同时拥有成百上千个专利，形成"专利丛林"。以智能手机为例，它的外形可能就包含好几种外观设计专利；其次是手机所使用的材料，材料本身以及制造材料的工艺就涉及不同的专利技术；再次是手机中的各种应用软件以及各个部件，比如相机、指纹、电池等都涉及大量的专利；最后是手机的内部结构，包括各个部件如何摆放、如何散热，这些都有可能涉及实用新型专利。据统计，一部手机可能会有几十万件专利。而在侵权行为发生时，被告往往只侵犯了众多专利中的一部分，而产品的利润由所有的专利共同构成，这时如果以整个产品的利润来计算赔偿额，就属于显失公平。比如，一个手机生产商拥有 10 项专利，分别被另外 10 家生产商未经许可擅自使用了，如果在赔偿时以整部手机的利润来计算，那就意味着权利人可以获得整部手机的 10 倍利润；反之，如果一个手机生产商未经许可擅自使用分别属于另外 10 家生产商的专利，在赔偿时，不考虑技术分摊的因素，那就意味着侵权人要付出 10 倍的赔偿额。在这两种情况下，要么是权利人获得额外的利润，从而构成不当得利；要么是侵权人过度赔偿，从而显示公平。

从专利类型的角度来看，在涉及发明专利和实用新型专利的案件中，在一般情况下，涉案专利只是该侵权产品的某一部分或者某一零部件。那么在计算损害赔偿额时就应当考虑该部分或者该零部件在整个产品中的贡献率，"只是起到辅助性作用的一般部件应当参照该部件的价值和在实现整个产品利

---

[1] 崔国斌：《专利法：原理与案例》（第 2 版），北京大学出版社 2016 年版，第 874 页。

润中所起的作用来合理确定赔偿数额"。[1]在涉及外观设计专利的案件中，适用技术分摊规则的合理性就表现得更加明显。因为决定消费者购买的因素是多样的，包括产品的质量、品牌效应、售后、外观、价格等因素，消费者完全基于对外观的偏好而决定购买的情况非常少。因此，在侵犯外观设计专利的情况下，尤其是当外观设计专利仅仅是作为产品的包装物时（比如食品的包装袋），以整个产品的利润计算损害赔偿是非常不合理的。合理的做法是参照该包装物本身的价值以及该包装物在整个产品中的作用来确定赔偿额。

因此，在专利侵权损害赔偿中，无论是以权利人所失利润还是以侵权人侵权获利的方式计算赔偿额，都应当充分考虑技术分摊规则的适用。

（三）对专利非实施主体的有效规制

专利非实施主体，又称专利海盗，是指那些拥有大量的专利，但是自己却不实施，专门起诉他人从而获巨额赔偿的主体。他们把专利技术当作一种投机的工具，通过对专利技术市场需求的分析，推算出哪些专利技术可能会被大规模使用，以低价买入专利。然后等待其他实体企业侵权行为的发生，等到实体企业投入大量的人力、物力，等到产品在市场上具有一定影响力之后，其才突然出现，要求企业承担巨额的专利许可使用费，否则，就诉诸法院请求制止侵权行为。这种恶意诉讼的行为既浪费了司法资源，也干扰了正常的市场秩序。专利海盗主要集中于电子计算机、通信设备等高科技领域，这些领域的产品不仅专利数量多，而且产品的投资成本大，生产者很难保证自己产品中的每一项技术都不侵权。如果专利海盗以侵权为由要求停止使用、赔偿损失，将会对生产者造成巨大的打击。"专利海盗发动的诉讼都是经过精心策划的，所利用的专利技术也并非都是垃圾专利，往往能够使对方就范。"[2]因此，法院在审理专利非实施主体这类案件时，除了谨慎使用停止侵权这一侵权责任之外，在专利侵权损害赔偿方面更应当注意对技术分摊规则的适用。因为涉案专利仅是整个产品中的一部分，在产品利润中的贡献也是有限的，因此适用技术分摊规则可以减少生产者的赔偿数额，降低专利海盗行为带来的危害，这也是对专利海盗行为的有效规制。

---

[1] 管育鹰："专利侵权损害赔偿额判定中专利贡献度问题探讨"，载《人民司法》2010年第23期。
[2] 周泽夏："专利海盗的危害与应对措施"，载《山西高等学校社会科学学报》2015年第9期。

四、我国在技术分摊规则的适用中存在的问题

我国司法解释对技术分摊规则进行了初步的规定，法官在具体审理案件的过程中也对技术分摊规则的适用进行了一定的探索。技术分摊规则在我国的适用已经有了一定的理论和实践基础，但是其中也存在一些问题，需要进一步改善。

（一）司法解释所规定的适用范围太小

专利侵权损害赔偿的范围应当限于涉案专利给专利产品或者侵权产品所带来的增利，不能将赔偿的范围扩大到专利产品的非涉案专利部分，也不能扩大到侵权产品的非涉案专利部分。[1]2009年出台的《最高人民法院关于审理侵犯专利权纠纷案件应用法律若干问题的解释》（以下简称《专利法司法解释（一）》）所规定的范围仅限于以侵权获利的方式计算赔偿额，但是在权利人所失利润、许可费倍数、法定赔偿的计算中并没有规定技术分摊规则的适用。理论上讲，如果法律、司法解释对这一问题没有作出规定，或者地方法院没有得到最高人民法院的授权，法院在其他损害赔偿的计算方式中适用技术分摊规则是没有依据的。况且，在权利人所失利润、许可费倍数、法定赔偿中确有适用技术分摊规则的必要。在权利人所失利润的计算方式中，专利人的专利产品的利润构成是多方面的，既有涉案专利的因素，也有其他专利的因素。而且，涉案专利在产品中所起的作用也是不一样的，有起主要作用的专利，也有起辅助作用的专利。因此，如果不对专利在利润中所起的作用进行技术分摊，那么就会导致涉案专利的排他权不适当地扩展到整个产品的利润当中，这明显是不公平的。在以许可费的倍数确定专利损害赔偿时，也应当考虑到技术分摊规则的适用。该赔偿是以诉前专利权人与第三人签订的专利许可使用合同所规定的费用为基础进行计算的，但是如果该专利许可使用合同涉及多个专利的授权，则应当分摊涉案专利在专利许可使用费上的贡献。法定赔偿是在权利人所失利润、侵权获利以及许可费的倍数都不能适用时的补漏规则。但是在我国的司法实践中，大量的专利案件均是以法定赔偿的方式进行计算的。有学者统计，在我国专利案件中，以法定赔偿计算损

---

[1] 刘珍珍："专利侵权损害赔偿中的技术分摊问题研究"，山东大学2018年硕士学位论文。

害赔偿额的案件高达 98.42%，[1]以至于法定赔偿成了主要的赔偿方式。因此，在法定赔偿中适用技术分摊规则十分必要。

综上所述，无论是按照哪种方式计算损害赔偿额，都应当考虑到技术分摊规则的适用，从而将非专利因素带来的利润从赔偿中予以扣除，使得专利的侵权损害赔偿更加合理，能够体现涉案专利真实的价值。我国当前的法律和司法解释对此规定得不够完善，需要进一步细化。

（二）举证难度大

依据"谁主张，谁举证"的规则，证明涉案专利在产品利润中的分摊比例，应当由原告承担举证责任。但是证明涉案侵权产品的销售数量以及单位产品利润的资料一般却都掌握在被告手中，而被告往往不愿意提供这些资料。此外，许多当事人自身的财务会计制度不够规范，使得相关证据的真实性也存在一定的问题。这些都容易导致原告的诉讼请求不能得到法院的支持。"传统证据规则在专利侵权损害赔偿数额认定问题上存在适用困难，并进一步影响了诉讼裁判，导致权利人无法实现侵权法关于损害填平原则的价值追求。"[2]"举证难"是我国专利侵权损害赔偿案件中一直存在的问题，也正是这种原因导致我国专利侵权案件的审判中关于权利人所失利润、侵权获利以及合理许可费的计算方法难以被大规模适用，使得原本处于辅助地位的法定赔偿成了主要的裁判方法。有些当事人甚至会由于举证难度太大而放弃举证，主动提出适用法定赔偿，法官从诉讼效率的角度也倾向于选择法定赔偿。而具体到技术分摊规则的适用，证明涉案专利在产品利润中的比例，更是一个巨大的难题，法院目前尚未探索出科学、有效的计算方法。虽然有些当事人提出了专利贡献的比率，但是由于举证不够充分，难逃不予采纳的命运。比如，在"STOKKEAS（斯托克股份有限公司）诉浙江多宝贝婴童用品有限公司等侵害发明专利权纠纷案"[3]中，原告斯托克股份有限公司提出涉案专利在产品中的贡献率是 100%，但是由于缺乏足够的证据，不足以采信，法院最终还是通过法定赔偿的方式进行了计算。因此，在专利侵权审判的司法实践中，我国要尽快地改变博弈的规则，降低举证难度，鼓励双方当事人举证质证，探寻

---

[1] 吕凌锐："专利侵权损害赔偿的实证研究"，载《电子知识产权》2016 年第 11 期。

[2] 何培育、蒋启蒙："论专利侵权损害赔偿数额认定的证明责任分配"，载《知识产权》2018 年第 7 期。

[3] 浙江省杭州市中级人民法院［2016］浙 01 民初 1278 号民事判决书。

出计算专利贡献率的有效方法。

(三) 大多数案件都是法官自行裁量的结果

在专利案件的审理中,法院会考虑到技术分摊规则,但是关于这一规则的行使,没有要求当事人提供证据,往往是法官自行裁量的结果。比如在"晋江金童蚊香制品有限公司与福建省金鹿日化股份有限公司专利侵权纠纷案"[1]中,当事人并没有要求适用技术分摊规则,扣除非专利因素带来的利润,而是法院自行考虑到"被控产品中的利润包括了被控产品蚊香盒及蚊香两部分,应排除蚊香盒中所包含的蚊香利润比例",最终酌定了一个具体的赔偿额。在"扬州中集通华专用车股份有限公司诉北京环达汽车装配有限公司侵犯实用新型专利权纠纷案"[2]中,法院也是考虑到"涉案专利并不是车辆运输车的全部,因此在计算赔偿额时,应当考虑涉案专利在车辆运输车中所起的作用",最终确定涉案专利的贡献率是1/3。从某种程度上讲,法官从公平合理的角度适用技术分摊规则,扣除非专利因素带来的利润,是一种务实的做法,这就绕过了量化的难题,从而给出了一个使双方都能够接受的方案。技术量化的难题使得双方难以证明涉案专利技术对产品利润到底贡献了多少,从而给法官的自由裁量留下了空间。既然以全部产品的利润计算赔偿额明显不合理,那么对全部利润进行分摊的做法便是合理的,至于分摊比例是多少,应由法官结合专利的类型、侵权人侵权的性质和情节等因素酌情确定。尽管这种处理方式容易引起当事人对审判权力运用的怀疑,但是两害相权取其轻,宁可面对这种质疑,也要维护判决的公平。

但是,法院的这种判决方式毕竟是权宜之计,尤其是随着专利案件的日益复杂,数量日益增长,这种粗放型处理方式的弊端会日益显现,而且也不符合当前知识产权司法审判的潮流。因此,法院应当探寻更加专业化、精细化的审判方式,直面技术分摊难题。

五、完善我国技术分摊规则的建议

通过对技术分摊规则的基本理论,我国以及国外关于技术分摊规则的具体适用的介绍,我们明确了技术分摊规则在适用中存在的问题。在此,笔者

---

[1] 浙江省高级人民法院 [2005] 浙民三终字第 150 号民事判决书。
[2] 北京市第一中级人民法院 [2006] 一中民初字第 8857 号民事判决书。

将对这些问题提出以下完善建议。

(一) 完善技术分摊规则的计算方法

1. 量化比例法

所谓量化比例法，就是计算出涉案专利部分产品的价值在整个产品价值中的比例，将这个比例视为涉案专利的贡献率，一般适用于涉及零部件和产品外包装的案件。2009 年的《专利法司法解释（一）》对这种计算方法予以了肯定，在司法审判中适用这种计算方法的案件也屡见不鲜。比如，在前文提到的"晋江金童蚊香制品有限公司与福建省金鹿日化股份有限公司专利侵权纠纷案"[1]中，法院适用量化比例法，将蚊香包装的成本在整个蚊香中的成本计算出来，并将外包装成本与蚊香产品的成本比例视为涉案外观设计专利的贡献率。如果涉案专利是某一产品的零部件，而该零部件又构成单独销售的部分，则零部件在产品价值中的比重就是该涉案专利的贡献率。这种以产品包装或零部件的价值视为涉案专利价值的做法相对比较合理，而且操作相对简单，能够节约诉讼成本，提高诉讼效率。但是，这种方法也存在不可忽视的弊端，即如果涉案专利是一项开创性的发明，在市场中起着无法替代的作用，并决定了整个产品价值，这时再以专利所在部件的价值计算贡献率，明显是不合理的，会导致赔偿不足的结果。因为有时往往是很小的改进，可能就会创造一个新的市场。因此，在适用量化比例法时应当慎重，要首先对涉案专利在产品中的作用进行判断，如果该专利构成整个产品的基础，决定整个产品的价值，那么涉案专利的贡献率视为 100%，以整个产品的利润计算赔偿额；如果不构成整个产品的核心，而只是产品普通的零部件或者外包装，适用量化比例法是一种简单易行而又合理的方法。

2. 替代品比较法

所谓替代品比较法，就是在市场中找到与专利产品具有相似效果同时又不含有涉案专利的产品，两者的利润或成本差就是专利所带来的价值。在我国专利审判的实践中，尚未出现适用替代品比较法的案例。这种计算方法在美国的司法实践中运用得较多，具有重要的借鉴意义。比如，在"威廉姆斯（Williams）案"中，涉案专利改进了机车灯的性能，使得机车灯可以燃烧煤油这种便宜的燃料，从而替代了其他昂贵的燃料。在计算专利贡献时，将含有

---

[1] 浙江省高级人民法院 [2005] 浙民三终字第 150 号民事判决书。

专利的机车灯与没有含有专利的机车灯的使用成本进行对比,两者的成本差就是涉案专利带来的利润。这种替代品比较法更加直观,计算的结果也比较准确。但是,其适用的条件也更加严格,需要在市场中找到不含有涉案专利而其他方面基本相同的产品。除此之外,该替代产品的利润或成本必须是可以获知的。而现实的情况是,市场上可能很难找到相类似的非侵权替代品,即便能够找到,替代产品的生产者基于商业秘密等因素也不愿意透露自己的经营信息,那么替代产品的利润或成本也就无法计算出来。因此,这种方法适用的范围是有限的,而且涉及第三方的信息,需要积极地和第三方进行沟通,请求提供相关信息。但是,在很多情况下,生产替代产品的第三方可能正好是专利产品生产者的竞争对手。因此,这个过程中的谈判难度和成本是比较大的。同时,在获取第三方的经营信息后,要合理使用,做好有关的保密工作,避免经营信息的泄露,造成不必要的麻烦。

3. 消费者调查法

消费者调查法是通过调查市场中的消费者对含有专利特征产品的支付意愿,从而确定专利的贡献率。市场支付意愿等于某公司销售含有专利的产品,与销售不含有专利但其他方面都相同的产品相比可以提高的价格,同时保持销量不减少。[1]通过制作调查问卷,将涉案专利特征与产品的其他特征都纳入问卷中,并设置不同问题,让消费者比较产品的各种特征,并对每个特征的支付意愿做出评价,这样就能够得出涉案专利特征对产品利润的贡献。例如,假设有 A、B、C、D 四款产品,其中 A 款产品中包含有涉案专利的特征。首先由调查者对这四款产品进行价值排序;其次对每款产品所对应的价格进行调整,找到消费者愿意对每款产品支付的最高价格;最后通过对这些调查数据的分析,计算出在不同的价格区间内专利特征在产品中的贡献率。消费者调查法并不要求现实中真实存在不含有涉案专利特征而其他方面均相同的产品,而是假设这种替代产品存在,通过对产品价格进行调整,调查出消费者的支付意愿。消费者调查法可以最大限度地计算出涉案专利特征在产品中的贡献率,计算的准确性相对较高。这种计算方法要求问卷设置得科学合理,选择合适的调查方法和调查程序,所调查的样本要有足够的数量和代表性,

---

[1] 刘晓:"论知识产权损害赔偿中侵权获利的分摊方法",载《法律科学(西北政法大学学报)》2018 年第 4 期。

将调查误差控制在合理的范围之内。而且，消费者调查法操作起来比较麻烦，花费的时间较长，成本较高。因此，这种计算方法不适合被运用在专利价值较小的产品中，而应当被运用在高价值专利产品的纠纷中，这样最终产生的收益要远大于使用该方法所产生的成本。

（二）扩大技术分摊规则的适用范围

我国目前的司法解释仅将技术分摊规则适用在以侵权获利计算损害赔偿的方式中，对于以权利人所受损失、合理许可费以及法定赔偿这三种计算方式并没有规定关于技术分摊规则的适用。在这三种方式中均有适用技术分摊规则的需求和合理性，也正因为如此，我国在司法实践中已经存在将技术分摊规则应用于多种计算方式中的案例。美国、日本、德国在不同的计算方式中均考虑到了技术分摊规则的适用，对完善我国技术分摊规则的适用范围具有重要的借鉴意义。从立法的难度上讲，将技术分摊规则直接规定在专利法中难度太大，而且时间较长，并不是一个很好的办法。既然现有的《专利法司法解释（一）》规定了技术分摊规则在侵权获利中的适用，那么应当在司法解释中加以补充。具体应将《专利法司法解释（一）》第16条第1款改为：人民法院依据《专利法》第65条的规定确定权利人的损失、侵权人获得的利益、专利许可使用费和法定赔偿确定赔偿额时，应当限于侵权人因侵犯专利权行为所应赔偿的数额；因其他权利所产生的利益，应当合理扣除。这样，司法解释对技术分摊规则的适用范围就有了明确规定，法院在审理专利案件时也就有法可依了。

同时，在适用中应当注意以下问题：第一，无论是以侵权获利还是以权利人所受损失的方式计算赔偿，都要考虑产品利润这一重要的计算因子，所不同的是，在以侵权获利计算赔偿额时依据的是侵权产品的利润，而以权利人所失利润计算赔偿额时依据的是专利产品的利润。《最高人民法院关于审理侵犯专利权纠纷案件应用法律若干问题的解释（二）》将产品利润定义为营业利润，营业利润等于营业收入减去营业成本及其他费用。但是有些成本（比如厂房设备、管理费用等）在一定的生产数量范围之内并不会发生变化，因此以营业利润作为计算赔偿额的基础不够准确。这一点我们应当借鉴日本的做法，将产品利润定义为边际利润，这样更能够体现专利在生产中的独特价值。第二，在以许可费的倍数计算赔偿额时，应当采用虚拟谈判法。我国目前在以许可费的倍数计算赔偿额时，要求许可合同必须是诉讼发生之前真实存在的合同，即需要满足真实性的要求，同时许可合同的内容应当与侵权行为相似，即需要满足关联性的要求，这种极其严格的适用条件，导致在实践中适用这种方法计算损害赔偿的案例非常少。在德国，"合理许可费"被认为是理性当事人双方在达成假设许可协议时可能会同意的价格。[1]不要求现实中真实存在有关的许可合同，对专利权人是否愿意许可专利在所不问。在确定许可费时，首先要确定市场中涉案专利通常的许可费率，这一数据可以依据当事人之前已有的许可合同，也可以依据第三方提供相类似的许可合同，还可以是从公开的渠道所收集到的有关信息，比如法院的裁判文书、行业协会公布的许可费率等。然后，法院再根据个案情况对许可费率进行相应的调整。第三，应当减少法定赔偿的适用。法定赔偿是在证据不足，导致权利人所失利润、侵权获利以及许可费倍数三种计算方法均难以适用的情况下的补漏规则，但是在我国却成了主要的适用方式。虽然在法定赔偿中仍然需要考虑技术分摊规则，但是这一因素没法通过具体的方法加以计算，而仅仅是一种法官所要考虑的因素，技术分摊规则在法定赔偿中的价值难以体现出来，法官自由裁量的范围更大，结果不够科学。因此，应当减少法定赔偿的适用，让法定赔偿回归补漏规则的地位。

（三）明确技术分摊规则适用的例外情况

技术分摊规则是依据涉案专利在产品中的贡献来计算最终的赔偿数额，适用目的是使专利侵权损害赔偿更加准确，能够体现专利的价值。因此，在一般的专利案件中应当适用技术分摊规则，但是在特殊情况下可以不予适用，而是以整个产品的利润计算赔偿额。

1. 专利权人的专利技术处于市场独占地位

这种情况主要适用于新产品专利和新功能专利的产品，且市场上不存在可以替代的技术或产品，专利技术处于市场独占的地位，在计算专利侵权损害赔偿时无需考虑分摊因素，以全部市场价值规则计算赔偿额。无论是选择技术分摊规则还是全部市场价值规则，专利侵权损害赔偿都应当是被侵权专利技术所产生的增利，即必须考虑专利的技术特征。[2]具体来说，在新产品

---

[1] 胡晶晶："德国法中的专利侵权损害赔偿计算——以德国《专利法》第139条与德国《民事诉讼法》第287条为中心"，载《法律科学（西北政法大学学报）》2018年第4期。

[2] 周琪："技术与市场综合分析法在专利侵权损害赔偿中的应用"，载国家知识产权局条法司编：《专利法研究（2009）》，知识产权出版社2010年版，第349页。

专利和新功能专利中，如果涉案专利能够使产品形成新的市场，而且市场上不存在非侵权替代品，需要同时满足以下条件：①涉案专利是消费者购买的主要原因；②专利权人能将产品的涉案专利部分与其他部分共同销售出去；③涉案专利部分与非专利部分相互依存，共同发挥作用。在"宝丽来案"中，涉案专利是"一分钟"照相机，归原告宝丽来公司所有，被告柯达公司未经许可使用了该专利。原告宝丽来要求以全部市场价值规则计算赔偿，被告柯达公司认为，市场上存在的常规相机构成"一分钟"照相机的非侵权替代品，因此不应当适用全部市场价值规则，而应当适用技术分摊规则计算赔偿额。法院认为，"一分钟"照相机形成了相机领域的一个单独细分市场，传统的常规相机不构成非侵权替代品。最终，法院以全部市场价值规则计算赔偿数额，柯达公司因此承担了巨额赔偿。

2. 侵权人属于恶意侵权

技术分摊规则的目的是应对多专利问题，提高专利侵权损害赔偿的准确性，避免过高或者过低的赔偿。但是技术分摊规则的适用应当以善意侵权为前提，而在恶意侵权的情况下，应当根据侵权人的主观恶意程度视情况适用全部市场价值规则，而非技术分摊规则。[1]众所周知，我国专利侵权诉讼的维权时间长、诉讼成本高，如果侵权人已经明显是恶意侵权，仍然适用技术分摊规则会导致专利侵权损害赔偿的严重不足，不利于对专利权人利益的保护，容易放纵侵权行为。美国多数学者也认为，技术分摊规则的适用应当排除恶意侵权的情形，否则不足以预防专利侵权行为。《美国专利法》第284条规定，对于恶意侵权行为，应当予以3倍的赔偿。我国《专利法（修订草案送审稿）》也引入了惩罚性赔偿，并在第68条第1款规定，对于故意侵犯专利权的行为，人民法院可以根据侵权行为的情节、规模、损害后果等因素，确定1倍以上3倍以下的赔偿数额。这体现了我国加大专利保护力度，打击恶意侵权行为的决心。因此，在恶意侵权的情况下，不应当适用技术分摊规则，而应以全部市场价值规则为基础，适用惩罚性赔偿。

（四）合理分配举证责任

国内多数学者认为我国专利侵权损害赔偿数额的认定方法存在适用上的

---

[1] 吴广海："美国专利侵权损害赔偿中的分摊规则问题"，载《知识产权》2012年第6期。

困难，而困难的根源在于程序法的缺陷。张卫平教授在其《民事证据规则》一书中指出："民事证据规则一般来源于民事诉讼法中关于证据的法律规范，且分布于如侵权法、合同法、物权法等实体法中。"现有的民事诉讼法更多地是调整实体法中有形财产的争端，而对于知识产权这类无形财产，往往存在一定的困难，这一点突出表现在证明责任、证明力和证明标准等引起的传统民事证据规则难以适用专利侵权损害赔偿认定的问题上。[1]

理论上，在专利侵权损害赔偿的认定中，首先由原告对赔偿额承担举证证明的责任，然后由被告对这一事实不成立或者不存在的抗辩事由进行举证。具体而言，根据不同的损害赔偿数额的认定方法，原告的举证责任是不一样的。比如，在以实际损失计算损害赔偿额时，原告需要证明的事实有：单件专利产品的合理利润、专利产品减少的数量或者侵权产品的销售数量、与侵权行为的因果关系。在以侵权获利计算损害赔偿额时，原告需要证明的事实有：侵权产品的合理利润、销售数量。在以合理许可费计算损害赔偿额时，原告需要证明的事实有：专利许可合同、备案证明、实际履行的证明。法定赔偿是在前三种方法无法适用时的补漏规则，一般由法官根据实际情况，考虑专利权的类型、侵权行为的性质和情节等因素。而相对地，被告可以对原告的上述主张提出反证。例如，在实际损失中，可以提出损失的减少与侵权行为不存在因果关系，而是由于市场上非侵权替代品的存在等因素；在侵权获利的情况下，可以提出并无实际获利等因素；在合理支付许可费的情况下，可以提出许可合同无效等因素。同时，被告还可以主张现有技术抗辩、专利权无效抗辩、专利权终止、超过诉讼时效、强制许可、非生产经营为目的等事由。只要反证使得待证事实真伪不明，就可以使原告承担举证不能的后果。

从上面的分析我们可以看出，现有的诉讼证据规则明显对被告有利，而对原告不利。这是由于在现实中，侵权损害赔偿数额认定的证据更靠近被告。比如，在证明因果关系这一要件上，被告只要证明市场上存在替代产品、原告生产经营存在问题就能够予以否定。而在侵权获利的情况下，涉及的相关账簿等证明材料在被告的控制之内，从理性的角度讲，被告肯定是不愿意提交对自己不利的证据的。

---

[1] 何培育、蒋启蒙："论专利侵权损害赔偿数额认定的证明责任分配"，载《知识产权》2018年第7期。

因此，如果要适用技术分摊规则，首先要解决法定赔偿适用过多的问题。为解决这一问题，首要任务是通过制度激励，引导专利权人通过法定赔偿以外的方法计算损害赔偿额。[1]例如，在被控侵权人无正当理由拒不提供相关的证据材料时，可以推定原告的主张成立。同时，权利人可以适用举证妨碍制度，使举证妨碍的实施者承担不利后果。

基于我国专利侵权损害赔偿过低这一现实情况，可以将技术分摊规则的举证责任交由被告承担，即由被告人提出技术分摊的请求并证明在多大程度上进行分摊，原告可以对这一分摊比例提出反证。具体而言，被告应当证明涉案专利只是产品的外包装或者零部件，又或者是改进型专利，进而通过各种方法证明涉案专利在多大程度上提高了产品的性能和消费者的购买欲望，在产品整体的利润中大概占到了多大比重。此外，还有一种情况需要注意，如果专利覆盖了整个产品，但是被告又在此基础上对产品进行了某些有价值的改进，无论这种改进是专利技术还是非专利技术，此时以侵权获利计算损害赔偿额都需要进行技术分摊。这种情况与前面的有所不同，因为此处加入了被告自己的智慧对产品利润的贡献，法院可以要求侵权人承担举证责任，证明其改进对产品利润的贡献，如果举证不能，就认定全部利润为侵权获利的赔偿基础。

结　语

技术分摊规则的适用与一个国家的产业政策和科技发展水平密切相关。在我国大力提倡保护知识产权的大环境下，完善技术分摊规则的适用更加有利于激励创新、保护创造。针对实践中出现的问题，本文提出了几种技术分摊具体的量化方法，同时要求扩大适用范围，在权利所受损失、侵权获利、法定赔偿等赔偿方式中都应当考虑技术分摊。此外，还要明确技术分摊规则适用的例外情况，从而防止恶意侵权行为的泛滥。最后，在诉讼程序中，也应该适当地加重侵权人的举证责任。

参考文献

（1）赵歆："美国外观设计专利侵权损害赔偿制度——以苹果诉三星外观设计侵权案

---

[1] 吕凌锐："专利侵权损害赔偿的实证研究"，载《电子知识产权》2016年第11期。

为视角"，载《长春理工大学学报（社会科学版）》2015 年第 4 期。

（2）朱冬："分摊原则与美国药品专利损害赔偿方法的转向"，载《法律方法》2016 年第 2 期。

（3）张鹏：《专利侵权损害赔偿制度研究》，知识产权出版社 2017 年版。

（4）朱理："专利侵权损害赔偿计算分摊原则的经济分析"，载《现代法学》2017 年第 5 期。

（5）崔国斌：《专利法：原理与案例》（第 2 版），北京大学出版社 2016 年版。

（6）管育鹰："专利侵权损害赔偿额判定中专利贡献度问题探讨"，载《人民司法》2010 年第 23 期。

（7）周泽夏："专利海盗的危害与应对措施"，载《山西高等学校社会科学学报》2015 年第 9 期。

（8）刘珍珍："专利侵权损害赔偿中的技术分摊问题研究"，山东大学 2018 年硕士学位论文。

（9）吕凌锐："专利侵权损害赔偿的实证研究"，载《电子知识产权》2016 年第 11 期。

（10）何培育、蒋启蒙："论专利侵权损害赔偿数额认定的证明责任分配"，载《知识产权》2018 年第 7 期。

（11）浙江省杭州市中级人民法院［2016］浙 01 民初 1278 号民事判决书。

（12）浙江省高级人民法院［2005］浙民三终字第 150 号民事判决书。

（13）北京市第一中级人民法院［2006］一中民初字第 8857 号民事判决书。

（14）浙江省高级人民法院［2005］浙民三终字第 150 号民事判决书。

（15）刘晓："论知识产权损害赔偿中侵权获利的分摊方法"，载《法律科学（西北政法大学学报）》2018 年第 4 期。

（16）胡晶晶："德国法中的专利侵权损害赔偿计算——以德国《专利法》第 139 条与德国《民事诉讼法》第 287 条为中心"，载《法律科学（西北政法大学学报）》2018 年第 4 期。

（17）周琪："技术与市场综合分析法在专利侵权损害赔偿中的应用"，载国家知识产权局条法司编：《专利法研究》，知识产权出版社 2010 年版。

（18）吴广海："美国专利侵权损害赔偿中的分摊规则问题"，载《知识产权》2012 年第 6 期。

浅析标准必要专利滥用及法律规制

李玉婷[*]

一、标准必要专利概述

近年来，随着我国企业海外市场的不断开拓，涉及标准必要专利的诉讼及反垄断案件逐渐增多，尤其是在通讯领域，这些案件往往涉案金额大，与此同时具有较强的专业性，甚至与国家利益等重大问题关系密切。2011年美国交互数字通信有限公司（IDC）申请启动了对华为公司的"337调查"，[1]同时在美国联邦法院提起对华为标准必要专利的侵权诉讼。2013年，我国广东省高级人民法院作出终审判决，认定IDC公司的行为违反了FRAND协议，构成市场垄断。[2]华为与IDC公司标准必要专利纠纷作为我国标准必要专利反垄断第一案，无论是对理论界还是对实务界都具有重要意义。2013年，我国国家发展和改革委员会就标准必要专利权利滥用问题向高通公司正式展开反垄断调查，这也使得"标准必要专利"一词又一次正式出现在了大众的视野中，由此也引发了对标准必要专利更为广泛的探讨。

标准必要专利（Standard Essential Patents，SEP）指技术标准中所包含的必不可少和不可替代的专利，与技术标准化密切相关，是技术标准化的产物，

---

[*] 北方工业大学2018级法学硕士研究生。

[1] 337调查，是指美国国际贸易委员会（United States International Trade Commission，USITC）根据《美国1930年关税法》（Tariff Act of 1930）第337节（简称"337条款"）及相关修正案进行的调查，禁止的是一切不公平竞争行为或向美国出口产品中的任何不公平贸易行为，337调查的对象为进口产品侵犯美国知识产权的行为以及进口贸易中的其他不公平竞争。

[2] 参见广东省高级人民法院［2013］粤高法民三终字第305号民事判决书。

又称"核心专利"或"基本专利"。其核心目的在于使不同经营者之间的产品或服务可以达到兼容和互通。标准化组织在制定标准时往往会选择一项最具代表性、最完善的专利技术作为产品或产品某一部分生产所必须满足的标准,例如,国际电信联盟(ITU)将标准必要专利界定为"任何可能完全或部分覆盖标准草案的专利或专利申请"。[1]

标准必要专利是标准体系所必不可少的一项技术,而该技术又作为一项专利被专利权人所独占。[2]基于知识产权的私有属性与标准的公开属性,标准必要专利先天便充斥着垄断与公开的矛盾,是一场私人利益与公共利益的博弈。当某一项技术标准发展成为行业标准或者国家标准时,达不到该技术标准要求的产品或者服务将不能顺利进入相关市场。在这种情况下,标准必要专利相关的技术许可就具有了公共性,涉及社会公共利益。[3]随着技术标准化程度的不断推进和提升,标准必要专利对于标准化程度较高的行业(如信息与通信行业)而言,不仅仅涉及众多经营者的利益,更涉及整个社会的公共利益。

作为相关领域的标准技术,标准必要专利在统一技术、协调配置资源方面一直扮演着极其重要的角色,对于行业技术的提升也具有一定的积极作用。然而,当某一专利与技术标准合而为一的时候,则意味着专利权人拥有了更大的优势。因此,专利权人为了能获得巨大的许可使用专利的机会及商业优势,会作出 FRAND 承诺,因为一旦他们所拥有的专利转变成为标准必要专利,那么该技术便将得到广泛的实施。

二、标准必要专利滥用产生的负面影响

专利发展成为行业标准乃至国家标准是专利权人经济理性的必然结果,因为一旦被纳入技术标准,该专利将会得到更为广泛的应用,这同样也是技术发展的必然要求。曾有学者称专利和标准的结合是"公共领域的悲剧"。国家发展需要技术创新,因此必须鼓励各商业实体将其研发或掌握的先进技术

---

[1] 金梦婷:"标准必要专利权人禁令请求权滥用的规制",载《淮北职业技术学院学报》2018年第3期。

[2] 牛爽、刘静微:"从华为诉 IDC 一案看标准必要专利的法律规制",载《中国发明与专利》2014年第12期。

[3] 王晓晔、丁雅琦:"标准必要专利卷入反垄断案件的原因",载《法学杂志》2017年第6期。

予以标准化。[1]技术标准与专利的结合,在提高产品质量与技术革新的同时也容易引发一些市场的不正当竞争行为,其中垄断行为最为突出。

从权利主体层面看,当专利被纳入技术标准之后,专利权人在利益杠杆的作用下,实施限制竞争的市场垄断行为的可能性会变大,甚至会不惜损害公共利益。如前所述,技术标准与社会公共利益密切相关,具有一定的公共属性,而专利权作为一项私权,具有垄断特征。虽然专利权人对专利的私权属性和垄断特征并不会因专利被纳入技术标准而发生改变,但技术标准的强制性与广泛使用将增强专利权人对相关市场的控制能力。[2]相关市场经营主体如果未得到标准必要专利权人的许可,将无法进入相关市场,也就失去了与标准必要专利权人竞争的前提条件。通过这种方式,专利权人不但控制了该专利的授权许可,同时也控制了该标准的授权许可。[3]此外,由于核心技术的缺失,必要专利使用人即使进入相关市场也会面临高昂的成本,在进入市场前必须支付巨额的专利许可使用费,这将大大增加企业的生产成本,从市场初期便削弱企业的市场竞争力。对于掌握了技术标准的标准必要专利权人而言,在标准公共属性的掩饰下,其限制竞争的行为隐蔽性增强,实施滥用标准必要专利的行为也会变得更加容易。

在华为与IDC公司侵权纠纷一案中,由于IDC公司掌握着众多涉及2G、3G以及4G的标准必要专利,如果华为不能得到IDC公司的专利使用许可,那么其将无法使用IDC公司掌握的各项专利技术,更无法进入相关市场,从而将导致IDC公司市场控制能力的加强。IDC公司对华为公司开出的专利许可费用与其对三星开出的专利许可费用相比高出了2倍之多,而与苹果公司相比更是高出了15倍。由此可见,市场优势地位将会给标准必要专利权利人带来更强的竞争力,通过收取过高许可费的方式从而达到限制和削弱其他经营者的市场竞争力的目的。

从市场层面来看,技术标准既具有一定的"锁定效应",同时又具有一定的引导作用。技术标准的制定和实施会使标准必要专利权人能够借助其引导作用迅速抢占市场份额,进而不断扩大市场规模,从而表现出特有的市场竞

---

〔1〕 刘珊:"专利标准化危机及其应对之策——以中国标准专利第一案为例",载《湖南工业大学学报(社会科学版)》2017年第6期。

〔2〕 李丹:"滥用标准必要专利的反垄断法规制",载《价格理论与实践》2015年第10期。

〔3〕 李剑:"论反垄断法对标准必要专利垄断的规制",载《法商研究》2018年第1期。

争优势，形成市场壁垒，阻碍市场的创新发展。可以说，企业掌握了标准必要专利也就等同于掌控了相关市场的"游戏规则"，对技术标准的掌控也就意味着对市场的垄断，可以控制相关市场的进出和利润分配。

从国家层面上来看，标准必要专利易于导致国家间贸易技术壁垒的形成。作为一种新的非关税贸易壁垒，技术壁垒在日益激烈的国际贸易竞争中越来越重要，甚至已经发展成为发达国家进行贸易保护的主要工具和主要手段。在现今的国际知识产权领域中，发展中国家的技术水平相对落后，大部分技术标准的制定权仍被掌握在发达国家手中，因此发达国家常常利用其掌握的技术优势与经济优势构建起更为坚固的国际贸易技术壁垒。若发展中国家无法达到技术要求，按技术标准的规定，便无法进入相关发达国家的市场，这将会导致发达国家的市场独占。而发展中国家为了达到该技术标准则要增加生产成本，甚至付出较高的专利许可使用费用，这将形成恶性循环，导致其难有与发达国家产品等同的竞争力，对国际贸易乃至全球市场经济的发展造成严重影响。

三、标准必要专利滥用的具体表现

（一）标准必要专利权人滥用

如前所述，当某一项专利被纳入技术标准后，专利权的私权属性和垄断特征并不会随之发生改变，专利权人仍具有滥用权利限制竞争、追逐利益的冲动，增加对专利权的滥用。[1]标准必要专利权人对标准必要专利的滥用主要表现在实体与程序两方面。

1. 专利丛林与专业劫持

专利丛林与专业劫持是标准必要专利滥用行为在实体方面的主要表现。专业丛林主要指技术标准制定过程中的一种滥用，在技术标准制定过程中，参与标准制定的机构成员可能故意隐瞒某项专利被纳入技术标准的事实，从而导致该专利技术的使用人被纳入侵权人的范畴。在标准制定过程中，标准必要专利权人只要通过以下方式来实现对对方市场竞争力的削弱，就可被认定为是权利人的滥用：对已被纳入技术标准的专利故意保持沉默或隐瞒、散

---

[1] 吴太轩："技术标准化中的专利权滥用及其反垄断法规制"，载《法学论坛》2013年第1期。

布不存在专利的虚假消息或者违反 FRAND 承诺。[1]FRAND 承诺具有双重法律后果：一是权利人与实施者基于双方的善意谈判，实施者有权获得使用许可，权利人可以基于该许可获得合理的许可费用；二是若权利人拒绝以 FRAND 承诺为条件对标准实施人进行许可，其基于此提起的禁令救济及高出的许可费用可能不会被法院支持，甚至还可能承担滥用市场支配地位的不利法律后果。[2]基于经济杠杆作用，在专利被纳入技术标准之后，权利人可能会以高价威慑使其在谈判中取得更高的专利许可费用或优惠条款，如果标准实施人拒绝，权利人便会利用禁令救济迫使实施者接受不公平的条件，进而削弱专利使用者的市场竞争力，也就是所谓的专利劫持。[3]专利持有人借助标准所带来的巨大谈判力挟持标准实施人的行为会导致专利许可费被不合理地提高，一定层面上对公共利益也会造成损害。[4]专利丛林与专利劫持将对市场技术创新、市场整体消费环境及竞争环境造成损害。

2. 禁令救济的滥用

标准必要专利权人在程序上实施的滥用行为以禁令救济最为常见。"禁令"是一个国际通用概念，我国目前的法律文本还没有正式提及，但我国专利法与侵权责任法中存在与其相对应的概念，并且具有与其相近似的功能，即"责令停止侵权行为"。[5]禁令本质上是一种停止侵权的制度，作为一种预防性的救济方式，禁令是专利权排他性的一种表现，司法实践一般将其分为"临时禁令"和"永久禁令"，向法院寻求禁令救济通常是专利权人在专利侵权案件中的一种合法救济，也是专利法为了保护专利权人利益而赋予的核心的救济手段，要求标准必要专利使用人为或不为某一特定行为。[6]诚然，在司法实践中，诉诸禁令已经变成标准必要专利许可谈判中强迫专利

---

[1] FRAND 承诺是指专利权人基于使其专利转化为标准必要专利的目的，按照标准化组织的知识产权政策要求，直接或间接面向所有以及潜在的标准实施者作出的一种公平、合理、无歧视的真实意思表示。

[2] 李扬："FRAND 承诺的法律性质及其法律效果"，载《知识产权》2018 年第 11 期。

[3] 翟业虎："论标准必要专利的滥用及其法律规制"，载《东南大学学报（哲学社会科学版）》2017 年第 4 期。

[4] 陈永伟："FRAND 原则下许可费的含义及其计算：一个经济学角度的综述"，载《知识产权》2017 年第 7 期。

[5] 车红蕾："交易成本视角下标准必要专利禁令救济滥用的司法规制"，载《知识产权》2018 年第 1 期。

[6] 马兰、冯宪芬："标准必要专利滥用的反垄断规制"，载《中国发明与专利》2017 年第 6 期。

使用者接受其不合理许可费的方式和手段。美国学者马克·A. 莱姆利（Mark A. Lemely）和卡尔·夏皮罗（Carl Shapiro）曾认为："禁令救济极大地提高了专利权人的谈判能力，从而导致专利许可费率超过了正常的基准。"[1]

我国现行《专利法》以及民事基本法对向专利权人签发禁令的条件以及如何适用禁令救济并未作出明确规定，而是往往由法院基于个案进行自由裁量。因我国承袭大陆法系，司法实践中法院大多加大了对权利人的保护力度，只要认定知识产权侵权的事实成立，很少有不适用或者限制性适用禁令救济的判决。[2]在标准必要专利中，基于标准给权利人带来了更为明显的锁定效应，禁令救济也渐渐成为权利人对实施人进行专利劫持的一种手段，通过禁令救济起到限制市场竞争的效果。[3]因此，对于标准必要专利权人请求禁令的主张应当予以严格审查并予以合理限制。

（二）使用人滥用的具体表现

1. 反专利劫持

反专利劫持又被称为 FRAND 劫持，指标准必要专利使用人故意拖延与专利权人之间有关 FRAND 使用费的诚信谈判。反专利劫持会耗费标准必要专利权人大量的人力和物力资源，甚至导致权利人寻求司法途径予以解决也只能获得 FRAND 规定范围内的专利使用费，这将导致标准必要专利权人的利益受损。而一些专利权人基于其自身利益考量，会选择放弃加入标准必要专利的行列，这将阻碍科技创新与科学发展，同时也会对广大消费者的利益和整个经济的持续稳定发展造成极大冲击。

2. 诉请标准专利无效

诉请标准必要专利无效是专利侵权纠纷中比较犀利的一种抗辩方式。但有学者认为，即使这种方式将会导致个别专利被法院认定为无效，也并不一定会对标准必要专利的使用费的数额造成影响，因为单个专利在众多的专利群或专利池中的影响是微乎其微的。[4]但我们不能否认，诉请标准必要

---

〔1〕 转引自吴太轩："标准必要专利权人滥用禁令请求权的反垄断法规制"，载《竞争政策研究》2017年第2期。

〔2〕 袁波："标准必要专利禁令救济立法之反思与完善"，载《上海财经大学学报》2018年第3期。

〔3〕 周蒨文、邓钰玮："论'专利劫持'的法律属性及其司法救济"，载《科技管理研究》2018第8期。

〔4〕 翟业虎："论标准必要专利的滥用及其法律规制"，载《东南大学学报（哲学社会科学版）》2017年第4期。

无效确实常常成为标准必要专利使用人的一种权利滥用手段。

四、现状及完善建议

近年来,随着自主创新能力的提升,中国通讯领域的自主创新品牌(如华为)正迅速崛起,并在标准必要专利市场中占有一席之地,也逐渐在国际标准必要专利市场上掌握了一定的话语权。但总体来说,相较于技术水平较高的国家而言,目前掌握的标准必要专利数量较少,质量也有待进一步提升,在多数情况下,我们还是以标准必要专利使用人的角色出现在国际化市场竞争中。因此,对中国标准必要专利立法现状进行必要的梳理和分析,并对相关法律法规加以完善,将有利于推动中国标准必要专利的进一步发展与完善。

(一) 现状

1. 立法规定趋于原则

纵观现行法律规范,基本法对标准必要专利的规定呈现缺失状态,还存在大量立法空白。《专利法》未对标准必要专利作出明确性的规定,其中的许可实施、强制许可以及专利侵权诉前临时禁令的规定都是针对专利作出的,并非针对标准必要专利。同时,存在原则性立法过多、可操作性差等不足。例如,对标准必要专利的禁令措施、申请禁令救济的条件以及范围等具体情况并未作出明确的规定。[1]标准必要专利许可使用涉及许多合同行为,但合同法中也同样缺少对标准必要专利的规定。我国《最高人民法院关于审理侵犯专利权纠纷案件应用法律若干问题的解释(二)》第24条对标准必要专利实施许可作出了进一步的规定,但也趋向于原则性规定,缺乏标准必要专利实施许可的具体情形等细致规定。这些法律空白和法律漏洞的存在,不利于我国自主创新能力的提升。

2. FRAND原则不能有效规制垄断行为

目前,在司法实践中,除了上文所阐述的滥用行为大量存在之外,还存在FRAND原则无法实现有效规制垄断行为的现实困境。FRAND原则已经被作为标准必要专利许可中双方必须遵守的原则,并且立法也在不断对其相关规定予以细化,例如《国务院关于滥用知识产权反垄断指南(征求意见稿)》第14条以及《最高人民法院关于审理侵犯专利权纠纷案件应用法律若

---

[1] 高静:"标准必要专利滥用法律规制研究",广西民族大学2018年硕士学位论文。

干问题的解（二）》第 24 条第 3 款的规定。首先，我们不难发现这些规则在明确性、妥适性、协调性以及条文表述的精确性方面均还有所欠缺，同时也缺乏现实可操作性，所以 FRAND 原则的相关规定总体而言还是比较空泛的。其次，公平、合理、无歧视缺乏明确性与统一性，含义模糊，在实践中往往难以对其作出准确界定。这就导致了 FRAND 原则在司法实践中往往会成为没有实际法律约束效力的"空洞的承诺"。[1] 此外，FRAND 原则往往是权利人与使用人通过商业谈判的方式达成许可合意，但在许可费纠纷已经产生的情况下，很难具体依据 FRAND 许可原则达成合意。FRAND 原则在司法实践中并没有充分发挥其在理论设计层面所具有的价值与作用，更无法实现对滥用标准必要专利导致的市场垄断行为的有效规制。

（二）完善建议

1. 完善相关立法

域外发达国家和地区针对标准必要专利的法律规范体系较为完备。美国主要通过《克莱顿法》《谢尔曼法》和《联邦贸易委员会法案》三部法案以及由指导性案例组成的《知识产权许可的反托拉斯指南》对知识产权滥用问题予以规制；欧盟反垄断豁免领域主要以《技术转让集体豁免条例》为基础，解释性文件《有关技术转移协议适用欧盟条约第 81 条指南》增强了条例的现实可操作性。[2] 我国关于标准必要专利存在立法上的重大空白，完善立法是解决我国目前"基本法缺失，司法解释救急，政策性法规补充"的首要举措。我国可以借鉴国外立法经验，在专利法修改时加入相关标准必要专利的规定，并在司法解释中不断予以细化完善，形成法律联动机制。

将标准组织的职能与责任在相关法律制度中加以明确规定十分重要，例如对许可费率的披露。其次，强制许可制度在知识产权的许多领域都发挥了一定的积极作用，然而我国在标准必要专利权滥用问题上却并没有规定强制许可制度，这可以说是我国的一项立法不足。我国立法在对标准必要专利权的许可问题上可以采取协议许可、FRAND 许可以及强制许可三种许可方式并行方法。诚然，协议许可应该作为首要的同时也是最优的一种许可方式，但

---

[1] 袁方园：'标准必要专利垄断行为法律规制研究——以华为诉 IDC 案为例'，广西大学 2018 年硕士学位论文。

[2] 李奈：'标准必要专利权滥用及其法律规制——以通讯领域为视角'，外交学院 2018 年硕士学位论文。

在面临当双方无法达成协议而实施行为已经发生能否寻求禁令救济这一问题时,借助强制许可制度可以在一定程度上破解这一难题。此外,加强对标准制定程序的监管及信息披露制度同样至关重要,其能够为标准必要专利保护以及其滥用行为的规制提供有效的信息参考和信息储备。与此同时,也应该对禁令措施、申请禁令救济的条件以及范围等具体情况进行明确规定,从而最大限度地缩小法律滞后性对创新发展的阻碍作用。

2. 有关合同法律对FRAND原则予以一定干预

FRAND原则的目的之一是防止权利人滥用市场支配地位而实施损害竞争秩序的垄断行为,但标准必要专利许可的复杂性以及FRAND原则的模糊性使其无法在实践中发挥应有的作用。诚如上文所述,FRAND承诺一般都是当事人通过商业谈判的方式完成的,加强有关合同法律对FRAND承诺的规制具有一定的合理性与可行性。在中国,专利许可合同属于"技术转让合同",当然可以适用合同法的有关规定并将其作为兜底性的规则来加以适用。[1]在不违反反垄断法的情况下,应当充分尊重自愿许可原则,标准必要专利权人基于专利权取得对市场相应的支配力,应当受到法律的保护。诚如一些学者所主张的,标准必要专利作为技术水平和应用价值的体现,借助FRAND承诺或者司法审判剥夺权利人的许可权并不合适,尤其是在专利许可授权阶段,应以偏向权利人为宜。[2]而将有关合同法律作为兜底性规则加以适用,对克制FRAND劫持也具有一定的积极作用。

3. 有条件地适用禁令救济

在FRAND承诺下,有关禁令救济适用问题学术界存在不同观点。第一种观点认为,权利人在作出FRAND承诺时,就代表其对禁令救济权利的放弃,许可费的争议只能与实施者谈判解决,不能寻求禁令救济;第二种观点认为权利人做出FRAND承诺,并不表示其放弃了禁令救济,应与普通专利同等适用禁令救济;第三种为折中的观点认为应该有条件地予以适用,在专利实施者"非善意"的情形下,权利人即使作出FRAND承诺,也可寻求禁令救济,但"非善意"的具体判断标准需要根据个案情况进行具体把握。

---

[1] 王配配:"标准必要专利许可FRAND原则的法律地位分析",载《生产力研究》2016年第2期。

[2] 曹晨旸:"反垄断法视域下标准必要专利的禁令救济",载《新西部》2018年第15期。

从各国的司法实践来看，对双方当事人主观"善意"以及"非善意"的考量已成为大体趋势。例如，美国坚持在侵权人"非善意"的情况下给予禁令救济的基本立场；日本法院的基本立场为 SEP 权利人在提请禁令救济时，须以"善意"的谈判理念为前提，否则将不予颁发禁令。综合衡量三种观点，折中说对于平衡双方利益，促成谈判等更为有利，更有利于标准的实施与应用。禁令救济的最终目的并不是权利救济，而是平衡标准必要专利许可谈判双方的利益和力量。

结　语

随着高新技术的快速发展以及自主创新等能力的提升，国际贸易竞争越发激烈，行业标准的制定与专利保护的结合也变得越来越普遍。标准必要专利作为技术标准与专利结合的产物，在推动技术创新、增进社会福利等方面往往具有重要的作用与意义。但由于技术标准本身的复杂性以及标准必要专利的锁定效应，专利一旦成为广泛应用的标准必要专利，便存在被滥用的可能，从而限制市场竞争，阻碍经济发展与技术革新。随着中国自主创新能力的不断提高以及创新品牌的崛起，中国逐渐拥有了一定的在标准必要专利领域的话语权，但较之专利技术发达国家还有差距，并且法律的滞后性也在标准必要专利发展的过程中不断凸显。因此，不断完善中国立法，不断加强对标准必要专利滥用行为的法律规制是我国在标准必要专利发展进程中亟待解决的一个问题，也是我国跻身世界专利强国亟待解决的一个问题。

参考文献

（1）金梦婷："标准必要专利权人禁令请求权滥用的规制"，载《淮北职业技术学院学报》2018 年第 3 期。

（2）牛爽、刘静微："从华为诉 IDC 一案看标准必要专利的法律规制"，载《中国发明与专利》2014 年第 12 期。

（3）王晓晔、丁雅琦："标准必要专利卷入反垄断案件的原因"，载《法学杂志》2017 年第 6 期。

（4）刘珊："专利标准化危机及其应对之策——以中国标准专利第一案为例"，载《湖南工业大学学报（社会科学版）》2017 年第 6 期。

（5）李丹："滥用标准必要专利的反垄断法规制"，载《价格理论与实践》2015 年第

10 期。

（6）李剑："论反垄断法对标准必要专利垄断的规制"，载《法商研究》2018 年第 1 期。

（7）吴太轩："技术标准化中的专利权滥用及其反垄断法规制"，载《法学论坛》2013 年第 1 期。

（8）李扬："FRAND 承诺的法律性质及其法律效果"，载《知识产权》2018 年第 11 期。

（9）翟业虎："论标准必要专利的滥用及其法律规制"，载《东南大学学报（哲学社会科学版）》2017 年第 4 期。

（10）陈永伟："FRAND 原则下许可费的含义及其计算：一个经济学角度的综述"，载《知识产权》2017 年第 7 期。

（11）马兰、冯宪芬："标准必要专利滥用的反垄断规制"，载《中国发明与专利》2017 年第 6 期。

（12）吴太轩："标准必要专利权人滥用禁令请求权的反垄断法规制"，载《竞争政策研究》2017 年第 2 期。

（13）车红蕾："交易成本视角下标准必要专利禁令救济滥用的司法规制"，载《知识产权》2018 年第 1 期。

（14）袁波："标准必要专利禁令救济立法之反思与完善"，载《上海财经大学学报》2018 年第 3 期。

（15）周莳文、邓钰玮："论'专利劫持'的法律属性及其司法救济"，载《科技管理研究》2018 年第 8 期。

（16）高静："标准必要专利滥用法律规制研究"，广西民族大学 2018 年硕士学位论文。

（17）袁方园："标准必要专利垄断行为法律规制研究——以华为诉 IDC 案为例"，广西大学 2018 年硕士学位论文。

（18）李奈："标准必要专利权滥用及其法律规制——以通讯领域为视角"，外交学院 2018 年硕士学位论文。

（19）王配配："标准必要专利许可 FRAND 原则的法律地位分析"，载《生产力研究》2016 年第 2 期。

（20）曹晨旸："反垄断法视域下标准必要专利的禁令救济"，载《新西部》2018 年第 5 期。

论"洗稿"行为的法律性质和责任认定
——兼评互联网平台合理注意义务的转变

辜凌云　王恒恒[*]

2018年初，自媒体人"六神磊磊"指称同行"周冲的影像声色"等知名自媒体用户常年存在洗稿现象，而后又出现腾讯公司因质疑"差评"（杭州麻瓜网络）、"洗稿陋习"而撤回投资，由此，社会各界开始广泛关注网络信息资源侵权问题。互联网环境下网络信息资源的获取和利用相较于单纯纸媒复制技术时代的资源利用更加灵活，技术手段更加复杂。2018年7月启动的"剑网2018"专项行动，专门针对网络自媒体侵权，打击通过"洗稿"抄袭剽窃、篡改原作品等多种侵权行为。[1]专项行动对保护原著作权人合法权利与促进社会文化传播的重要作用已不言自明，然而，有效整治自媒体行业的"洗稿"现象，还需结合具体的个案事实和依靠相应的认定标准，以使"洗稿"行为有明确的界定，以免无形地阻碍作品传播和作者创作自由，损害作者的创作积极性。

本文的主要目的在于明晰"洗稿"行为的法律性质，即不宜一概将之认定为剽窃行为，应该针对不同作品作具体分析。同时，厘清"洗稿"和"侵权"的关系、确定"洗稿"为侵权行为时采用的判断标准以及在网络环境下互联网平台针对"洗稿"现象的监管责任等问题。

---

[*] 辜凌云，北京外国语大学法学院2017级知识产权法专业硕士研究生；王恒恒，北京外国语大学法学院2018级知识产权法专业硕士研究生。

[1] 参见何勇："整治'洗稿'乱象认定标准应先行"，载《中国商报》2018年7月19日。

一、"洗稿"行为的法律性质

(一) 辩"洗稿"一词

"洗稿"一词来自新闻界,最初指新闻传媒(特别是新闻网站)通过一系列手段对稿件进行多次编辑或发表在不同渠道,以掩盖其真实来源,避免著作权审查的行为。[1]"洗稿"一词多被解释为将他人作品受保护的内容通过变换文字表述的方式窃为己有,属于作品剽窃的一种形式。[2]或认为是通过将原作品的表达用类似语言重新表达一次,可以规避机器审查,因而成了近期社交网络自媒体不当吸引用户的手段。[3]抑或认为是对他人原创内容进行删改,保留最有价值的部分。究其本质,以上行为都应被认定为是一种高级抄袭行为。[4]但是,就目前而言,笔者认为"洗稿"并非是明确的法律概念,只是对目前一种长期存在的社会行为的一般性描述,其具体行为性质也应该根据具体作品内容予以认定,不能径行认定为侵权行为,而应该采取"个案认定"的原则对具体案件具体行为的具体性质予以认定。

鉴于目前学界没有对"洗稿"行为作出明确的定义,本文在论述该问题时将以该词发源处(即新闻界)对"洗稿"的定义作为论述基础。

(二) 洗稿行为性质辨析

认定洗稿行为形成的作品是否属于侵权作品,需要具体结合作品的各个创作构成要素。[5]并且,我国著作权法上没有抄袭的表述只有剽窃的概念,因此抄袭将被认定为剽窃行为。

"洗稿"的文章被认定为剽窃与一般文字作品被认定为剽窃的标准一致,即是否对原作品的原创性表达进行利用,当然这也需要结合"洗稿"作品独

---

[1] 张文德、叶娜芬:"网络信息资源著作权侵权风险分析——以微信公众平台自媒体'洗稿'事件为例",载《数字图书馆论坛》2017年第2期。

[2] 宋戈:"图书洗稿内容的相似性认定",载《出版广角》2018年第6期。

[3] 窦新颖:"自媒体人六神磊磊与周冲因'洗稿'激辩——自媒体'洗稿'能否洗掉侵权之嫌?",载《中国知识产权报》2018年2月9日。

[4] 参见汪玖平:"洗稿行为算侵权吗?",载《中国新闻出版广电报》2018年3月7日;王志锋:"向'洗稿式原创'说不",载《人民日报》2017年6月16日。

[5] 一般文字作品的主要创作构成要素包括文章的主题思想、框架布局、段落要点和具体段落句式表达。

创性的高低予以判断。如果是对原作品思想创意、事实等要素进行复制利用，根据"思想表达二分法"则不具有著作权法意义上的可责性；如果是对原作品构成要素中的段落编排、具体段落句式表达进行直接复制，则侵犯原作者的署名权和复制权；如果新作品在保持原作品基本表达的基础上有所创新，对原作品在形式上做了改动，增加了符合独创性的新表达（如对作品进行改编），则其形成的作品可以被认定为演绎作品。[1]当然，对原作品的改编如不属于合理使用范畴且未指明出处或获得许可支付报酬等情形，仍然有可能被认定为侵权。如"洗稿"作品未征得原作品著作权人的许可，则有可能构成非法演绎或非法汇编；如果洗稿的新作品对原作品的编排、句式表达的使用并非单纯再现原作品，而是通过增加新的独创性内容即达到了"转换性使用"的高度，[2]则该作品完全有可能落入合理使用的范畴。当然，超出了《著作权法》规定的合理使用法定的尺度或范围，则构成侵权，但并不一定是剽窃。最后，如果"洗稿"作品对原作品改变力度非常大，集合了知识共享的认知盈余，或者单纯对思想创意进行利用，达到了独立创作的高度，则完全有可能成为借鉴思想创意的新作品。

因此，对于"洗稿"行为的性质是否构成抄袭剽窃，应该根据具体作品内容对原作品原创性表达的利用程度，结合"洗稿"作品独创性的高低、可获得作品保护的强度综合进行判断。

二、"洗稿"行为被认定为侵权的标准

（一）思想表达的二分

思想和表达二分，是著作权法对作品保护的逻辑起点。因此，在判定"洗稿"作品是否构成侵权时，需要对作品的思想和表达进行剥离。当然，思想和表达的界限是模糊的，美国汉德法官在"Nichols案"中创设的抽象测试法在解构主义的原则下确定著作权法保护的作品和思想的范围。[3]即就任何有情节的作品，会随着必要情节被剥离，出现抽象的模式，直至可能剥离到只剩下作品主旨表达的一般模式。实务界对于思想表达界限认定之所以一直处

---

[1] 吴汉东主编：《知识产权法》（第5版），法律出版社2014年版，第67页。
[2] 王迁：《知识产权法教程》（第5版），中国人民大学出版社2016年版，第221页。
[3] See Nichols v. Universal Picture Corp. 45F. 2d 119（2d Cir. 1930），p. 12.

于模糊状态，原因在于法官个体对其临界点的把握各有不同，特别是思想和表达的混同可能性较高时，该作品很难成为著作权法意义上的作品，将得不到著作权法的保护。对于一部作品中思想和表达的划分，表面是对受保护内容划定具体的范围，实际上是对作品进入流通领域后防御他人侵权的边界进行具体界定，司法审判中对思想表达的划分则直接表现为双方当事人的利益衡量。质言之，对作品思想的借鉴和对表达的利用产生的法律后果截然不同。"洗稿"行为是否构成侵权由于需要根据具体情况予以判定，因此思想和表达的二分就成为其判定属于侵权行为与否的基础和关键。

(二) 接触+实质性相似

对侵权行为的认定，应遵循长久以来国际上公认的公式："接触+实质性相似"。[1]对于尚未发表的作品，接触需要考虑侵权作品作者或其他主体与在先作品作者之间是否存在联系以及是否存在接触作品的可能性。对于已经发表的作品，尤其是在互联网环境下，接触的判定已较纸媒时代更为容易，只要著作权人能证明作品先于侵权作品在网络上发表，且彼此作品在有关联或相关相似的互联网平台上发表，便可以基本满足接触的条件。[2]因此，判定侵权的重点问题则落在了认定实质性相似上。

从美国的司法实践来看，实质性相似认定遵循的是"复制–不当挪用"，[3]我国理论界将其概括为抽象观察法与整体观察法。[4]对于构成作品要素比较简单的"洗稿"作品，适用整体观察法，即从整体的概念和感觉出发，将作品的构成要素视为一个整体进行判断，识别是否构成实质性相似。对于作品要素构成繁多且复杂的作品而言，适用抽象观察法，将要素抽象、分离之后进行比对。通常认为，在"实质性相似"的分析中，应该以"抽象观察法"为主，以"整体观察法"为辅，即仅在前者无法适用或适用结果明显不合理的情况下才能适用后者。在我国的"琼瑶诉于正案"[5]中，法院对于作品侵权与否的认定即采用了抽象与整体观察相结合的方法，此方法亦可适用到

---

[1] 王迁：《知识产权法教程》（第5版），中国人民大学出版社2016年版，第38页。
[2] 邱治淼："判断洗稿构成侵权有几个标准？"，载《中国新闻出版广电报》2018年8月2日。
[3] 美国司法实践中将复制的认定采取抽象的解构主义，即将文章进行剖析剥离，而复制上升为不当挪用则采取对数量与实质性的整体主义。
[4] 吴汉东："试论'实质性相似+接触'的侵权认定规则"，载《法学》2015年第8期。
[5] 北京市高级人民法院［2015］高民终字第1039号民事判决书。

"洗稿"作品上，将作品人物关系、情节抽象剥离，并作清单列举进行对比，最后再整体考察作品相似程度。

同时，对于场景原则中根据一些必要的历史事实、人类经验、观众期待，在表达某一主题时必要描述的场景、安排、设计等因素，由于其属于必要场景，因此不具有独创性，不能受著作权法保护，在认定"洗稿"作品侵权时应该被相应排除。但是，如果作品中的特定场景影响到了主人公形象塑造、主要故事情节发展，则无法被纳入排除领域，自然会落入著作权法保护的范围。另外，对于"洗稿"的比例和数量要求，笔者认为不存在一个绝对的标准。在"洗稿"作品相似性认定中，疑似剽窃的作品往往与原作品存在相同或类似的事件和题材，因此在剥离排除相关特别表达、必要场景后，作品相似度会极高，甚至只剩下一般性表述或者只有标题存在差别。此时，即便不是由"洗稿"产生的作品在排除此类表述后依然会大概率出现一般性表述和主题思想相似的情形。所以，此时对于"洗稿"内容比例、数量与实质性的要求应该继续采用"表达认定为主，整体观察为辅"的方法，避免著作权保护延及思想领域。

（三）规则总结

对于判定规则的总结，原国家版权局在 1999 年《给青岛市版权局的答复》（以下简称为《答复》）中提出抄袭侵权同样应具备行为、后果、因果关系以及行为人的主观故意四要素的观点。从抄袭的形式来看，其可被划分为低级抄袭和高级抄袭。[1]对于高级抄袭是否可以被认定为"洗稿"，《答复》并没有给出明确的答案。

北京市高级人民法院（以下简称"北高院"）于 2018 年发布了《侵害著作权案件审理指南》，其第十章针对侵害影视作品著作权认定确立了实质性

---

〔1〕 低级抄袭是指原封不动或者基本原封不动地复制他人作品的行为，高级抄袭是指经改头换面后将他人受著作权保护的独创成分窃为己有的行为。低级抄袭比较容易认定，高级抄袭需经过认真辨别，甚至需经过专家鉴定。在著作权执法方面常遇到的高级抄袭有：改变作品的类型，将他人创作的作品当作自己独立创作的作品；不改变作品的类型，改变作品的具体表现形式，将他人创作的作品当作自己独立创作的作品。参见"国家版权局管理司关于如何认定抄袭行为给青岛市版权局的答复"，载 http://www.yscmlaw.com/hyzx/content.asp? lb_ id=2042. 最后访问时间：2019 年 1 月 6 日。

相似的认定规则。[1]就目前出现的"洗稿"行为的类型来看,其主要聚焦于文字作品,当然亦不排除此类行为日后极有可能扩展至戏剧作品(如以剧本形式体现的戏剧作品)。因此,对于文字作品的"洗稿"侵权行为,是否可以类推适用北高院关于认定影视作品侵权中实质性相似的标准,笔者认为,北高院提出实质性相似的认定标准时所罗列的七项考虑要素均是以剧本文字为基础进行的制度构架,台词、旁白、人物关系、具体情节甚至语法表达都是以书面的剧本文字作为表演者表达的工具的,导演对剧本的改编和重新设计,对场景的安排也均是基于已经通过文字表达固定下来的作品所展开的。所列举的考察元素是针对影视作品实际表达中出现的要素制定的,当然地具有特殊性。因而在针对文字作品侵权运用实质性相似一般标准进行抽象归纳时,仅可借鉴参考该规则的考察视角,不能直接以此为依据认定"洗稿"行为所呈现的内容构成实质性相似且具有著作权法意义上的可责难性。

"洗稿"行为以其自身独特的不易识别性进入公众视角,因此在认定"洗稿"行为构成侵权的问题上亦须充分考虑其独特之处。再加上"洗稿"侵权是否成立在很大程度上取决于读者的测试标准和法官的自由裁量,人为主观性判断增加。[2]因此,笔者认为,判断"洗稿"行为是否侵权与判断文字作品侵权的方式大致相同,不同之处仍在学界常年讨论的难点——实质性相似的认定——上。要解决"洗稿"行为是否构成侵权问题,我们应首先将"洗稿"文中的思想和表达划分开。由于"洗稿"行为技术性偏强,划分时应采用抽象观察和整体观察相结合的方式,过滤不受著作权法保护的思想的成分,对表达进行分类后再进行对比,将表达划分为文字的表达和内容的表达,如果文字的表达与在先作品内容构成实质性相似则属于当然侵权的部分,应定

---

[1] 判断影视作品是否构成实质性相似,一般考虑如下因素:①台词、旁白等是否相似;②人物设置、人物关系是否相似;③具体情节的逻辑编排是否相似;④是否存在相同的语法表达、逻辑关系、历史史实等错误;⑤特殊的细节设计是否相同;⑥两作品相似的表达是否属于原告主张权利作品的核心内容;⑦其他因素。当然,选择某一类主题进行创作时,不可避免地采用某些事件、人物、布局、场景,这种表现特定主题不可或缺的表达不受著作权法保护。在作品对比方面,应当着重查明被诉侵权作品是否使用了在先作品在描述相关历史时的独创性表达。参见"北京市高级人民法院侵害著作权案件审理指南",载 http://www.prccopyright.org.cn/staticnews/2018-07-11/180711155731166/1.html.,最后访问时间:2019年1月5日。

[2] 参见范海潮、顾理平:"自媒体平台'洗稿'行为的法律困境与版权保护",载《出版发行研究》2018年第11期。

为侵权行为。而内容的表达则需考察该内容所构成的元素,即文字表述、情节编排等,如果该元素属于思想的范畴或该元素属于必要场景,则应当排除出表达的范畴,不受著作权法保护;如果该元素与构成在先作品内容的元素比较构成实质性相似,则该"洗稿"行为形成的作品构成侵权。

三、"洗稿"涉嫌侵权的责任承担

"洗稿"作品如果被认定为剽窃或非法汇编、非法演绎,则在该作品上署名的作者应当承担侵权责任,其属于著作权直接侵权的范畴。同时,"洗稿"如果被认定为侵权行为同样会涉及商业欺诈、非法经营,达到一定程度时甚至会构成不正当竞争,因此该行为也同样受到民法、反不正当竞争法等法律的规制。亦即,如果"洗稿"作品涉及侵权,在作品署名的主体如果为自然人(多为自媒体运营者),其当然应该承担相应的侵权责任,如果署名的主体是为营销而购买洗稿文件的公司,则不管该文章是否由该公司完成,都应该由其承担相应的侵权责任。同时,我国《侵权责任法》第9条规定了教唆、帮助侵权的连带责任。我国《著作权法》虽然没有对"间接侵权"作出规定,但是《侵权责任法》规则当然适用于《著作权法》。

互联网和信息传媒技术的发展,培育了"洗稿"行为的土壤,导致网络上出现了诸多"洗稿"软件。那么,如果利用"洗稿"软件进行创作的内容构成侵权,软件开发者、网络服务提供平台是否需要承担侵权责任呢?虽然目前我国还没有出现相关案件的判决,但笔者认为,在未能确定是否是"洗稿"软件生成的内容之前,对侵权作品承担责任的主体依然是在该作品上署名的作者。如能确定是"洗稿"软件生成的内容构成侵权,那么"洗稿"软件公司应该与行为人承担连带责任。同时,对于刊登"洗稿"作品的网站,在通常情况下,平台作为网络服务提供者,仅在存在过错时应当承担相应的责任,特别是在文章被"洗稿"的前提下,网络服务提供者对其内容的审查难度加大,很难以技术或者人力的手段发现。但是如果能够证明相关网站与"洗稿"作品的作者存在关系,证明其主观存在故意,如在发现侵权行为通知网络平台撤稿而无正当理由不采取相应措施的,则应当承担共同侵权责任,特殊情况下适用"通知—删除"规则免责。在此情况下,建议相关网络平台建立有效的通知删除和举报处理机制,并对被屡次举报实施"洗稿"行为并可查证的自媒体或个人进行封号处理。[1]因此，从我国法律对网络服务提供平台的责任规制来看，建立和加强初步审核与跟踪反馈机制成了网络平台免责的重中之重。

针对"洗稿"行为如果构成侵权，我国《反不正当竞争法》是否应该予以回应并适用的问题，笔者认为，对于《反不正当竞争法》第2条是否能适用于"洗稿"的侵权规制问题，我们应该持审慎观点，不宜一律向《反不正当竞争法》第2条逃逸。[2]对于《反不正当竞争法》与知识产权法的关系，笔者认为，诸如《著作权法》《商标法》《专利法》等保护知识产权法律本质上均属于竞争法范畴，其规制的都是市场竞争中与相关客体进行交易的行为。从维护市场公平竞争的层面对《反不正当竞争法》和知识产权法的关系进行理解，就能破除目前学界基于行为规制抑或权利创设理论推演出二者关系的矛盾。质言之，在竞争法领域，知识产权各部门法属于特别法。《反不正当竞争法》属于规制不正当竞争行为的一般法，按照"特别法优于一般法"的基本原则，对知识产权法中有特别规定的行为应当适用知识产权法中的相关规定，对没有特别规定的行为应当适用《反不正当竞争法》的规定。

如无《反不正当竞争法》规定的具体损害竞争情形，不宜立即适用一般条款予以救济，即《著作权法》不予以保护的行为，不能一律归入《反不正当竞争法》第2条运用诚实信用和基本的商业道德进行管辖。否则，可能会极大影响市场主体对自身行为是否存在违法性的判断，干扰市场正常调节秩序。因此，在面对"洗稿"行为无法被《著作权法》评价时，也要审慎对待适用《反不正当竞争法》一般条款，即可以寻求《反不正当竞争法》对具体行为的规制，而非立即适用《反不正当竞争法》第2条。

四、网络平台合理注意义务的转变

如前所述，在互联网环境下，对于刊登"洗稿"作品的网站，通常情况下如果能证明相关网站和侵权行为人存在关系且主观上存在故意，则需要承担侵权责任。但是，作品一旦进入互联网系统，其传播速度和范围就会成指

---

[1] 管育英、曹丽萍、王军："'洗稿'乱象，如何治理？"，载《中国版权》2018年第5期。

[2] 有观点认为，在"一般条款"与"具体事例"关系上，现行的《反不正当竞争法》没有提供在具体事例之外适用"一般条款"的空间，即不存在单独适用"一般条款"的可能性。参见李明德："反不正当竞争法应还知识产权法本色"，载《经济参考报》2017年9月12日。

数爆炸式扩大。我国《侵权责任法》规定了网络服务提供商的侵权责任，于2019年1月1日开始施行的《电子商务法》第41条至第44条规定了"通知—删除—复通知—恢复"规则。但是，网站承担侵权责任或适用"通知—删除"规则均属于事后救济。平台是否有义务对上传至互联网的内容进行审查，减少甚至阻碍侵权内容上传以达到保护著作权人合法利益的目的，何时进行审查，这样的审查是否会违反技术中立原则，内容审查应到何种程度，审查行为和审查结果是否具有正当性和合理性等问题都亟待解决。

作为服务提供者，自媒体公众平台有责任、有义务保护原创作者的著作权不受他人侵犯。[1]《电子商务法》也规定平台对此应当采取相关措施。[2]这些内容都将主动判断施加给网络服务提供平台作为必要义务，在认定"知道或者应当知道"情形时，可以借鉴"淘宝网商标侵权纠纷案"的裁判思维。[3]国内立法和相关案例也在不断地针对互联网平台注意义务做出改变。互联网平台合理注意义务的转变并非仅仅发生在中国最新的立法、修法中，世界各国均在互联网领域的立法中加大了互联网平台对上传内容的审查力度。欧盟《数字化单一市场版权指令》第13条规定了网络信息提供服务平台对上传内容的"过滤"义务，即平台需要采取有效且适当的措施（如有效的内容识别技术），对用户上传内容进行过滤，阻止用户上传侵犯他人著作权的内容。一旦成功上传的内容造成侵权，平台也需要承担侵权责任。同时，澳大利亚议会在于2018年11月底批准的《版权法修正案》中加入了盗版网站拦截条款。澳大利亚原有版权法修正案（即《2015年版权法修正案》）要求网络平台阻止用户访问在禁令中列明的网站，版权权利人可以通过法庭禁令要求海外网络服务提供商断开侵权网站链接，但是盗版网站仍然可以迅速恢复

---

[1] 任渝婉："自媒体'洗稿'的治理难题及其多元破解"，载《出版发行研究》2018年第11期。

[2] 如《电子商务法》第45条规定，网络服务提供平台在知道或者应当知道的前提下，应当采取删除屏蔽等必要措施，否则承担连带责任。

[3] 该案通过注意义务、品牌知名度、是否采取合理措施等要素，确定了网络交易平台服务提供者承担帮助侵权责任的过错判断标准"淘宝网商标侵权纠纷案"确定的网络交易平台服务提供者承担帮助侵权责任的过错判断标准：网络服务提供者对于网络用户的侵权行为一般不具有预见和避免的能力，并不因为网络用户的侵权行为而当然需承担侵权赔偿责任，但通过注意义务、品牌知名度、是否采取合理措施等考量要素，如果网络服务提供者明知或者应知网络用户利用其所提供的网络服务实施侵权行为，而仍然为侵权行为人提供网络服务或者没有采取适当的避免侵权行为发生的措施，则应当与网络用户承担共同侵权责任。参见上海市第一中级人民法院[2011]沪一中民五（知）终字第40号民事判决书。

并建立镜像网站，进行恢复访问。而《2018年版权法修正案》加入的盗版网站拦截条款则要求网络平台必须处理后续镜像网站和相关代理服务器，不仅允许权利人申请针对侵权网站地址的禁令，还允许权利人申请针对搜索结果中出现的网址的禁令。因此，类似Google之类的网络服务提供者必须采取合理措施以防止提供用户访问侵权地址和相关搜索结果，还必须关注之后出现的镜像网站等后续服务器，以确保其不会再出现在搜索名单中。由此可见，对互联网网络服务提供者合理注意义务的转变已经成为世界范围内各国立法的必然趋势，这样的转变在实质上是对市场和版权保护的积极要求的回应。

结　语

著作权法所要平衡的诸多利益中包含平衡作品保护和社会公众创作自由之间的矛盾，因此也必然会产生介于保护范围与公众利益之间的空白地带。"洗稿"行为确有侵权风险，但其不能被径行认定为剽窃，判断侵权的标准应当适用"接触+实质性相似"，是否真正构成侵权需结合具体案件进行具体分析，要杜绝道德至上绑架法律的感性思维，也要提防基于过量的主观臆断而无视法律规定的过度理性。如果被认定为侵权，在"洗稿"作品上署名的作者应该承担直接侵权责任，提供"洗稿"软件的公司如果满足《侵权责任法》对于间接侵权的要求也需要承担共同侵权责任，网络服务平台在一般情况下承担连带责任，在特殊情况下适用"避风港规则"进行免责。

参考文献

（1）张文德、叶娜芬："网络信息资源著作权侵权风险分析——以微信公众平台自媒体'洗稿'事件为例"，载《数字图书馆论坛》2017年第2期。

（2）宋戈："图书洗稿内容的相似性认定"，载《出版广角》2018年第6期。

（3）窦新颖："自媒体人六神磊磊与周冲因'洗稿'激辩——自媒体'洗稿'能否洗掉侵权之嫌？"，载《中国知识产权报》2018年2月9日。

（4）参见汪玖平："洗稿行为算侵权吗？"，载《中国新闻出版广电报》2018年3月7日。

（5）吴汉东主编：《知识产权法》（第5版），法律出版社2014年版。

（6）王迁：《知识产权法教程》（第5版），中国人民大学出版社2016年版。

（7）Nichols v. Universal Picture Corp. 45F. 2d 119（2d Cir. 1930）.

（8）吴汉东："试论'实质性相似+接触'的侵权认定规则"，载《法学》2015年第8期。

（9）何勇："整治'洗稿'乱象认定标准应先行"，载《中国商报》2018年7月19日。

（10）邱治淼："判断洗稿构成侵权有几个标准？"，载《中国新闻出版广电报》2018年8月2日。

（11）"国家版权局管理司关于如何认定抄袭行为给青岛市版权局的答复"，载http://www.yscmlaw.com/hyzx/content.asp？lb_id=2042.，最后访问时间：2019年1月6日。

（12）"北京市高级人民法院侵害著作权案件审理指南"，载http://www.prccopyright.org.cn/staticnews/2018-07-11/180711155731166/1.html.，最后访问时间：2019年1月5日。

（13）北京市高级人民法院［2015］高民终字第1039号民事判决书。

（14）管育英、曹丽萍、王军："'洗稿'乱象，如何治理？"，载《中国版权》2018年第5期。

（15）李明德："反不正当竞争法应还知识产权法本色"，载《经济参考报》2017年9月12日。

（16）任渝婉："自媒体'洗稿'的治理难题及其多元破解"，载《出版发行研究》2018年第11期。

（17）谚路："互联网不是法外之地 网络治理永远在路上"，载《上海法治报》2018年10月26日。

（18）上海市第一中级人民法院［2011］沪一中民五（知）终字第40号民事判决书。

（19）王志锋："向'洗稿式原创'说不"，载《人民日报》2017年6月16日。

虚拟角色著作权保护研究

张伟杰[*]

一、问题的提出

虚拟角色称为作品中的艺术形象，通常是指在电影、动画等作品中出现的人物、动物或者机器人等，也包括用语言变现的作品的虚拟形象。[1]虚拟角色一般而言是文学创作的一部分，但在作品进一步传播的过程中，一个经典角色会因为具有独特的个性、外貌、表情、动作、语言等元素而深入人心，甚至可能比塑造该角色的作品具有更持久的生命力。比如，我们可能对《三毛流浪记》中的大部分情节都已经印象模糊，但对那个身世凄凉、受尽欺辱穷得只剩下三根头发的男孩却印象深刻。因此，虚拟角色完全可能脱离其最初出现的作品，获得独立的生命，[2]这就是角色的力量。

虚拟角色完全可以独立于作品存在而具有利用价值。在现实情况下，对虚拟角色单独进行利用的情况主要有两种形式：

一种是对虚拟角色进行商业性使用，将虚拟角色的名称或图像用在商品外包装上，如将米老鼠、唐老鸭、白雪公主等经典卡通形象印制在手表、T恤衫上或者制成毛绒玩具。在《哪吒之魔童降世》热播后，其周边[3]大卖

---

[*] 北方工业大学2017届法律专业硕士研究生。

[1] 转引自吴汉东等：《西方诸国著作权制度研究》，中国政法大学出版社1998年版，第54页。

[2] 转引自姜稚鸣："虚构角色法律保护问题研究"，西南政法大学2006年硕士学位论文。

[3] 国内习惯用周边产品来定义动漫相关产品；国外将此类商品统称为HOBBY（业余爱好），有硬周边和软周边之分。硬周边指扭蛋、挂卡、模型、手办这样没有多少实用价值纯观赏收藏的产品；软周边指用某个动漫形象生产的具有一定实用性的如文具、服饰、钥匙扣、手机链等商品。

充分体现出了消费者对角色的喜爱。

另一种则是文学创作领域对虚拟角色进行再利用，将原作品中的虚拟角色放入自己独创的情节、环境、场景中，讲述一个与原作品完全不同的新故事，如江南的作品《此间少年》使用了"郭靖""黄蓉""杨康""穆念慈"等来自金庸武侠小说的角色姓名和部分人物特征、人物关系，[1]但讲述的却是现代社会大学学生的校园生活。由于虚拟角色蕴含着巨大的商业价值和文学价值，使用了知名角色的新作品或者标有知名角色形象的商品就能凭借这些角色的亲和力吸引更多的消费者，提升产品形象，提高竞争力。但因此虚拟角色的利用者和创作者之间便可能发生冲突，引发大量的纠纷。如童话大王郑渊洁笔下的卡通形象皮皮鲁被他人抢注商标而开设实体店；再如，在"完美世界诉武侠Q传案"中，[2]原告起诉称其拥有金庸授权的《射雕英雄传》《倚天屠龙记》《神雕侠侣》《笑傲江湖》四部小说的移动终端游戏软件改编权，以及改编后游戏软件的商业开发权，而被告在开发、运营的游戏《武侠Q传》中大量使用涉案作品的独创性表达，被诉构成侵犯改编权和不正当竞争，遂要求被告停止侵权行为并赔偿经济损失。

以上两种利用方式说明角色具有脱离原作品的独立性，观众或读者可凭借自己在思维中形成的角色形象在新的故事背景或商业利用情景中识别角色。[3]随着虚拟角色文学艺术和经济独立地位的日益突出，将虚拟角色脱离于作品单独保护与现阶段保护模式之间的冲突也在不断加大。然而，我国《著作权法》并没有将虚拟角色单独列为保护客体，只是将角色视为原作品的组成部分，通过保护作品间接保护虚拟角色。但间接保护虚拟角色却忽视了角色的独立性，如一部对他人作品的角色及其特征进行抄袭的新作，只要在整部作品表达上有独创性，法院便很难认定其构成侵权。

虚拟角色的独立性与保护模式之间的冲突引发了学界对虚拟角色法律地位的思考。虚拟角色是否可以独立于原作品受到著作权法的保护？如果可以，需要满足哪些条件？对于享有著作权的虚拟角色，如何认定构成对其著作权

---

〔1〕 "金庸诉江南案庭审纪实：双方激辩，未当庭宣判"，载 http://mini.eastday.com/a/170427150028749.html，访问时间：2018年9月15日。

〔2〕 北京市第一中级人民法院［2014］中民初字第5146号著作权侵权纠纷一审民事判决书。

〔3〕 林雅娜、宋静："美国保护虚拟角色的法律模式及其借鉴"，载《广西政法管理干部学院学报》2003年第5期。

的侵犯？为了解决这些问题，本文将在借鉴美国判例和学说的基础上论述虚拟角色的可版权性及其标准，探讨认定构成虚拟角色著作权侵权的要求，以期更好地保护和合理利用虚拟角色，平衡权利人和社会公众之间的利益。

二、虚拟角色的可版权性分析

（一）虚拟角色获得版权保护的可能性

根据《著作权法实施条例》[1]的规定以及著作权法理论，著作权法保护的核心是思想表达二分法，即保护的是对思想的表达，而不是思想本身。对于作品中的虚拟角色而言，要想成为被著作权法保护的作品，进行可著作权分析，最关键的就是能够脱离作品本身构成单独而完整的表达。按照一般公众理解，"作品"是能够传达作者思想和情感的表现形式（即表达），虚拟角色要成为作品，关键就在于确定一个角色究竟是思想还是表达。

著作权法允许任何个人对单纯的思想、主体或处于公共领域的概念进行自由使用。《与贸易有关的知识产权协议》第9条第2款规定："版权的保护仅延伸至表达方式，而不延伸至思想、程序、操作方法或数学概念本身。"简而言之，著作权法只保护表达，而不延及思想。但任何表达都不可能与相关思想全然分离，一部作品只能是从作者的构思慢慢发展到具有完整的形式，而形式也只能是思想的体现。将形式一点点抽象、概括、提出细节就能够得到作者赋予作品的思想，但要想在抽象概括的思想和形式中划出一条泾渭分明的界限却是非常困难的。

虚拟角色属于兼有思想与表达特点的创作，它是一个以思想为核心逐层向外辐射的体系，该体系的两端，即纯粹的角色思想与纯粹的清晰表达。例如，动漫《哆啦A梦》中的机器猫是一个具有超能力的虚拟角色。显而易见，"一个具有超能力的角色"属于完全未被表达的角色思想。而喜羊羊总以头上有一撮向下卷的羊毛，一双明亮的眼睛，一双白皙的手，两只小小的耳朵，灵敏的鼻子，雪白的羊毛，脖子上用蓝色带子挂着金色的超能铃铛的卡通小绵羊形象出现，已经被赋予完全造型，是一个得到了充分表达的虚拟角色。区分未开发的思想和一个充分表达的角色非常困难。但我们应当看到，如果

---

[1]《著作权法实施条例》第2条规定："著作权法所称作品，是指文学、艺术和科学领域内具有独创性并且能以某种有形形式复制的智力成果。"

虚拟角色构成对思想的表达,同时符合独创性要求,就可以说该虚拟角色具有可版权性,能受到著作权法的保护。

(二) 虚拟角色的可版权性标准

著作权法将鼓励创作作为其基本目标,但事物具有两面性,著作权不仅能鼓励创作,亦能抑制创作。作品中的每一个虚拟角色都脱胎于现实生活中的角色类型,如果角色的可版权性标准设置过低,在先作者对基本类型角色稍加创造即可获得对该角色的垄断,显然会抑制创作,阻碍新作品的出现;如果角色的可版权性标准设置过高,将无法保证最初角色创造者对其智力创作享有的权利,也会抑制作者的创作热情。换言之,给予虚拟角色著作权保护必须合理平衡激励创作和利用自由。因此,要对虚拟角色单独赋予著作权保护,必须设置合适的可版权性标准,以达到著作权法鼓励创作者的目标,平衡角色作者的权益和社会公众对作品合理利用的利益。

使用作品中的虚拟角色的侵权诉讼在我国司法实践中已经出现,但法官对此尚无成熟的认知以及判决,无统一的法律适用标准。然而,美国从20世纪30年代起就持续出现了有关角色版权保护和侵权判定的案例,并提出了一些检测虚拟角色版权性的可行标准。传统典型方法是"充分描述与展开标准"和"构成被讲述故事标准"。除传统判断标准外,美国法院还提出了"三部分检测标准",这些都可以为我国虚拟角色可版权性提供有益借鉴。

1. 充分描述与展开标准

充分描述与展开标准由"尼克尔斯诉环球电影公司案"(简称"尼克尔斯案")[1]提出。在该案中,汉德法官认为如果文学角色被清晰地描述,其可以独立于情节单独受版权法保护。角色被发展的程度越高,它的表达性就越强,思想性就越弱,就越可能受到版权法的保护。[2]换言之,该标准的核心在于强调角色特征的显著程度和描述的饱满程度,以此确定观众对角色的辨识程度,根据角色之间的差异程度认定侵权是否成立。于是,"尼克尔斯案"是美国在司法实践中首次将虚拟角色作为著作权法保护的客体的案件。在很长的一段时间内,"充分描述与展开标准"一直是法院判断虚拟角色有无

---

〔1〕 Nichols V. Universal Pictures Co., 45 F. 2d 119, at 121 (2nd 1930).

〔2〕 "美国虚拟角色的版权保护",载 http://www.360doc.com/content/18/0915/16/53070605_786895223.shtml,最后访问时间:2018年9月15日。

可版权性的标准。比如 1982 年，美国第二巡回法院在"Burroughs v. Metro-Goldwyn-Mayer, Inc. 案"[1]中充分应用了这一标准。法院认为，泰山这个角色已经被清晰描述，足够与原作品分离，具有可版权性，因此泰山能够独立成为版权法保护的客体。[2]

"充分描述与展开标准"的理论基础是美国版权法的思想表达二分法。在 1940 年的"Detective Comics v. Bruns Publication 案"中，法官强调，角色只有从思想转化为表达，才能受到版权法保护。每个人都可以创作具有超能力的英雄，但这个英雄必须与"超人"相区别。随着社会经济的发展，"充分描述与展开标准"逐步受到质疑：首先，该标准是模糊的，并没有定量能够阐明该角色展开多少描绘才符合"充分描述与展开"，因而只能依靠法官的自觉来进行文学评价，具有一定的主观性和不准确性。[3]其次，根据层累说，任何文化都是通过层累而传承、发展的，是集体实践的结果，因而任何一个角色都难以脱离先前作品中角色的相关描述，合理程度以内的对非公有领域素材的借鉴并不应该被普遍禁止，[4]而仅仅根据差异来认定侵权，不仅违背了创作规律，也容易过于重视角色的可版权性而忽视前后两个文学角色是否构成实质性相似。最后，该标准未必保护了最大程度开发的角色，因为这种角色常常因为内涵丰富而与上下文联系紧密，并且与具体情境联系起来，虚拟角色难以从中剥离，增加了读者记忆该种角色的难度，也就难以受到保护。相反，单调的角色更容易被识别和记忆，也就更容易受到保护，[5]这显然与该原则的保护目的背道而驰。基于以上该原则的不完善之处，美国法院在司法实践中逐渐发展出了"被讲述故事标准"。

---

[1] Burroughs v. Metro-Goldwyn-Mayer, Inc. 519 F. Supp. 388 (S. D. N. Y. 1981).
[2] 鲁甜："美国虚拟角色的版权保护——兼评 DC 漫画诉 Towle 案"，载《中国版权》2016 年第 4 期。
[3] Gregory S. Schienke, "The Spawn of Learned Hand-A Re-examination of Copyright Protection and Fictional Charac-ters: How Distinctly Delineated Must the Story Be Told", *Marq. Intell. Prop. L. Rev*, 2005 (1): 68~80.
[4] 龙文懋："同人作品的文化层累功能及其与在先作品竞争法上的法益关系——以《此间的少年》为例"，载《电子知识产权》2016 年第 12 期。
[5] Leslie A. Kurtz, "The Independent Legal Lives of Fictional Characters", *Wisconsin Law Review*, 1986: 429~474.

2. 构成被讲述的故事标准

"构成被叙述的故事"标准于 1954 年在"Warner Brothers Picture v. Columbia Broadcasting System 案"[1]中被提出。*Maltese Falcon* 是一部以侦探山姆·斯佩德（Sam Spade）的经历展开的小说。小说作者将制成动画、电视、广播节目的权利转让给原告，之后作者又以山姆·斯佩德为素材创作了另一部小说 *Adventure of Sam Spade*，并授权被告通过广播播放该作品。原被告的争议焦点在于获得授权的原告是否有权利限制作者使用原作品的文学角色。法院认为，该文学角色对于整个故事仅仅起到辅助性的作用，而没有构成故事的主要部分，只有当文学角色在作品中的地位超过了故事，即整个故事就是为了展示角色的形象，而不是将该角色作为讲故事的棋子，[2]该文学角色才得以被保护。由于该标准依然具有模糊性，美国法院又进一步使其清晰化：第一，当角色名称出现在作品标题时，易符合该标准；第二，当作品主要围绕角色进行开发创作，而故事情节较简单时，易符合该标准；第三，当一个文学角色曾被多个演员所演绎时，说明其具有实质性人格特征，易符合该标准。[3]该标准的核心在于虚拟角色与故事的混同性，实质上是通过故事本身的可识别性来确立角色的可识别性。

但是，"构成被叙述的故事"标准的弊端也是显而易见的：该标准是"量化差异法"的典型适用，要求虚拟角色和作品叙述的故事形成对等体量，即故事就是角色，角色也即故事本身。该标准过于严苛，要满足该标准，则相当于要求作品中几乎都是关于文学角色的描述，而极少甚至没有情节的展开，这样一来，几乎所有的文学角色都会被排除在著作权保护的行列之外，从而流入公共领域供他人自由使用。正因为如此，"构成被叙述的故事"这一标准并没有被广泛适用。

3. 三部分检测标准

美国第九巡回法院在"DC 漫画诉 Towle 案"[4]中提出了虚拟角色版权保

---

[1] Warner Brothers Picture v. Columbia Broadcasting System, 216F. 2d 945（9th . cir. 1954）.

[2] 刘亚军、曹军婧："虚拟角色商品化权法律保护刍议——美国实践的启示"，载《当代法学》2008 年第 4 期。

[3] 卢海君："论角色的版权保护——以美国的角色保护为研究视角"，载《知识产权》2008 年第 6 期。

[4] DC Comics v. Towle, 989 F. Supp. 2d 948（C. D. Cal. 2013）.

护的"三部分检测标准"。在该案中,"蝙蝠车"被创作于 1941 年,是一个虚拟的高技术汽车,其作为蝙蝠侠的座驾而为人们所熟知,被告未经允许仿制了蝙蝠车的模型。美国第九巡回法院认为,虚拟角色仅在具有区别性且被充分描述时才可能受版权法单独保护。尽管蝙蝠车的外表不断变化,但其主要特征一直未发生变化。在每部作品中,它的主要特征都是一致的。法院认为,在考虑虚拟角色的可版权性时,虚拟角色的特征是否足够持久且统一是判定角色是否受版权法保护的关键。根据本案的判决,"三部分检测标准"可以被解读为:首先,角色要具备外在和概念上的特征;其次,角色具有足够详尽的描述,在角色每次出现时,都应当可以因充分描述而被识别为同一角色;最后,角色必须与众不同,并且包含一些独特的表达要素。"三部分检测标准"明确提出了可受版权保护的虚拟角色应当具有独创性表达要素,强调思想表达二分法在判断虚拟角色可版权性中的重要地位,虚拟角色只有从思想转化为有独创性的表达才能受到版权法保护。该标准重申了角色被清晰描述的重要性,放弃了被讲述的故事标准中角色必须要构成独立故事的严苛标准,而是关注角色的显著性特征。蝙蝠车显然不能构成该故事的全貌,无法成为"被讲述的故事"本身。但在过去的 80 年里,原告一直将其描述为一种拥有蝙蝠外形、配备有高技术武器以及对抗犯罪等主要特征的汽车,这些特征足以使之区别于一般的"高科技汽车",且由于多次出现,这些特征更加稳定,可以脱离原作品中的故事或情节,被单独确定下来。

三、美国可版权性标准对我国的启示

(一)文学角色与视觉角色

虚拟角色可以通过多种形式来塑造:在卡通作品中通过可视的图像方式进行描述,在文学作品中通过文字进行刻画,在影视作品中通过演员的表演进行塑造。不同类型的角色,由于表达形式不相同,思想与表达区分的容易程度也不一样,因此在著作权法中获得的保护和待遇也不相同。

在完全以书面形式描述的情况下,读者必须用想象力在脑海中创造一个角色的形象。因此,每个读者都可以对构成角色的元素进行不同的结合,从而很难界定角色的清晰描绘程度。如《神雕侠侣》对小龙女的描写是:"那少女披着一袭轻纱般的白衣,犹似身在烟中雾里,看来约莫十六七岁年纪,除了一头黑发之外,全身雪白,面容秀美绝俗,只是肌肤间少了一层血色,显

得苍白异常……"这段对美人的描写如高明剑术,并不拘泥剑招,只是挥洒剑意,远比"高挑身材、大眼睛、肤若白雪"这等描写的造诣更高。金庸的遣词用句当然是其个性表达,但是小龙女这个角色在外貌上只能归于"美人"思想,无法获得著作权保护。相较于文学虚拟角色的著作权可版权性保护,具有视觉角色特征的角色更容易把握,如曾风靡全国的顶着大大的黑眼圈、眼睛扑闪、身穿红肚兜、朝着屏幕坏笑的小哪吒,视觉上的具体特征增加了表达维度,克服了角色保护的抽象性,其更容易区分为具体的表达与抽象的思想,成为著作权法的直接保护对象。

但这并不是说完全通过文字塑造的虚拟角色绝对不能获得版权保护。在"Klinger v. Conan Doyle Estate, Ltd. 案"[1]中,美国第七巡回法院被要求从一系列丛书和故事中挑出所有福尔摩斯角色的可受保护特征。法院认为,福尔摩斯这一角色独具特色,足以成为与其出现的故事无关的适当的版权客体。套数作品或系列电影通过讲述同一主人公在不同情境下的不同经历,进一步加强了对主人公人物特征的描述。[2]虽然多次出现可能有助于角色的开发和描述,但这并不是法院认定文学角色的发展程度足以获得可版权保护的必然要求。文学角色想要获得版权保护,作者必须要对其服饰、个性、语言、动作等特征作出充分描述,以致通过形成的细节足以确定显著的人物特征,可以独立于情节单独存在。

(二) 角色具有稳定的独创特征可受版权保护

一个虚拟角色最初只存在于作者的大脑中,只是一个简单的想法,作者在创作作品时不断给角色增添个性描述,角色的形成有赖于其创作者为其勾勒出点点滴滴的性格和特征,尽管这当中的每一个点滴都可能属于想法,但当它们重新组合在一起时就有可能成为一种独创性的表达。虚拟角色不会永远以一种单调的形式固定存在,角色可能在外貌、个性和特殊习惯方面有所变化。但是,在这当中,虚拟角色总会保留着显著的和稳定的实质特征,这些实质特征即使与角色的其余特征分离,仍然可以轻易地被人们识别。

缺乏独创特征、一般的角色原型和缺乏独特表达的特征不能获得著作权法上的专有保护。基本角色类型长期处于公有领域,缺乏开发的基本角色类

---

[1] Klinger v. Conan Doyle Estate Ltd., 755 F. 3d 496 (7th Cir. 2014).
[2] 转引自徐启俊:"论作品角色的著作权保护",华中科技大学 2011 年硕士学位论文。

型因缺乏独创性而属于思想范畴。作品中的虚拟角色一般脱胎于基本类型角色，作者在创作中不断加入个性描述，随着角色变得更加独特，他们最终跨越了思想界限，跨入了表达，并受版权保护。一旦某个虚拟角色具有了"独创的事件安排和文学表达"，并且不仅仅是描述的某一类型的角色，便有可能受版权保护。[1] 在"Detective Comics v. Bruns 案"[2]中，法院认为版权并没有延伸到"角色原型"元素中，比如"超人"的存在价值是保护人类。尽管"仁慈的大力士"这一角色原型不可被保护，但其他元素，如令人难以置信的能力、特征（如职业和秘密身份）以及独一无二的动作等都是具有可版权性的。

综上，我国可以借鉴美国的做法，在充分描述与展开标准的基础上，结合三部分检测标准解释清晰描绘程度。进一步来说，一个虚拟角色想要脱离原作品独立获得著作权，其特征必须被充分开发，且这些特征的组合具有独创性，使得虚拟角色具有稳定的、显著的特征，完全能够脱离其出现的故事独立存在。

四、虚拟角色的著作权侵权认定

在涉及虚拟角色的著作权侵权案件中，法院审理的核心应当是原被告作品之间是否存在实质性相似，即被告是否使用了原告角色中受版权保护的部分，而非论证整个角色的可版权性。但在司法实践中，法官往往集中于推论作品的可版权性，却忽视了对实质性相似的认定。事实上，即使对于可受保护的角色而言，著作权法也并不是保护其所有的特征。

构成实质性相似的侵权作品，不仅所复制的表达在数量上超出了限度，而且使用的部分也应当是原告作品中受保护部分的精华。虚拟角色之间的实质性相似，要求特有的外形、个性特征等识别该虚拟角色的实质特征全部或主要被侵权作品所吸收。对于卡通角色而言，实质性相似的判断较为容易，因为卡通角色的形象本身就构成独特的表达，只要外形相似，就足以构成侵权，而不论其他实质特征是否相同。而对于具有文学属性的虚拟角色来说，判断较为困难。应当综合考虑虚拟角色的名字、外貌、特征是否被他人所利

---

[1] 转引自徐启俊："论作品角色的著作权保护"，华中科技大学2011年硕士学位论文。
[2] Detective Comics v. Bruns Publ'ns, 111 F. 2d 432, at 433~434 (2d Cir. 1940).

用,判断的关键是虚拟角色富有特征的保护点是否被吸收。要想把握住这一关键,我们需要注意以下几点:

第一,如果一个虚拟角色难以被从作品中剥离出来,不能被单独识别并利用,就说明其不单独构成完整的表达,则不存在侵权行为。虚拟角色获得著作权保护必须满足可版权性条件,作品中某些虚拟角色可能也耗费了作者的一些"心血",但由于该虚拟角色过于常见,作者也并没有着过多笔墨加以描写进而赋予其不同于其他作品中此类角色的独特特征,即使他人借用了该虚拟角色,也不能被认定为构成侵权。例如,武侠小说中经常出现的客栈里端茶送水的小二,他们的存在多是为了向询问状况的主人公透露信息,推动故事发展。这类虚拟角色根本不具有可版权性,无需进行实质性相似判断。

第二,如果被告作品中利用的是原作中虚拟角色的思想、主题,则不构成实质性相似。任何一个具有鲜明特征的虚拟角色身上都可以抽象出某些概括性的品质或特性,由于这些概括性的品质或特性属于思想,即使创作者对该虚拟角色享有著作权,也不能禁止他人使用该角色身上的品质或特性。比如,机器猫可以被抽象概括成一个"善良的机器猫",即使该思想由其创作者第一个提出,其也不能禁止他人再创造一个具有不同超能力和特征的"善良的机器猫"。特别是在读者一接触到被告的作品就会将其与原作的虚拟角色相联系,并产生相应的联想时,尤其要注意分析被告使用的是原作中虚拟角色的思想部分,还是富有独创性的表达部分。

第三,被告使用的部分不是虚拟角色具有独创性的实质特征,不属于实质性相似。虚拟角色的名称、某些单独的特征也属于表达,但可能由于独创性过低等原因而无法单独成为受著作权法保护的表达。一个虚拟角色必须由姓名、外貌、性格等特征综合起来才能具有显著性,只有这些综合起来的实质特征才能使虚拟角色成为受著作权法保护的具有独创性的表达。如金庸小说中的虚拟角色可能已经符合可版权性条件,但江南的《此间的少年》仅使用了金庸作品中角色的姓名,而人物关系、故事情节等与原作已大相径庭,[1]单一个姓名无法形成著作权法上受保护的完整表达,江南使用的不是金庸角色中的实质特征,双方作品之间也就不存在著作权法意义上的实质性相似了。

---

[1] "金庸告江南《此间的少年》侵权 或影响'同人文'发展?",载 http://www.bjlvsuo.com/redian_ list.asp? id=795,访问时间:2018 年 9 月 15 日。

结　语

综上，具有稳定特点且可以独立识别的虚拟角色应当可以独立于其出现的原作获得著作权，而在侵权判定上则更强调被控侵权作品主要或全部复制了虚拟角色的实质性特征。

对于虚拟角色的著作权保护，只有设置适当的可著作权性标准，才能做到既保护原作者的合理利益，又不阻碍文学艺术的发展。一方面，对符合可著作权性标准的虚拟角色予以著作权保护，充分尊重和激励创作者的积极性，才能不断促进文化和科技事业的发展繁荣。另一方面，必须严格审视虚拟角色的可受保护特征，避免动辄认定作者创造的作品与已存在的虚拟角色实质性相似，阻碍创作自由。

参考文献

（1）吴汉东等：《西方诸国著作权制度研究》，中国政法大学出版社1998年版。

（2）牛强："文学作品虚拟角色形象的固定及版权保护"，载《中国出版》2018年第19期。

（3）华劼："借用文学作品人物角色创作的版权问题研究——美国判例研究的启示"，载《江苏社会科学》2017年第4期。

（4）鲁甜："美国虚拟角色的版权保护——兼评DC漫画诉Towle案"，载《中国版权》2016年第4期。

（5）李富民："作品中虚拟角色的法律保护"，载《社会科学家》2012年第5期。

（6）张丹丹："著作权法在保护虚构角色形象方面的局限及对策"，载《法学》2010年第4期。

（7）卢海君："论角色的版权保护——以美国的角色保护为研究视角"，载《知识产权》2008年第6期。

（8）林华："虚拟角色保护坚冰待破——商品化权专门立法探析"，载《电子知识产权》2009年第6期。

（9）梁志文："论虚拟世界内的著作权归属"，载《电子知识产权》2008年第7期。

（10）吴登楼："谈虚构人物形象的知识产权保护"，载《人民司法》1998年第9期。

（11）徐启俊："论作品角色的著作权保护"，华中科技大学2011年硕士学位论文。

（12）姜稚鸣："虚构角色法律保护问题研究"，西南政法大学2006年硕士学位论文。

（13）林雅娜、宋静："美国保护虚拟角色的法律模式及其借鉴"，载《广西政法管理干部学院学报》2003 年第 5 期。

（14）刘亚军、曹军婧："虚拟角色商品化权法律保护刍议——美国实践的启示"，载《当代法学》第 2008 年第 4 期。

（15）Nichols v. Universal Pictures Co., 45 F. 2d 119, at 121 (2nd 1930).

（16）Burroughs v. Metro-Goldwyn-Mayer, Inc. 519 F. Supp. 388 (S. D. N. Y. 1981).

（17）Leslie A. Kurtz, "The Independent Legal Lives of Fictional Characters", *Wisconsin Law Review*, 1986.

（18）Warner Brothers Picture v. Columbia Broadcasting System, 216F. 2d 945 (9th. cir. 1954).

（19）DC Comics v. Towle, 989 F. Supp. 2d 948 (C. D. Cal. 2013).

（20）Klinger v. Conan Doyle Estate Ltd., 755 F. 3d 496 (7th Cir. 2014).

（21）Detective Comics v. Bruns Publ′ns, 111 F. 2d 432 (2d Cir. 1940).

短视频著作权的探析

——以"'抖音'诉'伙拍'侵权案"为例

孙 瑶[*]

引 言

随着互联网时代的发展,"快餐化"式的短视频依靠自身时间短、信息量大、传播范围广泛和传播速度快等特点迅速崛起并在互联网市场占据了一席之地。短视频的主要本质在于,利用简单的设备在简短的时间内于任何地方拍摄制作出信息量大、传播性强、更具直观性的视频,这样的视频都可以被称作短视频。因其具有超短的制作周期和巨大的商业价值,更多的个人或团队陆续加入短视频这一行业,也衍生出了各种形式多样、丰富多彩的短视频类型。

2011年,短视频靠着人们碎片化的内容消费习惯和网络传播方式的不断变化应运而生,但较为简单的形式和内容并未使其得到太大的发展;2013年到2015年,随着移动智能终端的普及,移动网络视频用户的规模扩大了近两倍,从2.46亿人增长到4.05亿人。经济持续增长、社会不断进步、观众的多元化需求在一定程度上加快了短视频的发展。同时,越来越多的企业家和创业者看到了商机,纷纷投入短视频领域,短视频开始吸收利用各类资源迅速成长,各类短视频APP崭露头角。2016年是短视频发展的转折点,在这一年,短视频的发展呈现井喷趋势,今日头条、腾讯、百度等各大网络平台都相继制作推出了各自的短视频APP,同时建立了更加商业化的发展模式,而

---

[*] 青岛科技大学2016级法学专业本科生。

个人或团队则借助资金的力量，开始与电商和直播接轨，papi 酱、咪蒙、二更等都是短视频发展早期的成功案例。2018 年以来，短视频规模快速扩张；2019 上半年，在短视频内容领域，PGC 内容更受短视频用户的欢迎，PGC 和 UGC 结合的视频偏好率由 37.4% 上升至 43.6%。88% 的互联网用户会通过短视频社交，短视频占据了用户绝大部分的时间，日活跃用户持续增长并在 2018 年年初反超综合视频。[1]

从 Web 2.0 时代到 Web 3.0 时代，短视频主要以三种生产内容的模式为主，即 PGC、UGC 和 OGC，在 UGC 的基础上又细分出了 PGC 和 OGC。UGC、OGC 和 PGC 分别表示用户生产内容、职业生产内容和专业生产内容，现在的专业视频平台和自媒体大多使用 PGC 模式进行视频产品编辑，但因为其成本较高，所以互联网生产内容仍以 UGC 为主。[2]

徐志斌认为："社交网络正处于从第二个浪潮向第三个浪潮过渡的阶段，我们将其定义为短视频时代。大量的数据表明，真金白银正砸向短视频领域，整个资金量已经超过微博。"在这场短视频热潮中，短视频市场的不规范也不可避免地引发了各个平台之间的侵权之争。2017 年 5 月，搜狐视频针对今日头条向公众提供《屌丝男士》短视频在线点播服务的行为提起诉讼；2017 年 9 月，快手将广州华多网络科技有限公司诉至法院，原因为该公司旗下的补刀小视频 APP 未经许可转载快手平台上的短视频；2018 年 9 月，"抖音"以侵害著作权为由起诉"伙拍"并向其索赔 100 万元。行业乱象频发凸显了短视频平台自身的不足，也倒逼其反思自身应当肩负的社会责任。针对短视频行业频发的侵权现象，国家版权局组织了打击网络侵权盗版的专项行动——"剑网 2018"，开展了为期一个月的整改活动。明晰短视频是否具有著作权、应该怎样认定其是否符合《著作权法》所规定的"独创性"以及短视频著作权的权利归属有助于短视频行业的繁荣发展。

一、"'抖音'诉'伙拍'侵权案"案情和裁判理由

2018 年 12 月 26 日，北京互联网法院对"'抖音短视频'诉'伙拍小视

---

[1] 参见易观："2018 中国短视频市场商业化发展专题分析"，载 https://www.analysys.cn/article/analysis/detail/20018798，最后访问时间：2020 年 2 月 24 日。

[2] 参见刘振兴："浅析 UGC、PGC 和 OGC"，载 http://yjy.people.com.cn/n/2014/0120/c245079-24169402.html，最后访问时间：2020 年 2 月 24 日。

频'著作权权属、侵权纠纷案"(简称"'抖音'诉'伙拍'侵权案")公开宣判,随后,该案件引起了热议。该案件的起因是抖音短视频平台上发布的"我想对你说"短视频,由用户"黑脸V"独立创作完成。之后,被用户上传到另一短视频平台"伙拍小视频",因此,微播视界公司将百度公司和上传用户告上法庭,要求二被告道歉并给予经济赔偿。

法院对此案作出了明确判决。经认定,原告主张权利的"我想对你说"短视频构成了类电作品;二被告作为短视频存储的网络服务提供者,对于平台用户的侵权行为,并不具有主观过错,在履行"通知—删除"义务后即履行了自己的注意义务,按照规定并不构成侵权行为,亦不承担相关责任;驳回原告的全部诉讼请求。

短视频平台之间的竞争引发了各类侵权案件,其中,内容的质量成了短视频平台的核心竞争点。然而,短视频在国内发展时间较短,对于如何在法律上进行保护,国内外均处于探索阶段。此案值得关注的焦点主要在于:短视频独创性的判定标准和构成类电作品的要件这两个问题。其中,短视频"我想对你说"是否具有独创性,是否能被作为《著作权法》上的"作品"予以保护这一点值得探究,类电作品和独创性的认定标准到底是什么,既是本案的裁判要点,也对解决其他短视频侵权案件具有重要的参考价值。由于短视频种类繁多,加之短视频市场的不规范,使得短视频侵权案件数量呈增长趋势。研究短视频的属性和权利归属,在法律层面上对短视频给予保护,具有现实性的价值。

二、关于"独创性"的定义分析

我国著作权法上的"独创性",从大体上解释,是指一部作品经独立创作产生而具有的非模仿性和差异性,它不是对一部现有作品的完全模仿,而是作者独立进行构思后的产物,在表现形式上与其他现有作品存在差异,即视该作品具有独创性。我国《著作权法实施条例》第2条对《著作权法》中的"作品"作出了明确规定:"著作权法所称作品,是指文学、艺术和科学领域内具有独创性并能以某种有形形式复制的智力成果。"由此可见,独创性是作品享有著作权的重要判定标准,也是受著作权法保护不可缺少的条件。在我国,著作权法存在的目的是促进科技文化事业的发展,创作出更多优质的、有助于人类进步的科技文化作品,所以应当具有一定的创造性。《最高人民法院关于审理著作权民事纠纷案件适用法律若干问题的解释》第 15 条规定："由不同作者就同一题材创作的作品，作品的表达系独立完成并且有创造性的，应当认定作者各自享有独立著作权。"由此可见，独创性的要求有两个方面：第一，要求作品是独立创作的；第二，创作结果具有最低限度的创造性。也就是说，我们可以从"独"和"创"两个方面来探究独创性的含义。

"独"，顾名思义，就是独立完成，这是形成一部作品必须遵循的原则，是劳动者用自己的智力劳动创作出体现自己个性的作品，而不是利用他人的智力劳动进行创作，也不是对他人作品的复制和抄袭，是对事物的一种新的表达。独立完成的表现为：作者通过自己丰富的生活经验，对所要表现的作品结构进行构思和编排，将自己的感情与三观融入所创作的作品。[1]同时，作品是从无到有、具有独立性的，而不是对之前已经存在的作品进行还原或改动。"独"要求本人的作品与他人的作品体现出差异性，且要有足够的差异性与现有的作品区别开来，使之不同于"高仿""复制""精仿"等概念，是单独由自己创作的劳动成果且与众不同。

"创"是指达到一定程度的非机械性的脑力劳动创作，且这种脑力劳动具有创造性。首先，"创"是在智力劳动的基础上进行的。创作者在创作的过程中，通过作品这一客观形式表达自己的思想感情、表达技巧、立场观点，形成与其他作品有明显差异并带有自身个性的智力创作，与他人的智力劳动之间没有特定联系。比如，笔录听译只是将他人所说的话记录成文字或翻译成另一种语言，没有进行文字的改动，也没有进行脑力思考，没有创作性。其次，"创"是一种最低限度的创作标准。这里的创作标准不需要达到申请专利的高度标准，也不同于德国独创性中对于创作高度严格要求的观点和美国独创性中不要求作品存在创作高度的观点，但是也需要达到一定的分量，创作需要带来与平常普通的智力劳动所不一样的独特的东西，比如具有一定的美感或者含有一定的信息。

三、本案中对短视频"独创性"的认定

短视频是否具备著作权法上的独创性要求，是判断短视频能否成为作品的条件之一。视频长短并不是作品具有独创性的必然要求，只要能实现作者

---

[1] 参见张蕾："作品独创性判定标准研究"，郑州大学 2010 年硕士学位论文。

情感、三观和个性的表达，就可能成为作品。因此，时间长短并不是判定短视频是否属于作品的关键。

在"'抖音'诉'伙拍'侵权案"中，法院认为，涉案视频虽然篇幅较短，但具备很强的独创性和正能量，因此应当被视为著作权法上的"类电作品"并受到保护。汶川大地震十周年作为涉案短视频既定的拍摄背景，在明确了主题和素材的情形下，创作空间本身就已经受到了限制，同时要具备创作性有较高难度。首先，作者是独立完成的该视频，"黑脸V"的视频素材与活动发起人给出的示范视频、图片差异较大，可以认定该视频是由"黑脸V"独立完成的。涉案视频不是对之前已有的视频进行改动或加工，是从无到有的作者自己的脑力劳动成果，视频通过对一系列画面的组合传递出一种温情的祝福、一股向前的力量和美好祝愿，引起了观众的共鸣，带给观众的精神享受不言而喻。其次，对于"创作性"而言，视频是来自于作者的构思，与他人的作品没有特定的联系，视频通过编排、表演、剪切等方式较为完整地表达了作者的观点和思想感情，是作者的智力劳动和个性化表达，具备的独创性已经满足了最低限度的独创性标准，所以涉案视频应当受到《著作权法》的保护。

四、短视频属于"类电作品"的构成要件

从著作权的客体来看，短视频可以被分为类电作品和录像制品，两者可以被统称为视听作品，即指固定在一定介质上，由一系列有伴音或者无伴音的画面组成，并且借助技术设备放映或者以其他方式传播的作品。当下，是否构成类电作品成了认定短视频是否侵权的重要条件。

对于短视频来说，如果其只是简单的拍摄后加入滤镜和简单的文字，没有体现出作者的思想感情、立场观点或个性，就不能被认定为达到了创作性的最低标准。所以，短视频行业独创性标准的认定，要与其行业特点、作品类型相联系，在遵守法律规定的同时根据现实进行判断。短视频标准过高，无法鼓励其创作，无法满足大众对社会文化的需要；标准过低，短视频产量过高，会使公共利益受损，视频质量也得不到保证，容易滋生一些低俗、恶劣的文化。笔者认为，短视频只要是作者进行脑力劳动独立拍摄完成的具有创造性的智力劳动成果，且视频内容具有独特性，能够体现出作者的个性化表达，就可以认为其具有独创性。

《著作权法（修正案草案）》第 3 条将电影或类电作品定义为由一系列有伴音或者无伴音的连续画面组成，通过技术设备展现在大众视野内的作品。其受到《著作权法》保护的构成要件有三个：一是由一系列有伴音或者无伴音的连续画面组成；二是制作技术和制作工具中立；三是能够借助技术设备被感知。在"'抖音'诉'伙拍'侵权案"的案件中，涉案视频由有伴音的连续画面组成，拍摄以及后期制作均没有使用抖音平台提供的滤镜、特效等，且能够体现出是作者多方面的智力劳动。很明显，该视频也能通过技术设备被感知，借助短视频平台进行传播，从而符合《著作权法》上类电作品的构成要件。

结　语

在移动技术发展迅速的今天，短视频行业也在快速发展，通过"短视频+"的模式，越来越多的个体参与到了短视频行业，用短视频记录生活、分享生活，创作出更具多样性的短视频内容。在其通过将文字、图片、语言、视频、特效相融合的形式满足绝大多数社会公众需求的同时，判断短视频是否属于类电作品，界定短视频独创性的标准，是减少短视频侵权行为的关键，对确保短视频的正常传播、短视频市场的稳定发展和社会文化的持续繁荣有着重要意义。

参考文献

（1）郭壬癸："注意义务视域下的短视频内容著作权保护"，载《电子知识产权》2016 年第 10 期。

（2）李伟文："论著作权客体之独创性"，载《法学评论》2000 年第 1 期。

（3）刘鹏飞："我国短视频平台的发展历程与走向"，载《中国报业》2019 年第 3 期。

（4）徐晶："短视频著作权问题研究"，浙江大学 2017 年硕士学位论文。

（5）朱启凡："短视频著作权侵权问题案例研究"，华东政法大学 2018 年硕士学位论文。

（6）张蕾："作品独创性判定标准研究"，郑州大学 2010 年硕士学位论文。

（7）易观智库："2018 中国短视频市场商业化发展专题分析"，载 https://www.analysys.cn/article/analysis/detail/20018798，最后访问时间：2020 年 2 月 24 日。

（8）北京微播视界科技有限公司诉百度在线网络技术（北京）有限公司、百度网讯科技有限公司侵害作品信息网络传播权纠纷［2018］京 0491 民初 1 号。

人工智能著作权归属问题研究

——由"微软小冰"引发的思考

阎静宇*

2017年5月19日,湛卢文化思想空间迎来了一位非常特殊的诗词作家,一个只有18岁但却结交了一亿个朋友,身兼电视主持、歌手、报刊记者等数个职位的特殊诗词作家。一个没有身份证的作家,为了给她的作品申请书号和CIP,几经上报、确认方才成功。一个机器人是怎么做出诗的?微软技术人员向大家进行了详细介绍,"小冰"从2017年2月起,开始在贴吧、简书、豆瓣等多个平台上使用了多个不同的笔名发表诗歌作品,获得了大量跟帖评论,而读者几乎没有意识到这些诗歌并不是出自人类笔下。诗人是用自己的生命与灵感去创作,这些人多是因为某些遭遇或是自己的人生经历有感而发,其内容蕴含着深厚的感情。而AI"小冰"仅仅用了3个月,就出了自己的诗集,这样的创作速度,远超人类。

"小冰"写诗并且出版诗集,人们感叹飞速发展的人工智能,但是一个新的难题也随之出现了:人工智能的创作是否享有知识产权?微软(亚洲)互联网研究院宣布放弃"小冰"所著诗歌的版权,但有一个问题仍旧没有被解决:在现行《著作权法》框架内,"小冰"的诗集是否属于《著作权法》的保护范围;在微软放弃诗歌版权前,"小冰"能否享有著作权。[1]

一、人工智能的作品是否属于作品

"小冰"的诗集是否属于著作权法保护的范围?这本书又是否在著作权所

---

* 北方工业大学2016级法学本科生。
〔1〕 高春静:"人工智能对知识产权领域的影响探究",载《科技经济导刊》2017年第33期。

保护的客体范围内？著作权法中规定的作品是指文学艺术领域内，具有独创性并能以某种有形形式复制的智力创作成果。根据《著作权法》《著作权法实施条例》的相关规定，具备以下条件，才是"作品"：①属于文学、艺术和科学领域内的智力创作成果；②具有独创性；③能被复制。[1]作为文学、艺术和科学领域内的智力创作成果，它应包含以下两点：第一点是作品应该属于文学、艺术和科学领域内，第二点是作品应是一个智力创作成果。这里的智力创作成果的创造者指的是自然人、法人还是可以包括人工智能的机器人？人工智能机器人本身作为一个软件，它原本就是技术人员的智力创作成果，作为智力创作成果的 AI 运用 AI 作者编写的程序所创作的作品，可以说是 AI 作者的作品，应是人的创作成果。

其次，作品必须具有独创性。现行《著作权法实施条例》提到了"独创性"，但是并没有关于独创性的具体定义。独创性是认定作品是否属于著作权法保护范围的基石，是一个非常重要的问题，也是判断著作权侵权的前提。独创性是什么？如何认定独创性？在学理上论证"独创性"难以形成令人信服的成果，一般由法官通过自由裁量来判断智力成果的独创性。因此，该问题一直争议不断，尚无优良方法和结论供选择。从当今发展的趋势看，世界范围内受到版权保护的范围在不断扩大，众多事实作品均被纳入了著作权法保护的客体范围。

有人认为，人工智能通过算法学习创作现代诗是一个程序，没有独创性。但是，换一个角度思考，这个程序是将人类学习的过程转换成机器学习，人类学习前辈的诗句，将其用自己的语言加以表达，就成了具有独创性的自己的作品。机器学习同理，人类编写程序并植入机器，让人工智能通过程序学习代替人脑的学习，然后创作诗句。对于独创性，世界知识产权组织曾将其解释为："著作权法的原创性要求，是就内容的构思及其表现形式而不是就作品中体现的单纯思想、信息或方法提出的。"[2]世界各国著作权法对独创性的要求不同，但并不禁止不同作者针对同种题材独立创作出相似作品，只要作品

---

[1]《著作权法实施条例》第2条规定："著作权法所称作品，是指文学、艺术和科学领域内具有独创性并能以某种有形形式复制的智力成果。"

[2] 世界知识产权组织编：《著作权与邻接权法律术语汇编（中英法对照）》，刘波林译，北京大学出版社2007年版，第171页。

是作者独立创作完成的,各自便都享有著作权。[1]同样的题材,不同的作者能够创作出不同的作品,如同样以雍正为主人公,既有电视剧《宫锁珠帘》,也有电视剧《甄嬛传》。

在"小冰"的新书发布会上,据微软的专家介绍,"小冰"的学习过程同我们人类相似,即学习—积累—创造。"小冰"在将知识积累到一定程度时就会在原有基础上产生新的创造。这种像人类一样基于学习创作出来的诗句具备独创性。[2]本文认为,"小冰"所写的诗集符合著作权法独创性的条件,应当获得《著作权法》的保护。

二、人工智能作品著作权的权属问题

人工智能作品在被认定为著作权法作品的同时,另一个问题也需要被解决——谁是人工智能的作品的作者?人工智能的智力成果著作权属于谁?

湛卢文化在出版"小冰"的新书之前,遇到过这样的问题。国务院《出版管理条例》第28条第1款规定:"出版物必须按照国家的有关规定载明作者、出版者、印刷者或者复制者、发行者的名称、地址,书号、刊号或者版号,在版编目数据,出版日期、刊期以及其他有关事项。"

该诗集出版时载明的作者是谁?是机器人"小冰",还是微软公司?或者另有他人?《出版管理条例》明确要求出版时要载明"作者",这时把"小冰"载为诗集的作者显然有些不合适。

据介绍,"小冰"学习了1920年以来的519位中国现代诗人的上千首诗词。其每0.6分钟可以学习一轮,共学习了1万轮。经过100个小时的学习,其获得了创作现代诗的能力。然而,同样的学习过程放在人类身上需要花费100年的时间。[3]"小冰"这种学习并获得创作现代诗的能力本质上其实是一种算法。目前的人工智能算法是一种以神经网络算法[4]为主的计算过程。当

---

[1] "论作品的独创性",载 http://www.doc88.com/p-9993620869709.html,最后访问时间:2019年3月10日。

[2] 郭倩:"新生少女诗人'小冰'为什么这样受关注",载《中华读书报》2017年5月31日。

[3] "没有身份证号的人工智能小冰出诗集了",载 http://zqb.cyol.com/html/2017-05/23/nw.D110000zgqnb_20170523_1-08.html,最后访问时间:2019年3月10日。

[4] 神经网络算法是一种模拟神经元由输入、判断、输出和反馈的非常简单的算法。

神经网络算法经过多次循环往复,输出结果与实际越来越接近时,算法就会得到一个经验,这就类似于人类学习的过程。当大量的神经元组合成复杂的网络状时,这个网络就可以输入多种信息,而输出结果也渐趋复杂,这就变成了深度学习。换一个角度来看,这其实是算法指令的实施者通过编译程序所得到的成果。我们可以把人工智能的作者想象成一个想要做某事的人,这个人的编译程序算法通过 AI 得以实现,进而寻找一个更为简便的方式短时间内收集大量资料,供自己使用。一个简单的算法和人工智能的算法的区别在于,一个简单的算法只是收集完成使用者所需要的资料,而人工智能的程序,是算法编译者在简单的算法后增加了自动得出结论这一步骤。Python[1]教学案例中有一个关于《红楼梦》的分析,人们利用设计程序通过算法的方式将全文常用词进行分析,如果让人类一句一句话地分析这一本书,可能需要很久的时间,但是如果让机器把这些细分出来的话,可能只需要几分钟。我们不能说这个结论是程序得出来的,得出结论的应该是设计这个程序的人。同样,"小冰"写诗的行为能力也是制作者赋予的。

2020 年修订后的《著作权法》第 2 条第 1 款规定:"中国公民、法人或者非法人组织的作品,不论是否发表,依照本法享有著作权。"其中明确地规定了著作权的主体包括公民、法人或其他组织。第 3 条规定了作品的范围,人工智能作为著作权法所保护的客体之一,它本身就是一个作品。[2]人工智能是一个系统、一组数据,不能独立存在,人工智能的作品的著作权属于人工智能的作者,是作者意识形态的具体体现。

三、关于人工智能创造成果的法律思考

人工智能作品的权利归属问题亟待解决。随着互联网技术的飞速发展,人工智能早已不同于传统意义上的"机器人",而是有了类似于人类的认知功

---

[1] Python,一种计算机程序设计语言,是一种动态的、面向对象的脚本语言。最初被设计用于编写自动化脚本(shell),随着版本的不断更新和语言新功能的添加,其越来越多地被用于独立的、大型项目的开发。

[2] 《著作权法》第 3 条规定:"本法所称的作品,是指文学、艺术和科学领域内具有独创性并能以一定形式表现的智力成果,包括:(一)文字作品;(二)口述作品;(三)音乐、戏剧、曲艺、舞蹈、杂技艺术作品;(四)美术、建筑作品;(五)摄影作品;(六)视听作品;(七)工程设计图、产品设计图、地图、示意图等图形作品和模型作品;(八)计算机软件;(九)符合作品特征的其他智力成果。"

能。我们现在经常看到人工智能参与各种领域内的不同活动,但人工智能创造成果的性质在法律上还没有定性。[1]目前,人工智能产物逐步增多,不明确其内容属性和权利归属的界定,不仅会引发各种权属争议,而且有可能对现有著作权制度体系造成强烈冲击,产生各类"孤儿作品"。[2]

如今,人工智能的作品越来越多,此类作品的所有权不明确将带来一系列问题。在权利分配方面,如果所有权的权属不明,就无法确定个人所有者的权利,如出版权、著作权、修改权以及保护作品完整权。一个作品,如果没有办法得到法律的保护,那么将会带来更多的问题——作品的创作者、所有权人以及其他主体的权利也将受到损害。除此之外,作品的使用权、使用许可权、转让权、报酬权等财产权利可能因权属不明而导致争议。在侵权责任方面,由于所有权不明,当人工智能所创作的作品受到他人侵犯时,将无法确定受害者是谁;相应地,当他人的版权受到人工智能作品的侵犯时,也无法确定侵权人的身份。人工智能作品权属不明所导致的问题无法保障相关主体的权利,同时也会增加著作权相关的纠纷。

结　语

规范人工智能创作的版权,这是我们在当今科学技术飞速发展的背景下需要面对的一个紧迫问题。人工智能的发展为社会的发展提供了动力,使文学艺术作品的产生更富有创造力,人工智能也是促进文学发展的动力。[3]世界多地(如日本、美国等)已经开始对人工智能创作作品给予法律保护,用以解决人工智能发展所带来的问题。2016年,日本政府通过立法规范了知识产权的保护范围,将人工智能创作的小说、音乐等纳入其中。[4]这表明人们开始意识到保护人工智能相关利益的重要性,这是人工智能立法领域的进步,值得我国学习。人工智能领域的相关法律缺失,随着科技的发展进步、人工智能作品的不断增多,问题也会越来越多。因此,人工智能相关知识产权体

---

[1] 彭博:"人工智能创造成果的著作权法保护——以机器人'记者'为例",载《智库时代》2019年第2期。

[2] 孤儿作品是指享有版权但很难甚至不能找到其版权主体的作品。

[3] 贾润田:"人工智能发展对著作权挑战的初探",载《河北企业》2019年第2期。

[4] 彭博:"人工智能创造成果的著作权法保护——以机器人'记者'为例",载《智库时代》2019年第2期。

系的研究具有极强的现实意义。

参考文献

（1）世界知识产权组织编：《著作权与邻接权法律术语汇编（中英法对照）》，刘波林译，北京大学出版社 2007 年版。

（2）彭博："人工智能创造成果的著作权法保护——以机器人'记者'为例"，载《智库时代》2019 年第 2 期。

（3）贾润田："人工智能发展对著作权挑战的初探"，载《河北企业》2019 年第 2 期。

（4）李伟民："人工智能诗集的版权归属研究"，载《电子知识产权》2019 年第 1 期。

（5）肖杰："从'微软小冰'探讨人工智能的前景与未来"，载《科技创新与应用》2018 年第 7 期。

（6）高春静："人工智能对知识产权领域的影响探究"，载《科技经济导刊》2017 年第 33 期。

（7）熊琦："人工智能生成内容的著作权认定"，载《知识产权》2017 年第 3 期。

（8）郭倩："新生少女诗人'小冰'为什么这样受关注"，载《中华读书报》2017 年 5 月 31 日。

（9）"没有身份证号的人工智能小冰出诗集了"，载 http://zqb.cyol.com/html/2017-05/23/nw.D110000zgqnb_20170523_1-08.html，最后访问时间：2019 年 3 月 10 日。

（10）"论作品的独创性"，载 http://www.doc88.com/p-9993620869709.html，最后访问时间：2019 年 3 月 10 日。

"中蒙俄经济走廊"视阈下内蒙古非物质文化遗产商标权保护研究

程 昊*

"中蒙俄经济走廊"建设奉行以经济合作为基础,人文交流为先导,政治开放包容的合作理念。[1]如何保护内蒙古非物质文化遗产(以下简称"非遗")更好地传播、传承,是一个重要的问题。国际上对非遗的保护有两种:一是联合国教科文组织(UNESCO)基于"人类共同遗产"提出的保护制度,可被称为"公权"保护;二是"世界知识产权组织"(WIPO)提出的"私有制财产"保护的理念,[2]可被称为"私权"保护。"公权"保护是对非遗进行"输血"式的行政保护,将非遗束之高阁,藏于深闺。[3]这种保护模式对一些濒危非遗项目的抢救确实起到了很好的作用,但在"一带一路"倡议下,单靠行政保护不足以支撑我国的文化输出。最佳方式就是引入"私法"保护。在学界,学者也在从不同角度探索私法保护。R. A. 马舍尔卡(R. A. Mashelkar)主张对传统知识进行特别法保护;[4]贾学胜、严永和认为刑法保护的介

---

* 内蒙古工业大学 2017 级民族学专业硕士研究生。

〔1〕 蒋希蕾、程国强:"国内外专家关于'一路一带'建设的看法和建议综述",载《中国外资》2014 年第 19 期。

〔2〕 施爱东:"'非物质文化遗产保护'与'民间文艺作品著作权保护'的内在矛盾",载《中国人民大学学报》2018 年第 1 期。

〔3〕 韩小兵:"少数民族非物质文化遗产概念界定及其法律意义",载《北京政法职业学院学报》2010 年第 4 期。

〔4〕 梅术文:"'非物质文化遗产保护与知识产权国际研讨会'综述",载《法商研究》2007 年第 4 期。

入可更好地保护非遗。[1]笔者认为,私法保护应以"拥有、维护、受益"为原则,不仅可以调动社会力量来保护非遗,还可以给传承主体带来经济收益。

在非遗的私法保护中,商标权保护是一种非常适合的保护手段。杨建斌认为,在现行知识产权制度中,商标制度效果最好、争议最少[2];罗伯特·帕特森和丹尼斯·卡哈拉(Paterson Robert K. and Dennis S. Karjala)强调,相对于专利与版权,商标区分商品来源的本质属性使其适合于非遗保护。[3]尽管非遗的商标权保护在理论上获得了极大认同,但在实践中,由于我国立法上的空缺,导致了非遗商标在国内外被"抢注"、非遗传承人维权困难等问题的滋生。

一、非物质文化遗产商标法保护现状

(一)国外商标法保护现状

在国际上,已经有许多国家利用商标法保护本国的非遗。美国早在1990年就通过了《印第安人艺术和手工艺保护法》,设立了印第安艺术和手工艺委员会,以确保印第安艺术和手工艺品的真实性,防止那些非印第安人制造的产品使用"印第安制造"的标记。[4]美国印第安手工艺人在其制作的手工艺品上印上"印第安制造"的标记,就可以从这些销售的手工艺品中获得8亿多美元的收入。新西兰为保证本土毛利人手工艺品的质量与真实性,注册了名为"toiiho"的证明商标,这不但保护了毛利人的非遗,还增强了当地非遗的传承活力。在世界范围内,日本是第一个将"文化遗产"纳入法律保护体系的国家,并率先提出了"文化财"这一概念。《日本商标法》第4条第1款第8项规定:"含有他人肖像或姓氏、名称,或著名的雅号、艺名、笔名及其著名的简称的商标不得取得注册。"[5]德国明确提出了在先权利的概念,而且

---

[1] 贾学胜、严永和:"非物质文化遗产的刑法保护及其完善",载《电子知识产权》2008年第3期。

[2] 杨建斌:"商标权制度与非物质传统资源的保护",载《北方法学》2010年第2期。

[3] Robert K. Paterson, Dennis S. Karjala, "Looking Beyond Intellectual Property in Resolving Protection of the Intangible Cultural Heritage of Indigenous Peoples", Cardozo J. Int'l & Comp. L., 11 (2003): 633.

[4] Wend Wendland, "Intangible Heritage and Inerllectual Property: Challenges and Future Prospects", Museum International, 2004, Nos. 221~222.

[5] "商标海外维权信息平台的各国商标法律法规数据库日本商标法(中文版)",载 http://sbj.saic.gov.cn/ztbd/sbhwwq/ggfl//201705/t20170515_264667.html,最后访问时间:2018年11月1日。

详细列举了在先权利的内容：姓名权、商号权、肖像权、著作权、作品标题权、植物品种名称权、地理标志权及其他工业产权。权利人有权禁止他人将上述对象注册为商标，对于已注册的，可以申请撤销。[1]这些立法都在很大程度上保护了非遗权利主体的利益。非遗在其存续与发展的进程中，极易被人为破坏，运用国家强制力对其进行惩处，对破坏行为进行制止和处罚，可以保护珍贵的非遗，传承人类的历史文明。

(二) 我国商标法保护现状

中国部分省份在十多年前便已经试行了商标权保护模式。早在2004年，铜梁县高楼镇文化服务中心就为"铜梁火龙"注册了商标，商标名称为"铜梁火龙 HUO LONG 888年"，注册的类别为41类"教育；提供培训；娱乐；文体活动"。2006年10月份，南京的第一个地理标志证明商标"南京云锦"注册成功，注册类别为24类"织物及其替代品；家庭日用纺织品或塑料制帘"、25类"服类；鞋；帽"。2010年，湖南省湘西自治州的乾州古城被国家确立为湘西非物质文化遗产园。2011年，乾州古城被注册为商标并进行商业开发，使当地旅游业得到了良好的发展。摆手舞传承人张光明在古城中为游客进行演出。他说："有了古城这个平台之后，凡是重大节日，我都会带着乡亲们演出，演出既能向游客介绍土家族文化，又能给参与演出的乡亲们带来人均百八十块的收入。"在乾州古城中，有17位民间非遗传承人入驻，向游客们展示湘西土家族的非物质文化遗产。湘西当地的工商部门积极指导园内的非遗传承人通过不同方式进行商标注册，同时动员传承人在尚未注册类别的商标上注册商标，进行全方位的防护。湘西坊商标已经被商标权利人吉首市乾州古城保护开发有限责任公司在29个类别上注册了商标。

虽然有很大的成功，但是非遗商标注册还是存在一定的问题。因为非遗具有公共属性，并且缺少完善的法律保护条例，非遗的商标保护模式仍面临很多障碍。如广西壮族自治区的黄女生申请将"二人转"作为商标注册用在安全套上，尽管商标注册被驳回，但也为非遗的保护敲响了警钟。[2]因为非遗热度持续升温，各地非遗商标抢注、囤积的现象频频发生。如2010年，龙

---

〔1〕 参见胡开忠编著：《知识产权法比较研究》，中国人民公安大学出版社2004年版。
〔2〕 "'二人转'被申请注册安全套商标"，载 http://www.chinanews.com/news/2006/2006-02-27/8/695773.shtm，最后访问时间：2019年1月1日。

门县打算将"龙门农民画"申请注册为集体商标,注册过程中得知"龙门画"商标已经有人注册,佛山一位注册了"龙门画"商标的商家希望龙门农民画协会出资回购。作为"龙门画"传承的主体,竟然要回购自己的商标,明明是自己家的孩子,却不能跟自己姓。[1]综上所述,非遗的商标保护是可行的,但还存在一定的问题。在"中蒙俄经济走廊"建设过程中,内蒙古非遗商标保护机遇与挑战并存,如何抓住机遇、赢得挑战,正是本文研究的价值所在。

二、内蒙古非物质文化遗产商标法保护困境

(一) 权利人主体的界定

2008年,蒙古国和中国联合申报了"蒙古族长调民歌"并成功入选世界级非遗,之后双方又展开了田野调查,对非遗的"文化共同体"建设起到了积极的建设作用。如果对长调民歌进行商标权保护,权利主体该如何界定?我国作为世界上唯一一个以实体方式延续至今的多民族国家,古代丝绸之路沟通了东西方文明,贸易往来促进了文化交流与文明融合,诸多非遗在沿线内的国家共享并传承。我国既是古丝绸之路的起点,又是当代"一带一路"倡议的发起国,与沿线的国家存在深厚的历史与文化渊源,存在许多共享的"非物质文化遗产"。[2]如果要运用商标权来保护非遗,必须要有明确的权利主体。在司法案例中,2015年,国家级非遗"汤瓶八诊"商标因不具备"显著性"而被工商总局商标评审委员会撤销,商标的传承人和商标持有人杨华祥在之后提起的行政诉讼亦以败诉告终。[3]笔者认为,除了"显著性"之外,更为重要的应是传承人主体的争议。杨华祥可能是最精通这项非遗的传承人,但是,该疗法已经有1300余年的历史了,非遗是人类千百年积累、传承下来的经验和智慧,在漫长的历史岁月中延续着人与自然、社会和自我之间平衡与发展的递进关系,这是人类社会可持续发展的宝贵资源。非遗的发

---

[1] "'龙门农民画'遭抢注",载http://news.163.com/15/0331/06/AM10DB8N00014AED.html,最后访问时间:2018年10月11日。

[2] 郭翠潇:"'一带一路'国家《非遗公约》名录项目数据统计与可视化分析",载《民族文学研究》2017年第5期。

[3] 杨某祥与国家工商行政管理局商标评审委员会其他 [2016] 京行终1479号二审行政判决书。

展并非是一蹴而就的，而是经过数代人的努力，才成了现今独特的文化表现形式。所以"汤瓶八诊"应属于整个回族群体，而非个人的私有财产。〔1〕"中蒙俄经济走廊"视角下，商标权利人主体的界定是一大问题。

（二）大量非遗商标被"私有化"注册和"囤积"

"中蒙俄经济走廊"建设过程中，非遗商标保护的开展还要解决商标被"私有化"注册和"囤积"的问题。通过国家知识产权局商标局中国商标网，〔2〕对内蒙古非遗名录或关键词进行查询，发现大量商标被"私有化"注册和"囤积"，还存在"境外人"注册的情况。"蒙古族长调民歌"检索到10件商标中，其中权利人J-制油株式会社注册了名为"长调得德"的商标，注册日期为2014年1月7日，注册人的地址是日本东京都中央区明石町8番1号。真正的非遗传承人一旦想利用商标，其将面临一系列的难题。TRIPS协议第16条规定："商标权不得损害任何已有的在先权，也不得影响成员依使用而确认权利的可能。"〔3〕依据我国《商标法》的规定，申请注册的商标不得与他人在先取得的合法权利相冲突。〔4〕基于商标的专有性，除注册者外的其他传承人和民族同胞同样无权使用。这些非遗商标被独占，势必会对其他传承人及民族同胞不公平，独占此种利益势必会与UNESCO提出的"人类共同遗产"的理念相违背。〔5〕

（三）商标权保护不能根治非遗的衰落

非遗衰落的主要原因并不是外来者的商业利用，而是大量非遗缺乏实用性和商业性，无法从中获利，与现代文化脱节，只能越来越被边缘化。在"中蒙俄经济走廊"建设过程中，大量的非遗并不能进行商业化利用与开发。如"勒勒车"，因为缺乏使用价值而被淘汰。通过商标权保护也不可能改变它

---

〔1〕 王云霞："'汤瓶八诊'商标被撤折射'非遗'商标保护的认识误区"，载《中国民族报》2016年8月12日。

〔2〕 参见 http://sbj.saic.gov.cn，最后访问时间：2019年1月5日。

〔3〕 "中华人民共和国商务部世界贸易组织司发布《TRIPS协定》全文（2017年1月23日修正，中文）"，载 http://sms.mofcom.gov.cn/article/wtofile/201703/20170302538505.shtml，最后访问时间：2019年1月2日。

〔4〕 《商标法》第9条第1款规定："申请注册的商标，应当有显著特征，便于识别，并不得与他人在先取得的合法权利相冲突。"

〔5〕 庄孔韶："文化遗产保护的观念与实践的思考"，载《浙江大学学报（人文社会科学版）》2009年第5期。

的处境。在如今仍具有活力的非遗,并不需要以"私权"的方式来激发传承人保护的动力。尤其是在"一带一路"的背景下,一旦将商标权赋予非遗权利人,极易出现权利人只是简单地将商标进行转让和租赁的情况。另外,还要通过完善国际合作下法律制度来维护非遗商标保护的正常运行,确定各类标准,这需要消耗大量的社会资本。而商标保护的周期长、获利的不确定性等都是潜在的问题。

(四) 司法手段不利于解决非遗国际争端

"中蒙俄经济走廊"沿线国家在法律制度、文化传统以及宗教信仰上均存在差异,在文化上的国际区域合作过程中难免会发生分歧。王云霞认为:"解决此类国际争端,司法手段解决各方争议难度较大,平等的谈判更适于解决问题,多元解决机制有利于文化遗产合作机制的运转。"[1]郭禾认为:"对外来世界能产生深远影响的恰恰是那些各国所能接受的传统文化遗产,不建议采取'私权'保护非遗。"[2]各国因为法律上的差异,导致法律保护踟蹰不展。《推动共建丝绸之路经济带和21世纪海上丝绸之路的愿景与行动》提出,要"加强旅游合作,扩大旅游规模"。[3]非遗在其中将会大有作为,一旦牵扯到利益分配、文化侵权等方面的问题,《保护非物质文化遗产公约》[4]在具体争端问题上模糊不清,单靠协商、谈判真的能解决问题吗?法律法规在非遗保护上的缺失,导致我国无法应对涉及非遗的国际纠纷,致使大量非遗流失海外。如端午节、走马灯分别被韩国、柬埔寨向联合国申请为非遗;日本抢注我国古典名著《三国志》游戏商标;"花木兰"被美国迪士尼拍成电影;"杜康酒""龙井茶"都被日本公司注册为商标进行商业开发,而我国却无法追究其侵权责任。

(五) 商标保护的本质并不是非物质文化遗产本身

商标权保护的是商标背后的经济利益,而不是非遗本身的内涵。国际上的区域合作,过度的商业开发给非遗保护造成了很大的压力,稍有不慎就会

---

〔1〕 王云霞、张蕊:"'一带一路'倡议下文化遗产国际区域合作的法律思考",载《西北大学学报(哲学社会科学版)》2018年第3期。

〔2〕 郭禾:"对非物质文化遗产私权保护模式的质疑",载《中国人民大学学报》2011年第2期。

〔3〕 "推动共建丝绸之路经济带和21世纪海上丝绸之路的愿景与行动",载http://www.xinhuanet.com/world/2015-03/28/c_1114793986.html,最后访问时间:2018年12月31日。

〔4〕 联合国教育、科学及文化组织(以下简称"教科文组织")大会于2003年9月29日至10月17日在巴黎举行的第32届会议,2003年10月17日通过本公约。

破坏其原真性。在资本逐利的引诱之下，极易导致为了商标的经济利益而限制非遗发展的情况发生。因为商标权模式保护的内容仅限于防止用在商品或服务上以区别商品或服务来源的标记被混淆，保护商标持有者的私权利，不利于传播文化。所以，如果在事实上他人所提供的商品或服务不能够混淆非物质文化遗产持有人的商标，那么就不构成对非遗商标权的侵犯。这样，即使非遗所有人进行了商标注册，他人在所使用的商标不得与非遗所有人所注册的商标相同或相似的情况下，仍然可以对该非物质文化遗产进行营利性利用。这其中的核心问题是商标权模式在这里保护的仅仅是商标，而不是非物质文化遗产本身。非遗商标权保护的本质是保护和传承非遗，而不将其作为私人牟利的工具。[1]如章丘铁锅在舌尖上的中国被公众熟知，因其不粘锅特性和繁复的工艺手法掀起了人们的抢购热潮。它的热销导致外地频频出现假冒章丘铁锅的现象，造成章丘铁锅从"一锅难求"到"无人问津"。[2]"章丘铁锅"因为具有悠久的历史，重新被公众熟知，搭便车的人也就变多了。但是，章丘人做的锅就是"章丘铁锅"吗？我们的回答显然是"不是"。没有统一的价值标准，注定了"网红短命"的结局。如何兼顾商标与品质值得我们深思。

三、内蒙古非物质文化遗产商标权保护出路

（一）完善传承人主体的注册登记制度

尽管内蒙古自治区传承人申报和登记制度一直都有，但由于非遗具有变化性，导致在漫长的传承过程中，非遗的传承主体、非遗的表现形式都有所改变，非遗的主体在我国或者其他国家都可能存在，权利人主体的认定一直都是理论与实践的难题，尚未有一个清晰的解决思路。齐爱民将非遗的权利主体定位在国家、社区和个人三个类别，[3]对此可将其理解为"三元论"，即个人、群体、国家。传统的观念只认为非遗属于个体或群体，而"国家"

---

[1] 李一丁："非物质文化遗产知识产权保护之殇：'汤瓶八诊'系列案评析"，载《重庆理工大学学报（社会科学）》2018年第4期。

[2] 陈梦竹、姜子尘："章丘铁锅缘何从'爆红'到'遇冷'"，载《中国质量万里行》2018年第8期。

[3] 齐爱民："非物质文化遗产系列研究（二）保护非物质文化遗产的基本法律问题"，载《电子知识产权》2007年第5期。

这一概念的嵌入增加了非遗理论的延展性。在个人层面上，尽管大量非遗都不能确定权利主体，但有些非遗确实是属于个人或家族的。如乐氏的"同仁堂"，根据史料和事实都可以推断出这项非遗是属于个人或家族的。可以举证的非遗应当被认定为个人或家族所有，在法律上也应当承认其主体地位。群体层面，大量非遗存在于历史长河之中，一个区域内的群体在平时的生活生产中总结出的经验或技术创造、便于群体内部认知的符号，应该被群体所有，如18国联合申报的"猎鹰训练术，一宗活形态人类遗产"。"猎鹰训练术"也是我国的国家级非遗，[1]对于群体所有的非遗，最好的保护模式就是构建集体商标或证明商标保护模式。国家层面，并非所有非遗都能确定出处及来源，有些非遗因各种原因，不能确定权属，为了维护非遗的内涵，法律应将权利主体认定为国家，这一点可依据我国《民法典》第1160条的规定。[2]中国的四大名著虽然可以断定来源，但已经成为无主之物，国家基于对民族传统文化的保护和延续，应当成为这类非遗的权利主体。

（二）现有商标法对非遗保护的完善

造成非遗商标"私有化"注册和"囤积"的主要原因在于现行商标制度存在缺口和非遗传承人意识薄弱。在非遗被注册商标的过程中，传承人并没有对非遗商标的注册提出异议，《商标法》对非遗注册商标缺少规制，才使得非遗容易被"私有化"注册和囤积。首先，《商标法》对非遗商标的注册应设置前提条件：一是真实使用；二是投入使用；三是个人禁止注册。其次，对《商标法》第42条第3款进行修订："对未实际使用的注册商标、容易导致混淆或者有其他不良影响的转让，商标局不予核准，书面通知申请人说明理由。但未实际使用商标转让给非遗传承人主体不应以获利形式转让除外。"以转让非遗商标盈利为目的的申请商标注册群体无法通过停止侵权的方式使实际使用人购买，也无法通过自由转让的方式获取利益。如果不是为了自己的实际使用而申请注册商标，抢先注册的非遗商标无可利用价值。另外，我国存在大量非遗商标"私有化"注册和"囤积"的原因还在于我国商标法注册商标不使用则不予赔偿的抗辩制度。在这一点上，我们可以借鉴国外法律，

---

[1]　"关于公布第三批国家级非物质文化遗产名录的通知"，载 http://www.gov.cn/zwgk/2011-06/09/con-tent_1880635.html，最后访问时间：2017年6月12日。

[2]　《民法典》第1160条规定："无人继承又无人受遗赠的遗产，归国家所有……"

如《日本商标法》第 79 条规定，抢注商标构成欺诈罪，处以 3 年以下的徒刑或 20 万元以下的罚金。《美国兰哈姆法》规定，凡以虚假手段注册商标，受害人提起诉讼的，需对受害人遭受的损失给予赔偿。[1]加大处罚力度，是保护非遗被私人注册为商标的有力方式。

(三) 有选择性地非遗商标保护

商标权保护的工作重点应是"中蒙俄经济走廊"在商业开发有关联的非遗上，保护的对象是易商品化和知名度高的非遗。在确定具体保护的名录后，首先需要培育传承人主体传承文化方面的知识产权意识与文化自觉，这是一切保护工作的前提。缺少这种自觉和意识就可能把甲骨文的甲骨当成"中药材"给砸了，把半坡村的陶器当"破烂"卖了。[2]其次，沿线国家应在法律设计及利益分配等问题上达成共识。最后，有选择地进行合理的商业开发。需要注意的是，非遗商标权保护的准备及开展的周期长，短期内很难实现收益。需要国际区域内各界力量的共通帮助，才能实现非遗的可持续发展。

另外，针对不易被商业化保护的非遗可以采用档案、数字化抢救保护或其他保护方式，保证非遗不至于消失。商标权保护对少数民族的情感和认知因素都会起到良性作用，虽然需要投入大量的社会资源与经济资源，但换来的是帮助一个民族保护了自己的文化个性，维护了依存该文化生存的人民的利益。[3]

(四) 构建集体商标和证明商标

随着"中蒙俄经济走廊"区域合作平台的进一步深化，国际合作日趋频繁，非遗该以何种形式进行保护与开发，才能更有利于深化国际的交流与合作？非遗的合理开发将带动旅游产业的发展，但却极易被肆意利用。从目前来看，最好的保护办法就是构建集体商标或证明商标（包括地理标志集体商标或证明商标）。集体商标或证明商标可以缓解抢注压力，基于此，应成立国际的传承人协会，以协会的名义注册集体商标和证明商标。集体商标的特点是"公用"和"共有"，可以被全体成员共同所有，涵盖的主体广。另外，

---

[1]《兰哈姆法》第 1120 条规定："任何以虚假手段，在专利商标局取得商标注册的人，在受害人提出的民事诉讼中，对其因此遭受的损失承担责任。"

[2] 段宝林："民间文学普查的基础问题"，载《广西师范学院学报（哲学社会科学版）》2004 年第 4 期。

[3] 参见赵学义、关凯主编：《政策视野中的少数民族非物质文化遗产》，民族出版社 2010 年版。

证明商标可由政府部门出面注册，同样可以被更多人使用。同时，还受社会的监督，可以保证非遗的质量。集体商标或证明商标的可以区别商品来源、保证商品品质、不要求新颖性与创造性、保护期限可持续续期和商标可以被群体共用等优点都与非遗不谋而合。另外，申请成为国家或者省一级的地理标志后，依据 TRIPs 协定第 22 条第 3 款的规定，所有抢注的商标一旦公示出来，就可以被国家或各省叫停。这就能更好地让"中蒙俄经济走廊"区域内的人们接触、感受非遗的内涵与价值，通过旅游业带来的经济效益，让传承人摆脱生活窘境，保证其生活质量。

（五）鼓励合理的商业开发

在"中蒙俄经济走廊"视域下，内蒙古非遗保护必须在资本商业化的社会环境中实现。保证绝对的原真性、拒绝商业染指是不现实的，非遗的传承要面临商业的改造，通过商品的形式进入市场是大势所趋。需要自治区政府有关部门和非遗协会对非遗集体商标或证明商标的产品进行以下几方面的监督：首先，"政府指导"。对于内蒙古非遗在"中蒙俄经济走廊"中的开发，政府一定要起宏观指导作用。自治区政府一定要在众多非遗中遴选出亟待保护的、可被商品化利用的"非遗"类别。包括非遗产业合作平台和"互联网+"，都离不开政府的帮助。其次，"谨防假冒"。非遗商品，如缺乏严格的管理，很容易产生以次充好的"搭便车"现象。笔者建议，对假冒伪劣商家，要加大处罚力度。最后，"质量第一"。自治区的非遗在商业化生产过程中要注意把控产品质量，产品的生产者需要有"匠人精神"。还要建立有序、规范的检测体系，杜绝产品质量问题，这就需要非遗协会的监管。合理的商业开发可以调动传承人的积极性，促进社会参与，让更多的人愿意成为传承人，就是对它最好的保护。[1]

在司法实践中，以现行知识产权制度为依据审理非遗案件容易出现脱节现象，也反映出了非遗知识产权保护还存在诸多障碍。国际上，各国也都在积极探索商标法保护模式，各有优劣。构建出行之有效的非遗商标权保护制度，仍有很长的一段路要走。笔者希望通过探索"中蒙俄经济走廊"视域下运用"商标权"保护内蒙古非遗，促进内蒙古非遗健康、稳定发展，最终构建成互利共赢的利益共同体与共同发展的命运共同体。

---

[1] 齐爱民、赵敏："非物质文化遗产的商标权保护模式"，载《知识产权》2006 年第 6 期。

参考文献

(1) 蒋希蘅、程国强："国内外专家关于'一路一带'建设的看法和建议综述"，载《中国外资》2014 年第 19 期。

(2) 韩小兵："少数民族非物质文化遗产概念界定及其法律意义"，载《北京政法职业学院学报》2010 年第 4 期。

(3) 梅术文："'非物质文化遗产保护与知识产权国际研讨会'综述"，载《法商研究》2007 年第 4 期。

(4) 贾学胜、严永和："非物质文化遗产的刑法保护及其完善"，载《电子知识产权》2008 年第 3 期。

(5) 杨建斌："商标权制度与非物质传统资源的保护"，载《北方法学》2010 年第 2 期。

(6) Robert K. Paterson, Dennis S. Karjala, "Looking Beyond Intellectual Property in Resolving Protection of the Intangible Cultural Heritage of Indigenous Peoples", Cardozo J. Int'l & Comp. L., 11 (2003): 633.

(7) Wend Wendland, "Intangible Heritage and Inerllectual Property: Challenges and Future Prospects", *Museum International*, 2004, Nos. 221~222.

(8) 胡开忠编著：《知识产权法比较研究》，中国人民公安大学出版社 2004 年版。

(9) 郭翠潇："'一带一路'国家《非遗公约》名录项目数据统计与可视化分析"，载《民族文学研究》2017 年第 5 期。

(10) 王云霞："'汤瓶八诊'商标被撤折射'非遗'商标保护的认识误区"，载《中国民族报》2016 年 8 月 12 日。

(11) 庄孔韶："文化遗产保护的观念与实践的思考"，载《浙江大学学报（人文社会科学版）》2009 年第 5 期。

(12) 王云霞、张蕊："'一带一路'倡议下文化遗产国际区域合作的法律思考"，载《西北大学学报（哲学社会科学版）》2018 年第 3 期。

(13) 郭禾："对非物质文化遗产私权保护模式的质疑"，载《中国人民大学学报》2011 年第 2 期。

(14) 李一丁："非物质文化遗产知识产权保护之殇：'汤瓶八诊'系列案评析"，载《重庆理工大学学报（社会科学）》2018 年第 4 期。

(15) 陈梦竹、姜子尘："章丘铁锅缘何从'爆红'到'遇冷'"，载《中国质量万里行》2018 年第 8 期。

(16) 齐爱民："非物质文化遗产系列研究（二）保护非物质文化遗产的基本法律问

题",载《电子知识产权》2007 年第 5 期。

(17) 段宝林:"民间文学普查的基础问题",载《广西师范学院学报(哲学社会科学版)》2004 年第 4 期。

(18) 赵学义、关凯主编:《政策视野中的少数民族非物质文化遗产》,民族出版社 2010 年版。

(19) 齐爱民、赵敏:"非物质文化遗产的商标权保护模式",载《知识产权》2006 年第 6 期。

浅析药品专利权与公民健康权的冲突与解决措施

朱 丹[*]

2018年7月的电影《我不是药神》引起了舆论的广泛热议，此部作品来源于我国真实案件"陆勇案"。陆勇原本是一位企业家，因患有慢粒性白血病，需要长期不断地服用一种由瑞士诺华制药生产的名为"格列卫"的抗癌药品。此药价格昂贵，开支巨大。后来，他发现印度正在生产此药的仿制药，疗效基本相同但价格十分便宜，于是便大量购买，在供自己服用的同时，也帮助其他病友购买。而后，湖南省沅江市人民检察院以涉嫌"销售假药罪"对陆勇提起公诉，此案引起了巨大反响。最后湖南省沅江市人民检察院认为陆勇帮他人购药的行为并不是以盈利为目的的销售行为，向法院请求撤回起诉，陆勇最终获释。本案中蕴含一个值得思考的问题就是药品专利权随之带来的高昂的销售价格与公民的生命健康权产生的强烈冲突应当如何解决？如何缓解专利权人和公众健康之间的矛盾成了我国乃至国际上需要解决的问题。

一、药品专利权与公民健康权的基本内涵与冲突

（一）药品专利权和公民健康权基本内涵

专利权是指国家依法授予发明创造人享有的一种独占权。[1]药品专利权是授予专利权人的在一定期限内公开发明信息的奖励。因为药品具有研发周期长、成本高、风险大等特点，对药品研发人的专利权加以保护无可非议，此项权利可以让专利权人在一定期限内拥有一定的垄断权利从而得到可观的

---

[*] 北方工业大学2016级法学专业本科生。
[1] 参见吴汉东主编：《知识产权法》（第5版），法律出版社2014年版。

收益，进而激励专利权人积极创新，不断丰富药品种类。

《世界人权宣言》规定，人人有权享受维持他本人和家属的健康和福利所需的生活水准，在疾病等其他不能控制的情况下，在丧失谋生能力时，有权获得保障。健康权是人类最基本、最重要的权利之一，而药品是维护人类健康权的重要物品，国家有义务让药物惠及普通公众，保障公众的生命健康。[1]

（二）两者冲突关系

首先，研发新药品技术要求高，投资成本较大，且风险大、周期长，因此新药品在专利期内价格通常较高。但是，药品研制上市并不代表其就能解决公共健康问题，专利药品价格过高且普通公民的购买力有限，而且大部分特效药都没被归入国家农合或医保报销范围，需要公民承担大部分费用，对于没有能力承担药费的病人而言，其生命健康受到了严重威胁。

其次，在药品专利权问题上，发达国家是最大受益者，发达国家的经济实力和技术能力远远高于发展中国家，大部分药品专利权均由发达国家控制，发达国家通常会制定较高的药品专利权保护标准并且设定比较严重的侵权责任来维护自己的权利，以达到自己利益的最大化。但是，这无疑会在一定程度上损害发展中国家公民的生命健康，发达国家在垄断期间内制定较高的药品价格，并且严禁其他国家进行仿制药的研制，导致大部分国家的公民均无法使用平价的替代品救命，从而容易引发公共健康危机。基于此，发展中国家往往会采取一定的措施（例如专利强制许可制度等），然而这种做法会受到发达国家的抵制，甚至可能对质法庭，更有可能引发国际交往中的政治、贸易摩擦等。发展中国家想要为本国人谋求利益，仍然困难重重。

知识产权在属于私权的同时，也具有社会性。[2]在对专利权人予以保护的同时，也要注重公有领域的公共利益。既应让发明人体会到发明的回报，也应让普通公众品尝到社会创新进步的果实。

二、TRIPs 与《多哈宣言》中关于药品专利权的规定

《与贸易有关的知识产权协定》（以下简称"TRIPs"）于 1995 年 1 月 1

---

〔1〕孙洁丽："TRIPs 框架下知识产权私权性与社会性的冲突与协调——以药品专利权与健康权的冲突为例"，载《聊城大学学报（社会科学版）》2017 年第 1 期。

〔2〕崔莹莹："论原研药与仿制药的利益冲突与平衡——以专利法为视角"，辽宁大学 2016 年硕士学位论文。

日生效,其中规定了药品专利权等知识产权的保护机制和标准,要求 WTO 成员承认并加强对包括医药专利在内的知识产权的保护。在此之前,药品专利权没有得到过实质的保护,研制药品的医药企业利润大量丧失,成本难以收回,制药积极性降低,引起了各国的重视。TRIPs 生效以来,许多国家都开始制定本国的药品专利权保护体系,逐步与国际接轨。此协定虽然规定了在紧急情势下专利药品可以被强制许可实施,但是并没有对"紧急情势"进行明确,容易造成对专利强制许可制度的滥用。

2001 年 11 月 WTO 在多哈召开的 WTO 第四届部长级会议上发表的《TRIPs 与公共健康多哈宣言》(以下简称"多哈宣言"),不仅明确强调了世界各国应当注重保障公共健康,对专利药品不能设置任何专利使用障碍,也进一步对 TRIPs 中关于"紧急情势下的专利强制许可"中"紧急情况"的具体使用情况进行了补充,明确将艾滋病、结核病、疟疾等多项疾病视为紧急情势,在一定程度上对"紧急情势"的适用范围进行了限缩。但是 TRIPs 也规定了专利侵权的例外,成员仍然可以在本国政府判定为紧急状态的情势下,使用药品专利强制许可。

TRIPs 和《多哈宣言》建立了世界知识产权保护体系,公共健康权逐渐受到人们的重视,进一步缓解了世界上部分国家的公共健康危机,但是也引发了专利药品持有较多的发达国家和专利药品保护力度较弱的发展中国家的矛盾。专利药品制造者希望能够加强对专利药品的保护力度,但是发展中国家往往因为经济落后而无法负担高额的专利药品费用,导致疾病得不到有效控制,药品专利权和公民健康权的冲突并没有得到根本解决。

三、印度关于药品专利权与公民健康权的权衡

印度的制药业一直是印度经济的支柱之一,每年有大量的仿制药从印度出口到世界各个国家,有"世界药房"之称。印度所生产的仿制药与原研药不仅药效基本相同,而且价格低廉,使大量需要长期服药的患者找到了救命稻草。但是,仿制药的出现使部分药品制造商无法收回成本,严重挫伤了为研制新药而投入大量技术成本时间的医药企业的积极性。

原研药与仿制药是相对应的概念,原研药是经过复杂的实验后制造生产且第一次在世界上出现的药物,药品生产者经过一系列程序申请专利权拥有了药品专利权。仿制药就是模仿原研药的技术配方对其进行复制销售,没有

复杂的研发测试成本，价格低，并且药物疗效基本相同。印度之所以可以生产大量的仿制药，源于印度宽松的政策，印度曾多次修订《专利法》。其中1970年修订的《专利法》规定"不对药品成分进行保护，而是对药品的生产工艺授予专利保护"，让大量仿制药得以名正言顺地上市，严重打击了美国等发达国家制药企业的市场占有率。1995年印度加入WTO后在欧美等国的施压下修订了《专利法》，对1995年以后的新药品提供药品保护，但是与此同时印度设立的专利强制许可制度仍为仿制药留存了很大的生存空间。印度政府运用各种手段在扶持培育本国仿制药企业的同时，也因侵犯知识产权而受到诸多发达国家的控诉。然而，印度政府依然没有改变这种宽松政策的情形，利用人道主义和国际规则不断地在各国之间周旋，实现本国利益最大化。

印度的制药业繁荣与政府支撑密切相关，若没有政府的保护，仿制药便很难发展壮大，虽然印度仿制药价格只有专利药的一半，但是没有足够证据能够证明其药效百分之百与原研药相同，没有经过严格测试就让消费者服用存在一定的危险性。随着经济全球化的发展，各国的规则意识不断增强，印度逐渐意识到了自己作为一个大国的责任，认识到了专利权的重要性，逐渐改善一味地保护本国制药业的政策，走上了鼓励创新研发之路。2017年，印度出台《药品政策草案》，开始注重本土生产，关注研发，印度制药业逐渐向良性发展。

四、我国面临的现实问题及相关制度分析

（一）我国药品专利权与公民健康权存在的现实冲突

我国药品专利权与公民健康权也存在着严重冲突。以"陆勇案"为例，格列卫作为一种慢粒性白血病人需要终身服用的药，在2018年之前尚未被纳入医保报销范围，大量患者不得不因无法承受药费而放弃治疗。除此之外，我国经济发展水平落后于发达国家，技术水平不高，研制原研药的能力较低，大量特效药仍依赖进口，普通民众无法负担起高昂的药费，但是专利权人急于在专利期间内收回研发成本，药品价格居高不下，两者矛盾突出。

那么，为什么我国不允许从印度进口仿制药呢？我国对于没有经过国务院药品监督管部门注册的药品一律按假药处理，从国外进口药并进行大量销售，如果没有经过我国相关管理机构的审批许可，都是不被准许的，否则将承担严重的法律后果。那么，为什么我国不生产仿制药呢？我国可以生产仿

制药，专利药品专利期满后其他医药企业可以研发上市，目前我国已有部分企业在研制生产仿制药。但是由于各种原因，仿制药在我国的发展依然困难重重。例如，我国医药企业资金、技术实力和研发实力和发达国家仍有一定的差距，仿制药药效与原研药药效相差较大，但价格却相差不大，缺少市场竞争力。除此之外，我国的药品监管不到位，审批流程较为复杂，限制着仿制药的发展。[1]

印度在药品专利权和公民健康权的冲突下，倾向于降低对药品专利权的保护，仿制药获得了较大的生存空间。虽然民众在一定程度上能够减少医药费用，但是药品质量无法得到保障，缺乏监管的各类药物充斥着药品市场，公众健康仍然受到较大挑战。我国坚持与国际规定接轨，尽可能遵循药品专利保护制度，履行大国义务。但是，面对与公民健康的冲突，我国依然在不断地制定相关政策措施，以求实现两者平衡。

（二）我国药品专利强制许可制度

药品专利强制许可制度对于提高药品可及性、缓解由公共健康而引发的危机，保障公民健康安全有较大的积极作用。我国《专利法》经过多次修订，总体上制定了较为严格的药品专利保护制度，设置了较为严格的药品专利强制许可制度授予条件。到目前为止，我国没有一件授予药品专利强制许可的案例。

首先，申请主体资格限制严格。我国《专利法》规定只有具备实施条件的单位或者个人才能成为申请强制许可的主体，而大多数国家的专利法一般都不对申请主体作出限制。此外，一般药品企业也会因不符合《专利法》第11条规定的"实施条件"在申请药品专利强制许可时被拒绝。主体资格的严格控制极大地限制了药品专利强制许可制度的施行。

其次，适用情况不明确。我国《专利法》规定了申请专利强制许可制度的适用情况是在"在国家出现紧急状态或者非常情况时"或"为了公共利益的目的"，但是没有在立法层面上对紧急情况、公共利益作出具体规定。因此，申请者并不能找到合理、恰当的条件请求专利权人进行专利强制许可。

最后，申请程序复杂。我国《专利法》对申请专利强制许可采用了司法审查程序，两审终审导致了审查期限较长、步骤过多，增加了申请成本。

---

[1] 王蕾：" 浅谈我国仿制药发展困境与出路"，载《科学技术创新》2018年第26期。

2018年4月国务院办公厅颁布的《关于改革完善仿制药供应保障及使用政策的意见》规定"依法分类实施药品专利强制许可,提高药品可及性鼓励专利权人实施自愿许可,具备实施专利强制许可条件的单位或者个人可以依法向国家知识产权局提出专利强制许可请求"。该意见的颁布说明药品专利强制许可制度逐渐受到国家重视,药品专利强制许可制度的落实使用指日可待。但是,由于需要多个相关行业主管部门进行评估论证,提出实施专利强制许可是否可行的建议后才能进行判定,申请专利强制许可仍有较大阻力。

五、我国药品专利保护发展的建议

保护公民健康是国家和政府的责任和义务,提升药品可及性,能够让公众用得起药物是政府的职责。因此,对药品专利权也要加以限制,不能使药品专利权过大,让私权利凌驾在人的基本权利上,但是同时也不能放弃专利权人的利益,一味地扩大专利权人的义务。为此,我国正在不断地制定新的制度和政策。

(一)完善药品专利强制许可制度

药品专利强制许可制度的实施是降低药品价格的根本举措,政府的支持是扩大专利药品可及性的重要保障。[1]首先,应当适当放宽申请主体的限制,政府在必要的情况下可以基于公众健康目的主动申请或给予指定单位专利强制许可,对于经验丰富,实力强大的医药企业甚至是药店等团体,也应允许它们作为申请主体。其次,应进一步明确药品专利强制许可的适用情况,明确阐述公共利益保护范围,提升制度的可实际操作性,提高药品专利强制许可制度的落地执行力。最后,适当简化审查药品专利强制许可程序,为申请人提供可选择的审查途径,申请人可以根据自身情况,选择适合的审查方式,降低审查门槛有利于制度的实际执行。

(二)适当放松仿制药的进口条件并加强仿制药的研发上市

TRIPs协定明确规定允许一国基于公共健康目的从他国进口已被他国强制许可的药品,结合我国专利法对权利用尽原则的规定,我国可以降低对仿制药的进口条件,鼓励与他国进行合法的仿制药贸易往来,并且明确以个人名

---

[1] 游文亭:"发展中国家药品专利权与公民健康权的博弈与平衡——以巴西和印度为例",载《电子知识产权》2018年第7期。

义购买国外仿制药，不以牟利为目的的行为，不构成犯罪。除此之外，我国应该对仿制药的研发生产给予政策上的鼓励，简化仿制药的审批程序，降低生产者的时间成本。

（三）强化医疗保障体系，增加药品可及性

降低药品价格，减少民众经济负担，提高药品可及性，更好地满足民众需求，是我国目前亟须解决的问题。政府的介入以及出台相关税收政策是解决此问题的一个有效举措。2018年5月，我国开始实行抗癌药零关税，从国外进口的抗癌药品的价格大幅度降低，同年10月，国家医保局将17种抗癌药品纳入了医保范围，并进行落实监督，切实保障病人的合法权益。2019年3月1日新《专利代理条例》正式实施，规定了首批21个罕见病药品和4个原料药，参照抗癌药对进口环节按3%减征收增值税，国内环节可选择按3%的简易办法计征增值税。[1]此外，2017年后全国公立医院开始进行医药改革，全面取消药品加成，推进医疗服务价格改革。国家在逐步重视减轻重大疾病所用药物价格的同时，也在降低普通药物价格，改善医院"以药养医"的局面。我国医疗保障体系不断完善，但是随着现实情况的不断变化，医疗保障体系也需要得到及时调整方能切实保障公民健康权。

结　语

药品专利权与公民健康权本身就是一对矛盾体，世界组织和各个国家都在为之不断努力，以求在两者之间寻求平衡。我国正在完善药品专利强制许可制度、促进生产仿制药，降低药品价格，同时还设置了药品专利链接制度保护药品专利权以提高医药企业制药积极性。基于我国医药起步较晚、技术水平较低的国情，我国在促进仿制药的生产与降低进口药物价格的同时，应该提高原研药的研发力度，鼓励制药企业研发新药，并为医药企业研制药物提供政策支持和保障。[2]纵观世界医药市场的发展，拥有属于我们自己的药品专利权才是我国医药企业长久发展、立于世界市场的根本措施，也是平衡我国药品专利权与公民健康权的有效措施。

---

〔1〕　黄祺："'绿色通道'和'另眼相看'会有用吗？谁来救救这款特效'孤儿药'"，载《新民周刊》2019年第6期。

〔2〕　林金朗："医药制造企业的发展战略研究——以××制药公司为例"，福州大学2017年硕士学位论文。

参考文献

(1) 吴汉东主编：《知识产权法》（第 5 版），法律出版社 2014 年版。

(2) 孙洁丽："TRIPs 框架下知识产权私权性与社会性的冲突与协调——以药品专利权与健康权的冲突为例"，载《聊城大学学报（社会科学版）》2017 年第 1 期。

(3) 崔莹莹："论原研药与仿制药的利益冲突与平衡——以专利法为视角"，辽宁大学 2016 年硕士学位论文。

(4) 王蕾："浅谈我国仿制药发展困境与出路"，载《科学技术创新》2018 年第 26 期。

(5) 游文亭："发展中国家药品专利权与公民健康权的博弈与平衡——以巴西和印度为例"，载《电子知识产权》2018 年第 7 期。

(6) 林金朗："医药制造企业的发展战略研究——以××制药公司为例"，福州大学 2017 年硕士学位论文。

中美"贸易战"中的宏观知识产权浅析

郭 琪[*]

一、中美"贸易战"的历史状况

当今世界上的大国,中国和美国必定是难解难分的。而当今处于舆论中央的中美间的贸易硝烟也并非刚刚升起,美国以其《1974年贸易法》中的第301条款为依据,在前后几十年间多次以知识产权相关问题为由向中国征收巨额关税。所以说,中美"贸易战"早已不是什么新概念。1991年,美国针对中国药品、版权方面的知识产权问题征收了惩罚性关税。1994年,美国再一次针对中国盗版、商标的侵权问题进行了关税惩罚。1996年中美同样掀起了一波针对盗版侵权的贸易纠纷。此后,针对不同方面的301调查也并未停止。可见,随着我国改革开放的逐步发展,知识产权方面的不足愈发凸显,暴露了我国在参与国际竞争过程中的软肋。随着中美两个大国间的贸易冲突不断发生,知识产权也成了我国关注的焦点。这期间我们修订了《专利法》《著作权法》《商标法》并颁布了《反不当竞争法》和一系列行业条例。如今,我国在面对争端时所能凭借的依据以及知识产权专业教育体系仍以如上几部部门法为基本框架。在中美间的不断摩擦中,我国现代知识产权体系经历了一个不破不立、破而后立的过程,为各行业的发展与社会竞争奠定了基础。

二、当今贸易战的背景及现状

放眼当下,中美"贸易战"再一次成了国际贸易的热点问题。2018年的

---

[*] 北方工业大学2017级知识产权专业本科生。

中美"贸易战"主要涉及包括航空产品、高铁装备、新能源汽车、新一代信息技术、新材料、工业机器人、生物医药在内的多个领域。对原有的中美贸易秩序造成了巨大冲击。可以说，此次贸易战的导火索是中美贸易的失衡，但根本原因是美国对中国崛起的遏制欲望。商人出身的特朗普总统显然不希望本已经十分巨大的贸易逆差继续扩大。从2017年的"301调查"到2018年的"232调查"我们都可以看出，美国是想以中国知识产权领域为切入点进行贸易周旋，以争取实体利益，根本目的还是保持其经济霸主地位和抑制中国发展。

自1978年改革开放以来，中国的迅速发展让全世界为之震撼，如今已坐稳世界第二大经济体的位置。近些年来又与美国互争世界第一大货物贸易国。这给美国政府带来了极大的危机感。"卧榻之侧岂容他人鼾睡"，而当今美国的这种心理正是应了《资治通鉴》中的这句古话。可以说，在当今经济全球化的大背景下，中美两国都着实尝到了自由贸易的甜头，两国间的贸易逆差也从侧面反映出了中美间的比较优势。据美方统计：2017年美国对华货物贸易逆差为3752亿美元，占美国贸易总逆差的46.3%，高于排第二位至第九位8个国家逆差的总和（44%）。[1]而中方的立场则是，美国的贸易逆差数字可能被高估了20%左右。即使如此，如此巨大的贸易逆差也不能全归咎于中国的发展，更不能成为"反自由贸易"的借口。知识产权不是政治斗争的手段，美国的部分行为从根本上违背了知识产权制度的基本价值。知识产权对智力成果的保护是为了促进人类文明进步和经济发展。企图利用知识产权壁垒来压制技术发展是对知识产权初衷的背离，是行不通的。反复以保护知识产权为由干预对华经济贸易，必将为未来世界格局埋下隐患。

三、中国企业在贸易战中的应对情况

5G是当今世界的首要发展领域之一，它决定了物联网的建设。可以说，掌握了5G也就掌握了未来。中国企业在3G时代受制于人，4G穷追猛赶，如今已基本掌握5G的话语权。

随着5G第一个版本标准R15的冻结和封版，通信设备商、芯片制造商、运营商以及研究者都积极向欧洲电信标准化协会披露和声明自己拥有的5G标

---

[1] 吴晓宣："中美贸易战原因及对策探析"，载《北方经贸》2019年第2期。

准相关专利。目前，从各家公司向 ESTI 声明的 5G polar 专利情况来看：有 103 族 polar 码的声明标准专利，区分专利权人：华为拥有 51 族专利，占总数的 49.5%；紧随其后的是爱立信，它拥有 26 族专利，占总数的 25.2%。[1]可见，中国企业华为在 5G 专利方面具有绝对优势。

知识产权，从某种意义上讲是美国这样的资本主义国家用于维护利益的工具。在国家间的政治、经济博弈中，美国的抵制目标一定少不了华为、中兴这样的跨国科技公司，只有这样其才能达到抑制中国高科技话语权的目的。美国政府宣布禁止 Qualcomm 公司向中兴出售芯片，偌大的中兴通讯帝国直接受制，也让我们看到了自主研发、自主专利的重要性。而对于华为，由于研发与技术积淀较为深厚，美国无法通过一纸禁令来达到抑制目的，进而导演了以下"闹剧"。资料显示：早就与华为签订合约的美国运营商 AT&T 突然宣布，迫于政治压力，将退出协议，撤销与华为之间的合作。除此之外，美国最大的本地电话公司、最大的无线通信公司 Verizon 也宣布取消销售华为手机的计划。这两件只是 2018 年发生的事情，往前回顾，我们还能发现更多。2008 年，华为与贝恩资本试图联合并购 3com，被否决；2010 年 5 月，华为以 200 万美元收购美国旧金山湾区技术开发商 3Leaf 的专利技术，被撤销；2010 年 8 月，华为与美国电信 Sprint 洽谈了一份价值 60 亿美元的电信合同，被否决；2012 年，摩托罗拉宣布出售资产，华为曾有意参与并购，但被美国政府认为威胁国家安全，拒绝接受申请。[2]

任正非说："中国最大的武器就是 13 亿人民的消费。中国开放了金融，开放了制造业，降低了与人们相关的日用品、奢侈品的关税，后面还有很多领域会制定路标一点点开放，容纳世界的'水'流进来。所以，我认为中美贸易战打不起来，应该会相互妥协。"这种态度也在一定程度上反映了如今我国大企业的态度。有国家的开放、市场、新技术的支持，面对其他国家的贸易壁垒，我国的大企业将无所畏惧。

四、中国知识产权领域发展与现状

纵观中国知识产权的发展历程，我们不难发现，我国的知识产权虽可以

---

〔1〕 高兰英、蒋琼："美国大学知识产权教育的发展与启示"，载《教育现代化》2018 年第 4 期。
〔2〕 吴晓宣："中美贸易战原因及对策探析"，载《北方经贸》2019 年第 2 期。

被追溯到清末时期的《大清著作权律》，但基于多种原因，知识产权一直没有得到重视和确切实施，处于一种意识和法律的双重缺失状态。直至20世纪80年代前后，借着改革开放的东风，我国的知识产权立法、执法才开始逐步发展。可以说，我国知识产权虽起步较晚，基础较为薄弱，但该领域现阶段的发展趋势必定是向快、向好的，并且如今已基本达到了立法全面、有法可依的层次。

国际方面，我国于1980年加入世界知识产权组织，于1985年加入《保护工业产权巴黎公约》，于1989年加入《商标注册马德里协定》，于1992年加入《保护文学艺术作品伯尔尼公约》《世界版权公约》。世界知识产权组织（WIPO）公布的数据显示：我国的PCT专利申请量增长率连年取得两位数的增长，2017年我国国内专利拥有量和发明专利申请量都突破了100万件，知识产权的付费也达到了287亿美元，已然成了一个知识产权领域的巨大正态市场。同时，国际参与程度也得到了相应的提升。

在司法与执法方面，中国陆续成立了三家知识产权法院，重新组建了国家知识产权局，进一步为知识产权的发展提供了保证。在教育方面，我国高校的知识产权人才培养，最早源于1987年中国人民大学知识产权教学研究中心，至今已经有35家高校建立了知识产权学院（系），76家高校开设了知识产权本科专业。[1]这表明，我国知识产权人才队伍将会不断壮大、增长，助力国家建设。在2018年博鳌亚洲论坛上，习近平总书记明确强调将知识产权保护作为扩大对外开放的路径之一。这显然是对我国的知识产权全面发展战略提出了进一步的要求。

五、与美国知识产权领域发展的比较

美国作为当今无可争议的知识产权强国，其于1789年开始实施的《宪法》第一章第8条第8款指出，国会有权"保障著作家和发明人对各自的著作和发明在一定的期限内的专有权利，以促进科学和实用艺术的进步"。并于1790年颁布了《专利法》和《著作权法》，于1870年制定了《商标法》。从立法时间上来看，美国知识产权的立法起步显然要远远早于我国。

从美国知识产权的发展路径上来看，美国的知识产权始终是建立在经济

---

[1] 高兰英、蒋琼："美国大学知识产权教育的发展与启示"，载《教育现代化》2018年第4期。

与科学技术的发展基础之上的。1790年后的美国作为技术进口国,利用知识产权来特别保护本国发明人的利益,抵消国外专利制度的负面影响。之后,随着科学技术的发展,美国知识产权的保护领域逐渐扩大。20世纪70年代后,美国又利用知识产权参与国际竞争,从建立贸易壁垒到发展技术壁垒,不断建立并巩固其强国地位。可以说,美国的知识产权自诞生之日起就充满了为其经济发展所用的色彩。经过长时间的完善与发展,其如今已经成为美国国家战略中极为重要的一环。可见,美国在应用知识产权的成熟程度方面仍高于我国。

在知识产权教育体系方面,从时间上来看,中美两国并不存在巨大差距。资料显示:直到20世纪80年代美国的知识产权教育才得到重视和关注,这与上文提及的中国最早的知识产权教学研究中心成立的时间相近。美国的知识产权教育主要集中在研究生及以上层次。这与我国近年来本科知识产权教育快速迸发看似有所区别。但考虑到我国的知识产权本科教育仍处在法律通识教育层次,且为服务新兴的巨大市场,受教育群体基数较大,而拥有知识产权研究生及以上教育资格的高校科研水平又整体较高,所以说,从教学层次上讲,中美理念并非大相径庭。目前,我国正有一大批优秀的相关人才如雨后春笋般涌现。

六、贸易战之于中国知识产权事业的启示

从利益权衡角度分析,贸易战的发生可以说没有赢家,美国对我国产品进行大规模加税的后果便是商务部做出"同等力度,同等规模"的反制回应。可以看出,随着科技水平、经济、综合国力的不断提升,我国应对贸易战的策略也在发生着微妙的转变,有底气喊出我们有信心、有能力应对美方任何的贸易保护主义措施。近些年来,我国企业对于专利申请的重视程度大幅增长。2018年3月21日,WIPO公布了过去一年全球各个国家国际专利申请(PCT)的相关数据:2017年,美国申请了56 624件PCT专利,位居全球第一;紧随其后的是中国,以48 882件专利申请超越日本,位列世界第二,亚洲第一。[1]从数量上来看,我们与美国的差距并不悬殊,但"多而不精"却

---

[1] 李新爱、高智伟:"美国'337调查'对我国知识产权的启示",载《科技与创新》2019年第2期。

是我国现阶段专利的普遍问题。一纸芯片禁令就能撼动中国冉冉升起的手机制造业。华泰证券研报显示：目前中国市场内约有90%的芯片来自进口，全球半导体市场规模达3200亿美元，而中国芯片产业每年需要消耗2000多亿美元的外汇用于进口。如今中国已然成了世界第一大半导体消费市场，如何掌握技术主动权是值得我们重视的问题。

行业话语权不光取决于相关专利数量，专利利用率也与之有着紧密的联系。资料显示：我国平均专利维持年限为3.8年，[1]真正能达到权利最长维持年限的不到1%，很多产品还没投入使用就已经被市场淘汰了。真正发挥价值的专利少之又少。爆炸式增长的专利数据从侧面反映出我国目前的专利"量"增长大于"质"增。为了避免不平衡的进一步加大，我们应在立法层面进行相关规定，鼓励优质专利规避"垃圾专利"。专利领域的发展应始终秉承以科学技术的发展为驱动，而不应以商业利益为首要追求。保障真正的科学发明得到应有的保护，减少真正能造福社会的专利在申请过程中的阻力，这样才能真正发挥专利制度对于社会发展的正向促进作用。同时，我们该注意的不只是发明专利，外观设计等同样值得重视，比如说智能手机的外观设计、影视作品的著作权等同样是各领域企业参与竞争的直接武器，直接关系着世界对于中国制造名片的认可度以及我们自身的文化自信与文化认同。除此之外还有商标版权、学术著作权等需要特别注意，这些也都密切关系着我国企业在国际贸易竞争中的命运。

直至2020年1月15日，中美双方在经过多轮谈判之后，两国政府代表在华盛顿签署了《中华人民共和国政府和美利坚合众国政府经济贸易协议》。该协议在开篇便较大篇幅地规定了知识产权内容，可见知识产权在此次贸易争端中的重要地位。该协议分别就商业秘密、药品专利、网络侵权、地理标志、技术转让等话题进行了较为详细的协议规定。抛开双方的政治竞争因素，此次协议实际上是我国知识产权保护进步的一大契机。在不损害自身利益的前提下，我们应抓住机遇，完善我国知识产权理念与体系，提升参与国际竞争的经验与筹码。在中美两国的贸易摩擦过程中加强知识产权的国际合作有利于我国经济贸易的长远发展。

---

[1] 宋林、张永旺："贸易摩擦背景下我国发展知识产权贸易的对策研究"，载《国际贸易》2018年第8期。

知识产权的本质即为权利者的垄断，要破除后来者的弱势局面，我们除了要有更加高质量的发明创造外，精工制造与基础工业也要跟上，此外，由各领域教育所提供的高素质人才也是不可或缺的。如何通过知识产权保护自己的利益？这是一根将理工人与法律人密切联系起来的链条。因此，增强知识产权法律意识是我国企业和发明人应该共同考虑的发展方向。知识产权事业的发展离不开技术科学的支撑。法律作为一种人文社科，最终还是要服务于经济基础的发展，美国可以通过知识产权敲诈他国，我们便也可以通过知识产权给予反制，这需要各行各业的从业者们一起努力，如今正逢国家战略的发力支持，新技术井喷式增长，我们不应夜郎自大，但也更不必妄自菲薄，面对以美国为首的国际社会挑战，我们必将"长风破浪会有时，直挂云帆济沧海"。

参考文献

（1）吴晓宣："中美贸易战原因及对策探析"，载《北方经贸》2019 年第 2 期。

（2）高兰英、蒋琼："美国大学知识产权教育的发展与启示"，载《教育现代化》2018 年第 4 期。

（3）李新爱、高智伟："美国'337 调查'对我国知识产权的启示"，载《科技与创新》2019 年第 2 期。

（4）宋林、张永旺："贸易摩擦背景下我国发展知识产权贸易的对策研究"，载《国际贸易》2018 年第 8 期。